本书得以顺利出版，首先感谢乐山师范学院科研处的大力支持；同时，本书也得到互联网自然语言智能处理四川省高等学校重点实验室开放基金项目"基于AIGC的跨学科工具应用实证研究"（项目编号：INLP202506）、乐山市人文社会科学重点研究基地四川民族地区乡村数字化教育研究中心"数字赋能四川民族地区教师数字素养模型构建和实用研究"（项目编号：MZSJ2004B07）和四川省教育厅人文社会科学重点研究基地四川乡村教育发展研究中心项目"我国农村小学教师信息素养提升模型构建——以四川省乐山市为例"（项目编号：SCXCJY2023D45）的资助，在此一并感谢。

著 唐前军 张艳

农村小学教师信息素养的模型构建与应用

teachers

Construction and Application of
Information Literacy Model for
Rural Primary School Teachers

当代世界出版社
THE CONTEMPORARY WORLD PRESS

图书在版编目（CIP）数据

农村小学教师信息素养的模型构建与应用 / 张艳，唐前军著. -- 北京：当代世界出版社，2025.6.
ISBN 978-7-5090-1913-9
Ⅰ．G625.1
中国国家版本馆 CIP 数据核字第 2025ZB9772 号

书　　名：	农村小学教师信息素养的模型构建与应用
作　　者：	张　艳　唐前军 著
出 品 人：	李双伍
策划编辑：	刘娟娟
责任编辑：	魏银萍　张嫣然
出版发行：	当代世界出版社
地　　址：	北京市东城区地安门东大街 70-9 号
邮　　编：	100009
邮　　箱：	ddsjchubanshe@163.com
编务电话：	(010) 83907528
	(010) 83908410 转 804
发行电话：	(010) 83908410 转 812
传　　真：	(010) 83908410 转 806
经　　销：	新华书店
印　　刷：	北京新华印刷有限公司
开　　本：	710 毫米×1000 毫米　1/16
印　　张：	21.25
字　　数：	286 千字
版　　次：	2025 年 6 月第 1 版
印　　次：	2025 年 6 月第 1 次
书　　号：	ISBN 978-7-5090-1913-9
定　　价：	89.00 元

法律顾问：北京市东卫律师事务所　钱汪龙律师团队　(010) 65542827
版权所有，翻印必究；未经许可，不得转载。

目　录

绪　论 / 1

第一章　农村小学教师信息素养的相关研究 / 11
第一节　信息素养相关研究 / 11
第二节　教师信息素养相关研究 / 21
第三节　农村小学教师信息素养相关研究 / 68
第四节　教师信息素养模型相关研究 / 79

第二章　农村小学教师信息素养模型的研究设计 / 85
第一节　分析四川省农村小学教师对信息素养的需求 / 85
第二节　设计四川省农村小学教师信息素养模型 / 94
第三节　评估四川省农村小学教师信息素养模型 / 102

第三章　农村小学教师信息素养模型的构建与应用 / 105
第一节　四川省农村小学教师信息素养需求分析 / 105
第二节　四川省农村小学教师信息素养模型构建 / 118
第三节　四川省农村小学教师信息素养水平调查分析 / 160

第四章　研究结论、局限、建议与展望 / 179
第一节　研究结论 / 179
第二节　研究局限 / 181
第三节　对策建议 / 183

第四节　研究展望 / 184

附　录 / 187

附录1　四川省农村小学教师信息素养需求调查问卷 / 187

附录2　农村小学教师信息素养需求教师访谈提纲 / 197

附录3　农村小学教师信息素养需求教师访谈纪要 / 198

附录4　21位专家基本信息 / 218

附录5　农村小学教师信息素养的构成要素专家访谈提纲 / 220

附录6　农村小学教师信息素养的构成要素专家访谈纪要 / 221

附录7　农村小学教师信息素养的构成要素专家咨询问卷（一） / 260

附录8　农村小学教师信息素养的构成要素专家咨询问卷（二） / 274

附录9　农村小学教师信息素养自评问卷 / 289

附录10　客观一致性指数内容匹配检查表 / 308

参考文献 / 323

后　记 / 332

绪 论

一、研究背景与价值

在信息化时代的大背景下,随着教学环境的日趋丰富,以及教学问题的日益复杂化,教师对于教育信息化的需求已经从简单的技术应用层面上升到了更高的层次。[①] 如今,信息素养已经成为教师专业发展中不可或缺的基本素养,它要求教师不仅具备使用信息技术的能力,还要深入理解信息技术如何有效支持教学过程,从而推动教学质量的全面提升。2018年4月,教育部发布了《教育信息化2.0行动计划》,其中"信息素养全面提升行动"旨在显著提升教师的信息素养水平;2019年3月,教育部又进一步强调了"构建教师信息素养发展新机制"的重要性,旨在通过系统的机制建设,推动教师信息素养的全面提升和持续发展。[②]

---

① 吴砥、周驰、陈敏:《"互联网+"时代教师信息素养评价研究》,载《中国电化教育》,2020年第1期,第56—63、108页。
② 陈敏、周驰、吴砥:《中小学教师信息素养评估指标体系研究》,载《中国电化教育》,2020年第8期,第78—85页。

(一) 研究背景

1. 信息化发展与教育变革的需求

信息技术的飞速发展正在深刻改变社会的各个方面，教育领域也不例外。全球教育信息化的趋势越发明显，教育教学活动逐渐从传统的课堂教学模式向信息化、智能化方向转变。在中国，教育信息化不仅是提高教育质量的重要手段，也是实现教育公平的关键途径之一。然而，信息化教育在农村地区的推进却面临诸多挑战。特别是在四川省这样一个地理环境复杂、城乡发展不均衡的省份，农村地区教育资源相对匮乏，教师的信息素养成为实现教育信息化目标的瓶颈之一。

《中国教育发展报告（2020）》指出，虽然国家对农村教育信息化建设投入巨大，但农村教师的信息素养普遍较低，难以适应现代化教学的要求。这一现象在四川省尤为明显。[①] 因此，如何提升四川省农村小学教师的信息素养，推动教育信息化的深度应用，成为当前亟待解决的重要问题。

2. 农村教育现状与教师信息素养的挑战

四川省位于中国西南地区，地理环境复杂，经济发展水平不平衡，农村地区的教育资源相对匮乏。尽管近年来中央和地方政府加大了对农村教育的支持力度，农村小学的硬件设施有所改善，但在教育信息化推进过程中，教师信息素养的提升成为一大瓶颈。根据王小芳（2019）的研究，四川省农村小学教师队伍年龄结构偏老龄化，接受过专业信息技术培训的教师比例不足30%，且多数教师在教学中应用信息技术的频率较低。[②] 这一问题导致了农村小学难以充分利用现代化的教育技术手段，教育质量提升受到制约。

此外，农村教师在教学中面临的现实问题，如班级规模大、学生

[①] 杨东平：《中国教育发展报告（2020）》，北京：社会科学文献出版社，2020年版，第147—170页。

[②] 王小芳：《四川省农村小学教师信息素养现状研究》，成都：四川大学出版社，2019年版，第62页。

基础薄弱等，也进一步限制了信息技术在教学中的应用。张明（2020）的研究指出，虽然四川省农村小学教师对信息技术有一定的认识，但由于缺乏专业的培训和有效的应用场景，大多数教师的信息素养水平仍处于初级阶段。① 因此，构建一套适合四川省农村小学教师的信息素养模型，并推动其在实际教学中的应用，对于提高农村教育质量具有重要意义。

3. 信息素养研究的必要性与前瞻性

信息素养是指个体在信息社会中有效获取、分析、评价、创造和分享信息的能力，是现代教师专业发展的核心能力之一。随着教育信息化的不断推进，教师的信息素养已经成为提升教学质量、实现教育现代化的基础条件。特别是在农村地区，教师信息素养的高低直接影响信息化教育的实施效果。通过研究和构建四川省农村小学教师的信息素养模型，可以明确当前农村教师在信息素养方面的优势与不足，并根据实际情况制定有针对性的培训和发展策略。②

此外，这一研究具有重要的前瞻性意义。随着信息技术的不断发展，未来的教育形态将更加依赖于数字化、智能化手段。通过对四川省农村小学教师信息素养的研究，可以为教育信息化的发展提供实践依据，并为其他地区的教师信息素养培养提供参考和借鉴。同时，这一研究也有助于探索农村教育信息化的可行路径，为国家层面的教育改革提供数据支持。③

4. 国家政策的支持与推动

近年来，中国政府出台了一系列政策推动教育信息化发展，如

---

① 张明：《四川省农村小学信息技术应用现状及对策》，成都：西南财经大学出版社，2020年版，第45页。
② 李晓静：《信息社会与教师信息素养》，载《教育现代化》，2020年第7卷第3期，第45—50页。
③ 陈明亮：《农村小学教师信息素养提升路径研究》，载《信息化教育》，2021年第9卷第4期，第12—17页。

《教育信息化十年发展规划（2011—2020年）》[①]和《教育信息化2.0行动计划》[②]等，这些政策明确提出了加强教师信息素养的培养，促进信息技术与教育教学深度融合。在此政策背景下，研究四川省农村小学教师的信息素养模型，不仅能够响应国家政策的号召，还能为政策的进一步实施提供实践依据和理论支持。

根据《教育信息化2.0行动计划》，到2022年，全国将基本实现"三通两平台"的全覆盖，即实现教育资源公共服务平台、教育管理公共服务平台的全面覆盖和有效应用；而教师信息素养的提升是实现这一目标的关键环节。因此，在国家政策的引导下，深入研究四川省农村小学教师的信息素养现状，构建科学的素养模型，并将其应用于实际教学中，将有助于推动教育信息化的深入发展。

在这一背景下，构建一种科学合理的农村小学教师信息素养模型，将有助于更好地提升农村小学教师的信息素养水平，促进其教学质量的全面提升，从而为农村地区的教育发展作出积极贡献。

本书将运用文献研究法、访谈法、问卷调查法、数据分析法，构建农村小学教师信息素养模型。但是，受限于人力与物力，仅选择四川省农村小学教师作为研究样本。

（二）研究价值

第一，提高教育质量。农村地区的教育资源相对匮乏，而信息素养提升可以帮助农村小学教师更好地应对多样化的教育需求，提高教育质量；更有效地使用数字教育工具、网络资源，以及教育技术来支持教学和学生学习，从而提高学生成绩和学习动力。

第二，促进教育公平。农村地区的教育差距较大，构建并应用农

[①]《教育信息化十年发展规划(2011—2020年)》,http://www.moe.gov.cn/srcsite/A16/s3342/201203/t20120313_133322.html。

[②]《教育信息化2.0行动计划》,http://www.moe.gov.cn/srcsite/A16/s3342/201804/t20180425_334188.html。

村小学教师信息素养模型有助于缩小城乡教育差距。通过提供培训和信息资源，农村小学教师可以与城市教师拥有相似的信息技术和信息素养水平，从而创造较为公平的学习机会。

第三，推动农村发展。农村地区的教师信息素养提升不仅在教育领域具有影响力，而且在推动农村发展领域亦具有影响力。具备信息素养的教师可以成为农村社区的信息传播者和技术顾问，促进农村发展和生活质量改善。同时，他们还可以帮助村民获取农业资讯、健康资讯等重要资源，从而提高村民的生产力和生活水平。

第四，应对未来挑战。随着社会数字化和信息化发展进入新阶段，信息素养将成为未来职业和社会生活的核心技能之一。培养农村小学教师的信息素养有助于他们适应未来工作和社会要求，提高就业竞争力。

第五，提供参考借鉴。作为通识性读本，本书将为广大农村小学教师信息素养提供借鉴和指导，对提升其他地区的教师信息素养也具有一定参考价值。

二、研究问题与内容

（一）研究问题

农村小学教师信息素养模型构建是一项重要研究，旨在深入了解和系统呈现农村小学教师信息素养的多维度结构。研究问题主要包括：农村小学教师的信息素养的构成要素有哪些，信息素养模型中各要素的含义、构成及重要性如何，以及它们对教育质量的影响有何不同。

（二）研究目标

本书旨在构建一个全面和实用的农村小学教师信息素养模型，以支持农村小学教师在数字时代的教育实践，从而提升四川省农村小学教师信息素养水平。具体研究目标包括：

第一，分析四川省农村小学教师对信息素养的需求。通过对四川省农村小学教师信息素养需求进行分析，识别出农村小学教师在信息素养方面的短板和需求，形成对信息素养模型的初步理解。

第二，构建四川省农村小学教师信息素养模型，明确该信息素养模型的一级指标、二级指标和三级指标。模型的设计需要考虑研究中发现的具体需求和问题，以确保模型的实用性和针对性。

第三，评估四川省农村小学教师信息素养模型，并验证和完善该模型。从应用实践的视角来检视农村小学教师信息素养模型的合理性，同时了解现阶段我国农村小学教师的信息素养水平现状。

（三）概念界定

1. 教师信息素养

教师信息素养是教师在信息化时代所需具备的一种综合能力，强调教师在教育教学中合理运用信息技术解决问题和提升教学效果的能力。它包括教师对信息技术的认识、运用信息技术的能力、遵循信息伦理的意识和正确的信息应用态度等方面。

2. 农村小学

农村小学是指位于农村地区的小学，主要为农村地区的儿童提供基础教育。农村小学在农村地区扮演着重要的角色，为农村儿童提供教育机会，帮助他们获得基本的知识和技能，为未来的学习和发展奠定基础。

3. 农村小学教师

农村小学教师指的是在农村地区从事小学教育工作的教师，主要负责为农村地区的儿童提供基础教育服务。在农村地区，小学教师扮演着举足轻重的角色，是当地教育体系中不可或缺的一部分，致力于为学生提供基础且关键的教育服务，培养学生掌握农村社区的知识和技能，促进社会发展和进步。

4. 信息意识

信息意识是指个体对于信息的价值、作用和影响的认知与理解程度。在教育环境中，信息意识涉及教师认识到信息在教学和学习过程中的重要性，以及信息对于帮助学生获得知识、解决问题和发展技能的作用。信息意识包括信息观念、信息获取、信息分析与评价、信息传播与交流。

5. 信息知识

信息知识可被定义为一个人在信息技术和信息资源领域内所掌握的广泛而系统的知识体系，它涵盖了与信息技术和信息资源相关的各种知识要素和概念，包括计算机基础知识、网络通信知识和信息安全知识。在教育环境中，信息知识是教师在教学实践中能够有效利用信息技术和资源的基础。

6. 信息技能

信息技能是指个体在信息获取、评估、处理、应用，以及沟通方面的能力。在教育环境中，信息技能是教师有效地应用信息技术和资源来支持教学和学习的关键能力。针对农村小学教师，信息技能主要包括基本办公软件使用技能、网络搜索技巧和数字教学资源应用技能。

7. 信息应用

信息应用是指将获取到的信息技术和信息资源应用于实际教学和学习活动中，以提升教学效果和巩固学生学习成果。在教育环境中，信息应用涵盖了教师如何将信息技术、数字资源，以及教育技术工具有机地融入教学过程中，以创造内容形式更丰富、互动性更强的学习体验。针对农村小学教师，信息应用主要包括课堂教学应用、课程资源开发与利用技能、信息技术与课程整合技能、远程教育应用技能。

8. 信息伦理与道德

信息伦理与道德是指在使用、传播和处理信息时遵循的道德和社会价值准则。它涉及在信息时代正确、合法地处理信息，保护知识产权，尊重隐私等方面的原则和规范。在教育环境中，信息伦理是教师和学生应该遵循的行为准则，以确保信息的正确使用和共享，促进正向的信息文化。针对农村小学教师，信息伦理与道德主要包括信息安全意识、知识产权保护、网络道德、信息社会责任。

9. 专业发展

教师专业发展是指教育工作者在教学职业中不断提升自己的知识、技能、态度和教育素养的过程。这个过程旨在让教师在教学实践中更加成熟、专业、富有创新力，并能够更好地适应学科知识、教育技术、学科发展等方面的变化。教师专业发展是一个动态、终身的过程，其目标是提高教育工作者的综合素质，以更好地满足学生的学习需求。

（四）研究范围

1. 总体和样本

本书的研究总体是四川省农村小学的所有教师。由于研究的范围较广，涉及农村小学的教师较多，故本书将按地域抽样，选取四川省21个地区的500名左右教师（包含各个学科和各个年级）作为问卷调查对象，21名专家作为访谈对象（包括教育领域专家和农村小学管理者）。

2. 自变量

通过对相关理论和研究的分析，总结出影响四川省农村小学教师信息素养的自变量如下。

①信息意识

②信息知识

③信息技能

④信息应用

⑤信息伦理与道德

⑥专业发展

3. 因变量

农村小学教师信息素养水平

4. 调查时间

2022 年 2 月—2024 年 8 月

5. 调查地区

中国四川省

三、结构框架和研究步骤

本书主要结构框架如下。

第一章，主要围绕信息素养、教师信息素养、农村小学教师信息素养及相关研究进行溯源。首先，详细介绍信息素养的内涵和信息素养的理论基础。其次，以国内外教师信息素养标准和框架为切入点，对澳大利亚、日本、英国、美国、中国、联合国教科文组织、欧盟等全球多个国家和组织的相关理论研究与实践成果进行分析，从而初构四川省农村小学教师信息素养模型。最后，对国内外有关教师信息素养构成要素的研究进行综合评述，分析国内外研究的现状，总结现有研究的成果和不足之处，为本书提供借鉴和参考。

第二章，主要解决"怎么研究"的问题。本章主要围绕 3 个研究目标进行，每个目标均从研究对象、研究工具、数据收集和数据分析几个方面进行阐述。

第三章，首先，通过收集农村小学教师信息素养的需求初建模型。其次，采用德尔菲法进行专家访谈和专家咨询，从而验证、修订和确定农村小学教师信息素养的构成要素体系，并最终构建四川省农村小学教师信息素养模型。最后，为了进一步从实证应用的视角来检视此模型，并了解四川省农村小学教师的信息素养发展水平，对四川省的 500 名左右小学教师进行调查。本研究的结果，一方面可以为我国教师信息素养的发展提供对策建议，另一方面也有利于教师信息素养相关研究的进一步发展。

第四章，对本书的研究结果进行总结，提出本书的不足之处和后续研究的方向，以及对未来农村小学教师信息素养提升的展望。

本书研究步骤如图 1.1 所示。

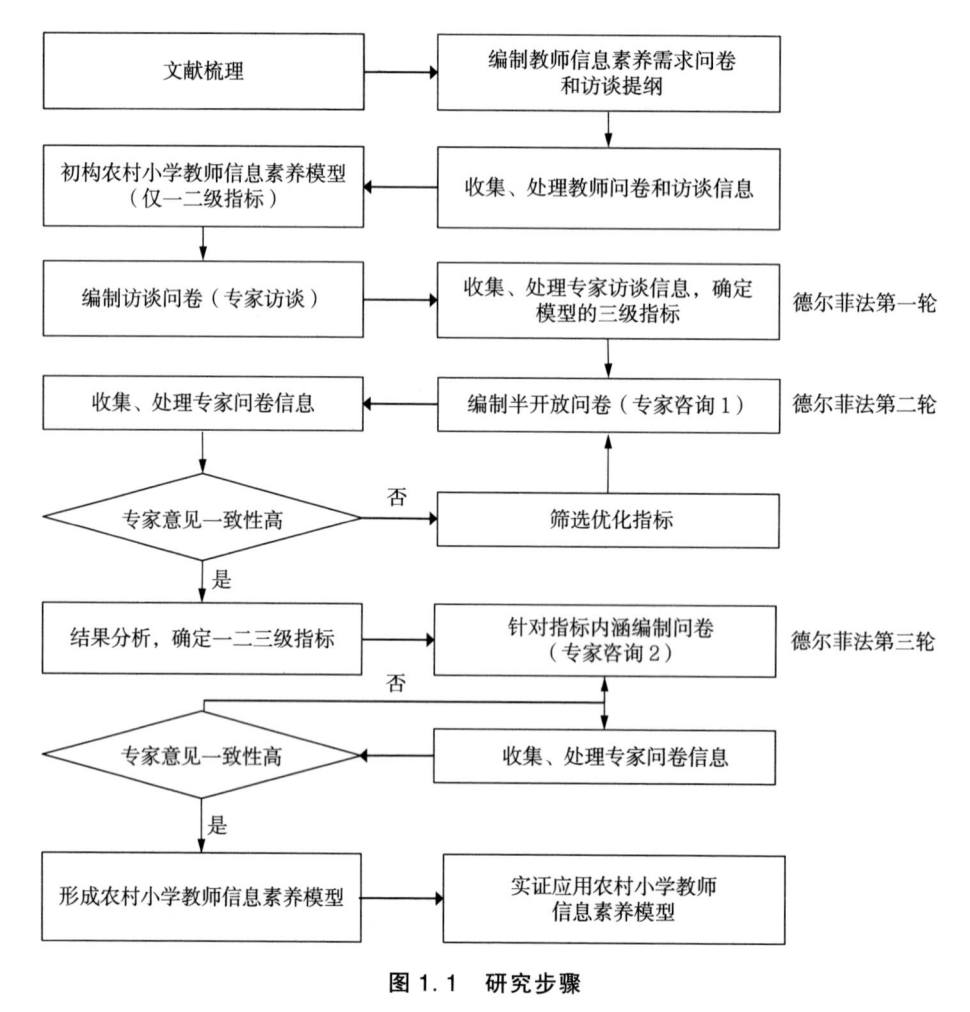

```
文献梳理 → 编制教师信息素养需求问卷和访谈提纲
    ↓
初构农村小学教师信息素养模型（仅一二级指标） ← 收集、处理教师问卷和访谈信息
    ↓
编制访谈问卷（专家访谈） → 收集、处理专家访谈信息，确定模型的三级指标    德尔菲法第一轮
    ↓
收集、处理专家问卷信息 ← 编制半开放问卷（专家咨询1）    德尔菲法第二轮
    ↓
专家意见一致性高 —否→ 筛选优化指标
    ↓是
结果分析，确定一二三级指标 → 针对指标内涵编制问卷（专家咨询2）    德尔菲法第三轮
                         ↓否
专家意见一致性高 ← 收集、处理专家问卷信息
    ↓是
形成农村小学教师信息素养模型 → 实证应用农村小学教师信息素养模型
```

图 1.1　研究步骤

资料来源：作者自制。

第一章 农村小学教师信息素养的相关研究

本书充分利用多种网络资源,通过中国知网、EBSCO (ASC&BSC)数据库、谷歌学术、JSTOR、ERIC 等网站,分别以"信息素养""教师信息素养""农村小学教师信息素养"为主题词进行检索,发现有关"信息素养"的文献资料数量较多,但是关于"教师信息素养"的文献资料较少,关于"农村小学教师信息素养"的文献资料更是寥寥无几。本章主要从以下几方面对农村小学教师信息素养的相关研究进行综述和分析。

第一节 信息素养相关研究

一、信息素养的内涵

自"信息素养"这一概念在 1974 年被首次提出以来,特别是在 2000 年以后,关于它的研究逐渐呈现出蓬勃发展的态势。以下是关于信息素养概念的一些重要研究成果:

美国教育学者保罗·泽考斯基(1974)在其报告《信息情报服务环境、关系与顺序》中首次提出这一概念。他定义信息素养为个体在有效收集、评估、组织、使用和传递信息方面所展现的能力,以及进而实现自我发展、知识创新和社会参与的能力和素养。这一定义包括以下关键要素：收集信息的能力、评估信息的能力、组织信息的能力、使用信息的能力和传递信息的能力。[①] 这一定义强调了信息素养作为一项重要的基本能力，使个体能够在信息丰富的环境中自信地导航、找到所需的信息并运用它们。保罗·泽考斯基提出的这一概念在信息素养教育和信息素养培训中具有广泛影响，成为这一领域的基石之一。需要注意的是，随着时间的推移，信息素养的定义和理解可能会发生变化，特别是在数字化和网络化的信息环境中，信息素养已经演化为更广泛、更复杂的概念，包括数字素养、媒体素养和数据素养等方面。但保罗·泽考斯基的原始定义仍然具有历史意义，并为理解信息素养的核心原则提供了基础。

美国学者道尔（1992）在《信息素养全美论坛的终结报告》中深入探讨了信息素养的核心理念。他认为，具备信息素养的个体应深刻认识到信息在决策制定中的关键作用；他们应能够清晰识别并表述自己对信息的需求；制定并执行有效的检索方案，从各种信息源中收集所需信息；应具备鉴别信息真伪与价值的能力，随后整合并应用这些信息来解决问题。此外，他们还应将新获得的知识与技能融入自身的知识体系之中。随后，道尔对信息素养进行了更为精炼的定义，即"个体应能够从多元化的信息源中高效地获取、审慎地评估并灵活地运用信息"。在此基础上，他详细列出了信息素养所涵盖的十项核心能力：①个体需明确自己的信息需求。②理解信息与决策之间的紧密联系。③能够将笼统的信息需求转化为具体的信息问题。④初步了解并掌握可用的信息资源。⑤制定并执行信息检索策略。⑥有效地储存所获取的信息。⑦对信息的真实性、准确性和相关性进行准确评估。⑧将不同来源的信息进行整合。⑨持续更新和完善自身的知识体系。

[①] P. G. Zurkowski, *The Information Service Environment Relationships and Priorities*, Washington: National Commission on Libraries and Information Science, 1974, p. 2.

⑩利用信息来解决问题,并在此过程中展现批判性思考的能力。① 道尔的定义强调了信息素养作为一种综合性的能力,不仅关注技术方面的知识和技能,还包括信息获取、理解、评估、应用和传播等多个方面。这种综合性的信息素养能力对于在信息社会中更好地生活和工作非常关键。

美国图书馆协会(2000)在《信息素养标准》中指出,信息素养是指个人能够识别何时需要信息,并具有定位、评价和有效利用所需信息的能力。信息素养是一个关于信息的综合概念,它包括了确定在什么时间需要信息,在什么地方检索,以及如何检索到所需信息的能力。该定义强调了信息素养作为一种能力,包括以下关键要素:①识别信息需求,能够明确地了解信息需求的性质和范围。②获取信息的技能,有效地查找和获取相关信息。③评价信息的能力,批判性地评估信息及其来源的可靠性和有效性。④信息的有效利用,能够将所获取的信息有效地应用于个人、学术或职业的决策中。⑤信息伦理,遵循信息使用的法律和道德规范,包括知识产权和隐私权。② 这个定义反映了信息素养作为一种综合性概念,强调了信息素养与有效获取、评价和使用信息相关的技能和能力。这些标准旨在指导图书馆和教育机构在信息素养教育方面的工作,并帮助个体更好地适应信息丰富的社会和学术环境。

联合国教科文组织(2008)发布的《面向信息素养的指标》中明确定义了信息素养,它是指在日常生活中,能够有效地识别、定位、获得、评估、组织、使用和分享信息,以解决问题、支持学习和决策,以及在工作、公民生活和个人生活中更好地参与社会的能力。信息素养是一种跨学科的能力,它需要知识、实践和批判性思考,它不仅涵

---

① Christina S. Doyle, "Outcome Measures for Information Literacy Within the National Education Goals of 1990. Final Report to National Forum on Information Literacy", *Summary of Findings*, 1992, pp. 1–16.

② "Introduction to Information Literacy", http://www.ala.org/ala/mgrps/divs/acrl/issues/infolit/over view/intro/index.cfm.

盖了技术技能，还包括了信息伦理、社会和文化因素。① 这一定义强调了信息素养的多维性，包括了以下关键要素：有效信息处理能力、多方面的应用、跨学科性、技术技能等方面。信息素养作为一种综合性能力，不仅可以帮助个体在数字时代更好地利用信息，还可以培养批判性思考能力和伦理意识。这种综合性能力在现代社会中非常重要，因为个体需要面对大量信息和不断变化的信息环境。信息素养有助于个体更好地适应这一挑战。

澳大利亚大学图书馆员协会（2011）发布的《高等教育信息素养能力标准》中明确指出，信息素养是个体能够在不同环境和上下文中，有效地定位、评估、利用和创建信息的能力。针对高等教育中的信息素养能力，该标准进行了细致的分类，将其划分为信息素养、独立学习，以及社会责任3个核心组成部分。基于这3个核心部分，进一步制定了9项核心标准，并细化为29个具体的指标与详细说明。这些指标和说明旨在全面、系统地衡量和评估学生在信息素养、独立学习，以及社会责任方面的发展情况。② 澳大利亚大学图书馆员协会发布的文件强调信息素养的意义，不仅是在学术领域，还包括在个人生活和职业中的应用。信息素养能力对于学习、研究、工作和社会参与都至关重要。同时，澳大利亚大学图书馆员协会强调信息素养的跨学科性，它适用于各个学科和领域，不仅局限于图书馆和信息科学。总之，澳大利亚大学图书馆员协会在该标准中特别强调了教师的信息素养是一种具有多学科、综合性特征的能力，对于学生的学术和职业发展都具有重要意义。这些标准目的是为高等教育机构提供指导，以确保他们在信息素养教育方面的工作得以有效实施。

美国大学与研究图书馆协会（2016）发布的《信息素养标准框

---

① "Towards Information Literacy Indicators", https://unesdoc.unesco.org/ark:/48223/pdf0000158723.
② 任友群：《美国〈学生学习的信息素养标准〉述评》，载《全球教育展望》，2001年第5期，第42—47页。

架》中明确指出，信息素养即个体能够认识到信息的需求，并有效地找到、评估和使用信息，以满足这些需求。信息素养不仅是技术技能，还包括对信息的批判性思考、伦理和道德的考虑，以及信息的创造和传播。这一定义强调了信息素养的综合性质，包括以下关键要素。①信息需求识别，信息素养的起点是个体能够识别自己的信息需求，即需要知道什么时候需要信息、需要什么信息。②获取有效信息的能力，信息素养包括了有效地找到、评估和使用信息的技能和能力。③不局限于技术，还包括了对信息的批判性思考、伦理和道德的考虑。④信息的创造和传播，信息素养还包括对信息的创造和传播的能力，即个体能够生成新的信息和有效地分享信息。[1] 该定义反映了信息素养作为一种综合性、跨学科的能力，有助于个体更好地适应信息社会中不断涌现的信息挑战，旨在指导高等教育中的信息素养教育，并提供有关信息素养的广泛的理论框架。

国内，熊扬华（1989）在《浅议企业经营者市场信息素养》一文中，首次赋予"信息素养"这一概念明确定义。他认为，信息素养实质上是人们在日常生活和工作中，对于信息的加工、传递、吸收，以及利用所展现出的潜在能力。[2] 在如今快速变化的商品生产社会中，市场形势瞬息万变，企业间的竞争越发激烈。为了在这样的环境中立足并谋求发展，企业经营者必须具备一双能够洞察市场动态的"慧眼"，而在这背后，离不开良好的市场信息素养。这种素养对于有志向、有作为的企业经营者来说，已成为一项不可或缺的基本技能。具体而言，市场信息素养涵盖以下4个主要方面：对信息的敏感度（信息意识）、处理信息的能力（信息智力）、对信息筛选的坚定性（信息意志）和丰富的信息知识储备。这一定义强调了信息素养作为企业经营者的关

---

[1] "Framework for Information Literacy for Higher Education"，https://www.ala.org/sites/default/files/acrl/content/issues/infolit/Framework_ILHE.pdf.

[2] 熊扬华：《浅议企业经营者市场信息素养》，载《江西社会科学》，1989年第1期，第53—54页。

键能力，能够使他们更好地理解市场情况、作出明智的决策，并更好地适应竞争激烈的商业环境。

钟志贤（2013）在《面向终身学习：信息素养的内涵、演进与标准》一文中深入探讨了信息素养的实质与重要性。他指出，信息素养是指个体在合理合法的框架下，有效利用各类信息工具——尤其是多媒体和网络技术——进行信息的确定、获取、评估、应用、整合和创造，以达到特定目标的能力。① 这一能力的核心在于信息能力，涵盖了从识别、获取到评价判断，再到协作交流、加工处理，直至生成创造信息的全过程。这种能力不仅限于信息的处理，更是应用于问题解决、批判性思维、决策和创新等高阶思维活动中。钟志贤进一步强调，信息素养不仅是一种技能，更是一种终身学习或自主学习的态度、方法和能力。它是传统文化素养在信息时代的延伸和拓展，是信息时代公民不可或缺的基本素养。随着全球对人才培养模式的不断探索，信息素养日益受到各国的重视，并被纳入基础教育、高等教育，乃至终身教育体系的目标与评价体系中，成为衡量人才综合素质的重要标准之一。

明桦、林众、罗蕾等人（2019）在《信息素养内涵与结构的国际比较》中指出，一个具有信息素养的个体应展现以下特质。首先，他们对信息有着敏锐的洞察力，能够清晰地界定自己对信息的需求。其次，他们具备高效处理信息的能力，包括获取、储存、评估、整合和表达信息。再次，他们擅长运用信息来解决问题，甚至能从中产生富有创造性的观点和作品。最后，他们拥有强烈的信息社会责任感，始终在法律和道德的框架内批判性地获取和使用信息，具备高度的信息安全意识，并践行文明的网络行为准则。因此，信息素养被定义为个体根据自身需求，有效获取、加工和使用信息的能力，同时这也是一种综合修养的体现。文章认为，信息素养具有四大关键特征。①综合

---

① 钟志贤：《面向终身学习：信息素养的内涵、演进与标准》，载《中国远程教育》，2013年第8期，第21—29页。

性。表明其涉及多个方面的能力和素养。②过程性。强调信息处理的动态性和连续性。③工具性。突出信息工具在信息处理过程中的重要性。④批评性。体现了个体在信息获取和使用过程中的独立思考和判断能力。①

肖新祥（2021）在《信息素养的理论缘起、内涵及构成要素略论——兼论信息素养教育国际经验》一文中详细阐述了信息素养的多维度内涵。他认为，信息素养是一个综合性极强的概念，涵盖了利用信息工具进行信息的获取、判断、分析、传递、创造及应用的综合能力，旨在解决实际问题。具体而言，这一能力可分解为7个关键要素：清晰识别信息需求、熟练运用信息工具、精确提取信息内容、明智判断信息价值、科学评估分析信息、有效创造传播信息，以及坚守信息伦理道德。肖新祥进一步构建了一个信息素养的基本构成框架，该框架由4个核心部分组成：信息意识、信息知识、信息能力和信息伦理。其中，信息意识涵盖了信息需求和判断信息价值的能力，是信息素养的先导；信息知识则聚焦于掌握信息工具，为信息素养提供了前置基础；信息能力体现在获取、利用、传播和创造信息等方面，是信息素养的核心要求；信息伦理则像"导向标"或"调节器"一样，引导并规范着信息素养的实践。这4个部分相互关联、相互支撑，共同构成了信息素养结构的有机整体。②

综合以上国内外学者和机构对"信息素养"概念的阐释，本书认为，信息素养是指个体在信息化社会中获取、评估、组织、使用和传递信息的能力与技能。它不仅包括对信息的基本理解和运用，更包括对信息进行深入的批判性思维训练、构建创造性问题解决方案的能力，以及坚实的道德和伦理意识。具体来说，信息素养的构建涵盖了4个

---

① 明桦、林众、罗蕾等：《信息素养内涵与结构的国际比较》，载《北京师范大学学报(社会科学版)》,2019年第2期,第59—65页。
② 肖新祥：《信息素养的理论缘起、内涵及构成要素略论——兼论信息素养教育国际经验》,载《电化教育研究》,2021年第8期,第116—121、128页。

核心维度。①信息意识。帮助我们认识到信息的价值及需求。②信息能力。涉及有效获取、分析和应用信息的能力。③信息知识。涵盖了对信息工具和技术的掌握。④信息伦理。确保我们在使用信息时始终遵循道德和伦理准则。这4个维度共同构成了信息素养的完整框架。信息素养是教师专业发展的重要组成部分，对于提高教学质量、创新教学方法和适应信息社会至关重要。

二、信息素养的理论基础

(一) 构建主义学习理论

构建主义学习理论为信息素养的理解和分析提供了有益的框架。该理论主张学习并非被动地接受，而是一个积极主动且富有建构性的过程。在这一过程中，学习者通过积极参与并自主构建知识，实现对新知识的深刻理解和掌握。① 以下是构建主义学习理论对信息素养的主要观点。

1. 学习者的积极参与

构建主义理论认为，学习者在学习过程中应积极参与，通过实际经验和互动来构建知识。在信息素养的背景下，学习者需要积极参与信息的搜索、评估、整合和应用过程。他们不仅需要被动地接收信息，还要主动参与并在信息的基础上构建新的理解。②

2. 学习的社会性

构建主义理论强调学习的社会性，认为学习者通过与他人合作、讨论和分享来获得知识。在信息素养方面，学习者可以通过与同事、教育者等其他角色一起工作，共同解决信息问题，提高信息素养。社会性学习也强调信息素养的团队合作和沟通方面的重要性。

---

① John Dewey, *Experience and Education*, New York: Macmillan, 1938, p. 42.
② 参见 J. Piaget, *The Origins of Intelligence in Children*, New York: International Universities Press, 1952, p. 131; L. S. Vygotsky, *Mind in Society: The Development of Higher Psychological Processes*, Cambridge: Harvard University Press, 1978, p. 126。

3. 学习的建构性

构建主义学习理论强调学习者在学习过程中主动建构知识，将新信息与已有知识相结合。在信息素养方面，学习者需要将新获取的信息与其先前的知识和经验相结合，以创造新的理解和解决问题。这种知识的建构性是信息素养的关键要素之一。

4. 学习的情境依赖性

构建主义学习理论强调学习的情境依赖性，认为学习是与特定情境相关的。就信息素养而言，学习环境将在较大程度上影响学习者的信息素养水平，主要包括可用的技术和信息资源。因此，信息素养提升需要考虑到学习者所在的具体情境，并为其提供适合的学习资源和支持。

5. 学习的反思性

构建主义学习理论鼓励学习者反思其学习过程和结果。在信息素养方面，学习者需要反思其信息搜索策略、信息评估方法，以及信息应用的结果。这种反思性有助于他们不断改进和提高信息素养水平。

综上所述，构建主义学习理论提供了一个框架，用于理解信息素养的本质。它强调学习者的积极参与、社会性学习、知识建构、情境依赖和反思性学习，这些都是信息素养的重要组成部分。在教育实践中，将构建主义学习理论应用于信息素养教育可以鼓励学习者主动参与信息获取和应用过程，培养其批判性思维和解决问题的能力，并使他们更好地适应信息化社会。

（二）信息科学理论

信息科学理论涉及信息的获取、处理、传输、存储和利用等方面，通常与计算机科学、图书馆学、认知科学等领域相关联。该理论的核心是研究信息在各种形式和环境中的流动和影响，包括信息的编码、传输渠道、解码及其对接收者的影响。信息科学理论对理解信息素养、信息行为和信息系统的设计具有重要意义。[1] 以下是使用信息科学理论分析信息素养的一些关键观点。

1. 信息的本质和特性

信息科学理论强调信息的重要性和复杂性。信息不仅是数据的简单集合，它具有意义和价值。信息素养涉及理解信息的本质，包括信息的定义、特性（如准确性、可靠性、及时性）、来源和可用性。了解这些概念有助于个体更好地应用信息。

2. 信息的获取和评估

信息素养涉及有效地获取和评估信息的能力。信息科学理论强调了信息获取的技巧，包括搜索、筛选和检索信息的方法。同时，它也提醒人们要对信息的可信度和质量进行评估，以确保所使用的信息是可靠和适用的。

3. 信息的组织和管理

信息素养包括对信息进行有效组织和管理的能力。信息科学理论关注信息的组织方式，如分类、索引、标签和元数据，有助于个体更好地管理和检索他们所需的信息资源。

4. 信息的传播和分享

信息科学理论考虑了信息的传播和分享。信息素养不仅包括获取信息，还包括有效地与他人分享和传播信息的能力。这对于教育、合作和社会互动至关重要。

5. 信息伦理和隐私

信息科学理论还关注信息伦理和隐私问题。信息素养不仅是技术技能，还涉及道德和法律框架。了解信息伦理原则，如知识产权、隐私保护和信息使用的道德规范，是信息素养的重要组成部分。

---

[1] 参见 C. E. Shannon and W. Weaver, "The Mathematical Theory of Communication", *The American Political Science Review*, Vol. 82, No. 3, 1998, pp. 719–736; M. J. Bates, "Information and Knowledge: An Evolutionary Framework for Information Science", https://informationr.net/ir/10-4/paper239.html; T. D. Wilson, "Human Information Behavior", http://www.inform.nu/Articles/Vol3/v3n2p49-56.pdf。

6. 信息社会的参与

信息科学理论将信息素养与信息社会的参与联系起来。信息素养不仅包括获取和应用信息，还包括积极参与信息社会的能力，如数字公民权利和责任、社交媒体参与等。

综上所述，信息科学理论为我们提供了关于信息的本质、特性和管理方式的理论基础，这些都与信息素养的核心概念相关。通过信息科学理论，我们可以更好地理解和提升信息素养，从而更好地适应和应对信息化社会的需求与挑战。

第二节　教师信息素养相关研究

一、教师信息素养的构成与内涵

为了确保准确把握教师信息素养的概念，并用其进行科学指导，澳大利亚、日本、英国、美国、欧盟、联合国教科文组织和中国等多个国家和组织，已经制定并发布了针对教师信息素养的一系列标准、框架。这些文件旨在为教师提供明确的指导和方向，以促进其信息素养的全面发展。下面将对国内外教师信息素养标准或框架进行分析比较，如表2.1所示，以期为四川省农村小学教师信息素养的构成要素和模型构建提供参考和支持。

表2.1　国际典型教师信息素养标准框架

国家/组织	年份	标准/框架名称	内容
澳大利亚	2004	《澳大利亚与新西兰高等教育信息素养能力框架》	澳大利亚与新西兰的高校信息素质联合工作组于2004年颁布《澳大利亚与新西兰高校信息素质能力框架》的指标体系，该标准体系分为3个层级，旨在全面衡量和培养高等教育领域内的信息素养能力：一级指标共6个，二级指标细化至19个，三级指标则进一步扩展至67个

续表

国家/组织	年份	标准/框架名称	内容
日本	2007	《教师信息通用技术活用指导力标准》	在教材研究、准备及评价过程中，展现对信息通信技术的熟练应用能力 在教学中展示有效运用信息通信技术指导学生的能力 具备引导学生正确、高效地使用信息通信技术的能力 培养学生遵守信息道德，具备指导他们维护网络道德规范的能力 在学校各项事务中，灵活运用信息通信技术以提高管理效率和质量的能力
英国	2016	《联合信息系统委员会数字能力发展框架》	数字素养包括： 信息数据和媒体素养 数字创造力和创新能力 数字问题解决和技术操作技能 数字学习和发展能力 数字沟通、协作和参与 数字身份和幸福感
美国	2017	《国际教育技术协会教育工作者标准》	熟练掌握技术应用与基本概念：教师需要具备对各种教育技术的操作能力，以及对相关概念和原理的深入理解 精心规划与设计学习环境：教师能够规划并设计富有成效的学习环境，以满足学生的学习需求，增加学习经验 有效整合教学、学习与课程：教师能够将教学、学习和课程内容紧密结合，创造出高效且有意义的教学环境 科学评估与全面评价：教师需要具备科学评估学生学习成果的能力，并能够对教学过程进行全面评价，以不断优化教学策略 展现专业性实践：教师在教学实践中，能够展现出高度的专业素养和实践能力，不断提升教学效果

续表

国家/组织	年份	标准/框架名称	内容
美国	2017	《国际教育技术协会教育工作者标准》	关注社会、民族、法律及人性问题：教师在教育过程中，应关注并思考社会问题、民族问题、法律问题，以及人类普遍面临的问题，以培养学生的全球视野和人文素养
欧盟	2017	《欧洲教育工作者数字能力框架》	教育工作者数字素养的构成要素包括：数字技术知识 数字技术技能 数字教育策略 数据素养 数字资源的评估和选择 数字学习环境 数字评估和反馈 终身学习和专业发展
联合国教科文组织	2018	《教师信息通信技术能力框架3.0》	教师信息素养包括：基本操作技能 数字资源的应用技能 通信和协作技能 问题解决能力 数字安全能力 教育领导力
中国	2022	《教师数字素养》教育行业标准	教师数字素养的框架结构涵盖了5个一级维度：数字化意识、数字技术知识与技能、数字化应用、数字社会责任、专业发展。这5个维度构成了教师数字素养的基础框架。每个一级维度下又设有若干二级维度，是对一级维度的具体化。同样，每个二级维度又由一系列的三级维度构成，这些三级维度是对二级维度的进一步细化和量化。通过这样的层级划分，教师数字素养框架

续表

国家/组织	年份	标准/框架名称	内容
中国	2022	《教师数字素养》教育行业标准	形成了一个由一级维度、二级维度和三级维度共同组成的完整体系，为教师提供了清晰、具体的指导，帮助他们不断提升自身的数字素养

资料来源：作者自制。

（一）《澳大利亚与新西兰高等教育信息素养能力框架》

澳大利亚与新西兰的高校在 2004 年颁布《澳大利亚与新西兰高等教育信息素养能力框架》，该框架由两国高校信息素质联合工作组牵头完成，结构严谨，分为 3 个层级：一级指标共 6 个，二级指标细化至 19 个，三级指标则进一步扩展至 67 个。该框架提出的六大核心准则明确定义了具备信息素养人士的特征，具体包括：①能够明确识别自己的信息需求，并据此确定所需信息的特性和范围，确保信息搜集的针对性和有效性；②具备高效的信息检索能力，能够迅速而准确地找到所需信息；③能够对获取的信息进行批判性评估，不仅关注信息内容本身，还重视信息搜寻过程的合理性，确保信息的准确性和可靠性；④擅长管理信息，通过整理、分类和归档等手段，使信息更加有序和易于使用；⑤能够将新旧信息融合，用于构建新的概念或实现知识创新，体现信息的价值和意义；⑥理解和遵守信息使用相关的文化、道德、经济、法律和社会规范，确保信息使用的合法性和道德性。[①] 该标准在高等教育课程设计、教学方法改进，以及学生信息素养评估中被广泛应用。所以，应帮助教师在课程中融入信息素养教育，提高学生的批判性思维和信息处理能力。同时，为图书馆提供信息素养教育的框架，指导学生有效利用图书馆资源。

[①] 郑旭东：《面向我国中小学教师的数字胜任力模型构建及应用研究》，华东师范大学博士论文，2019 年 5 月，第 237—239 页。

(二)《教师信息通用技术活用指导力标准》

日本的《教师信息通用技术活用指导力标准》详细划分为5个核心领域和18个具体细则,这些核心领域和细则共同构成了该标准的全面框架,详见表2.2。其中,5个核心领域对应5个不同维度,而18个具体细则则作为衡量教师信息通用技术应用能力的具体指标。这些指标根据教育阶段的不同,分为小学版和中学版,二者之间的主要差异体现在"指导学生遵守信息道德的能力"这一核心领域上。[①] 在日本,为了确保该标准的实施效果,相关部门高度重视后续跟踪调研和标准的实际应用评估。除了国家层面每年进行的定期调研外,教师自身也可根据该标准,采用四级评价体系("可以""基本可以""不太擅长""几乎不行")进行自我评估,以便更好地了解自己在信息通用技术应用指导能力方面的优势和不足,从而有针对性地提升自身的专业素养。

表2.2 《教师信息通用技术活用指导力标准》

标准名称	具体内容
在教材研究与指导的准备、评价过程中应用信息通用技术的能力	确定电脑和网络在教学中的最佳使用时机、地点和方法,通过网络等媒介收集丰富的教学资源
	利用文字处理和演示软件等工具,创作和准备教学所需材料
	借助电脑等设备,对学生作业、学习进展和成绩进行统计分析,强化评价管理过程
在教学中应用信息通用技术指导的能力	通过电脑等设备展示教学资源,激发学生的学习兴趣和热情;帮助学生掌握学习课题;通过通俗易懂的解释帮助学生深入思考和理解;总结学习内容,使学生更好地掌握相关知识

---

① 木原俊行:《ICT活用による学力向上》,载《教育展望》,2011年第10期,第29页。

续表

标准名称	具体内容
指导学生应用信息通用技术的能力	指导学生利用电脑和网络检索和筛选信息，培养信息筛选能力
	指导学生使用文字处理软件和图表软件整理信息，绘制图表，撰写总结或调研报告
	指导学生利用电脑和演示软件进行课堂展示，提升表达和呈现能力
	引导学生利用学习软件和网络进行学习和练习，掌握必要的知识和技能
指导学生遵守信息道德的能力	（小学）培养学生在信息社会中的责任感，教授他们何时何地、如何进行信息交流；（中学）教导学生在信息社会中承担相应责任，理解并尊重自己和他人的权利
	（小学）教授学生在信息社会中进行信息搜集和传播时应遵守的规则；（中学）让学生了解信息保护和处理的规则与法律，学会判断违法行为并采取相应行动
	（小学）教育学生在使用网络时确认信息的准确性和安全性，并教会他们正确灵活地应用信息；（中学）教导学生在使用网络时注意信息的可信度以及网络犯罪的危险性，确保信息使用的正确性和安全性
	（小学）指导儿童了解密码的重要性以及保护个人信息和他人信息的方法，掌握基本的信息规则；（中学）让学生掌握有关信息规则的基本知识，安全地使用电脑和网络
在学校事务中应用信息通用技术的能力	利用网络搜集班级管理等信息，并使用文字处理和图表软件制作相关文件和资料
	通过网络和校园网等平台，实现教师、家长和社区之间的信息交换和共享，促进紧密合作

资料来源：作者自制。

（三）《联合信息系统委员会数字能力发展框架》

英国联合信息系统委员会于 2016 年发布《联合信息系统委员会数字能力发展框架》，旨在帮助教育机构和从业人员提升数字技能，以应对快速变化的数字化环境。该框架不仅涵盖技术技能，还强调数字素养在工作和学习中的重要性。该框架包括6个核心领域：①信息数据和媒体素养；②数字创造力和创新；③数字问题解决和技术操作；④数字学习和发展；⑤数字沟通、协作和参与；⑥数字身份和幸福感。这6个领域又细分为15项子能力，涵盖了实用技能、批判性使用、创造性制作、参与、发展和自我实现等方面。①

1. 信息数据和媒体素养

信息素养：能够发现、分析、评价和使用信息。

数据素养：理解数据的来源、管理和应用，包括数据隐私和安全。

媒体素养：能够批判性地理解和使用多元媒体形式。

2. 数字创造力和创新

内容创建：能够运用数字工具创建和编辑内容，如文本、图像、音频和视频。

创意表达：通过数字技术进行创新和创意表达。

编程和开发：掌握基本的编程知识和开发技能，能够设计和落实数字解决方案。

3. 数字问题解决和技术操作

问题解决：借助数字工具和资源解决实际问题。

技术操作：基本的技术操作能力，包括设备使用和故障排除。

4. 数字学习和发展

自主学习：使用数字工具进行自主学习和终身学习。

学习资源：有效利用在线学习资源和平台。

5. 数字沟通、协作和参与

沟通技能：使用数字工具进行有效沟通。

协作技能：使用协作工具和平台开展在线合作和协作。

参与技能：在数字社区和社交网络中积极参与和互动。

---

① 林栋:《新就业形态下高职学生以职业胜任力为核心的就业能力培养》，载《教育与职业》，2020年第15期，第75—80页。

6. 数字身份和幸福感

数字身份管理：管理和保护个人数字身份和隐私。

数字幸福感：理解并应对数字生活对心理和情感健康的影响。

（四）《国际教育技术协会教育工作者标准》

美国国际教育技术协会2017年发布的《国际教育技术协会教育工作者标准》旨在帮助教师在数字时代提升教学实践，增强学生学习体验，推动教育创新和变革。该标准为教师在课堂中有效利用技术提供了清晰的指导，确保学生具备21世纪所需的核心技能。该标准包括以下7个核心领域，定义了教师在数字化教学中的关键角色和职责。

1. 学习者

教师应持续学习，并在实践中应用新的教学策略和技术工具，推动自身专业发展，同时鼓励学生成为终身学习者。

2. 领导者

教师应通过技术创新引领教学变革，建立支持性的学习环境，并倡导数字素养和技术在教育中的有效应用。

3. 公正实践者

教师应在教学中培养学生的数字公民意识，帮助学生理解和应对数字环境中的伦理、安全和法律问题，并践行负责任的数字行为。

4. 协作者

教师应利用技术工具与同事、学生和教育专家开展协作，共享资源和知识，以提升教学质量和学习效果。

5. 设计者

教师应设计和实施增强技术的学习活动，创造适应不同学习需求的个性化、包容性和有趣的学习环境。

6. 促进者

教师应利用技术工具来支持学生的学习过程，鼓励学生自主学习，并帮助学生形成批判性思维、掌握解决问题的技能。

7. 分析者

教师应使用数据和评估工具分析学生的学习进展,及时提供反馈、调整教学策略以满足学生的学习需求。①

该标准主要应用于以下几个方面。①教学实践。该标准指导教师将技术深入融入教学,帮助他们设计更具互动性和个性化的课程。②专业发展。助力教师科学规划职业发展,提升数字素养和教学能力。③政策和决策。教育机构和政策制定者可以依据该标准,制定促进教师发展和教育技术应用的相关政策。

《国际教育技术协会教育工作者标准》提供了一个系统性框架,不仅帮助教师提升专业能力,更为学生应对未来社会挑战做好准备。

(五)《欧洲教育工作者数字能力框架》

欧盟委员会于2017年发布《欧洲教育工作者数字能力框架》,将教育工作者的数字素养定义为:教育工作者在教育和培训环境中使用数字技术以支持学生学习、培养学生数字素养,以及为学生的教育和职业发展提供支持的能力。该定义强调了教育工作者数字素养的3个核心维度,包括技术应用、学生支持以及数字素养的培养。同时,框架进一步细分了教育工作者数字素养的构成要素,包括以下内容。①数字技术知识。教育工作者应该了解各种数字技术工具、平台和资源,包括硬件、软件、网络和应用程序。②数字技术技能。教育工作者应该具备使用数字技术的实际技能,包括计算机操作、文件管理、多媒体制作等。③数字教育策略。教育工作者应该能够设计和实施数字教育方案,以支持学生的学习和加强数字素养的培养。④数字素养。教育工作者应该能够帮助学生发展数字素养,包括信息检索、筛选、评估、创造和分享,以及对数字伦理的理解。⑤数字资源评估和选择。教育工作者应能够评估和选择适当的数字资源,以支持教学和学生的

---

① "ISTE Standards for Educators", https://coe.ksu.edu/student-success/undergraduate/documents/2019-ksu-iste-poster.pdf.

学习。⑥数字学习环境。教育工作者应该能够创建适合数字学习的环境，包括在线学习平台、虚拟课堂和多媒体教材。⑦数字评估和反馈。教育工作者应能够使用数字工具对学生表现予以评估，并及时提供反馈。⑧终身学习和专业发展。教育工作者应持续提升数字素养，并将其纳入终身学习和专业发展的计划中。① 这一框架强调了教育工作者数字素养的多维性，不仅包括技术技能，还包括教育、伦理和安全等方面的能力和知识，将数字素养与提高教育质量、学生数字素养，以及教育创新紧密联系在一起，旨在为教育工作者提供综合性参考，帮助他们在数字化时代更好地履行教育使命。

（六）《教师信息通信技术能力框架3.0》

联合国教科文组织于2018年发布了《教师信息通信技术能力框架3.0》。该文件将教师信息素养划分为7个素养域。①操作域。基础的信息通用技术使用技能，如计算机、软件操作等。②信息域。有效地搜集、管理、评估和使用信息的能力。③交流域。利用信息通信技术进行沟通与协作的能力，包括使用电子邮件、社交媒体等。④内容创作域。创建和优化数字内容的能力，包括多媒体制作、博客编写、视频编辑等。⑤安全伦理域：在数字环境中注意保护安全和隐私的意识，以及理解和践行数字伦理规范。⑥问题解决域。利用信息通用技术工具解决复杂问题、进行决策的能力。⑦职业相关域。将信息通用技术应用于教师的专业发展和教学实践中，以提高教学效果。② 详见表2.3。

表2.3 《教师信息通信技术能力框架3.0》

素养域	具体素养
操作域	数字设备的物理操作
	数字设备中的软件操作

---

① Redecker Christine, *European Framework for the Digital Competence of Educators: DigCompEdu*, Publications Office of the European Union, 2019.

② "UNESCO ICT Competency Framework for Teachers", https://unesdoc.unesco.org/ark:/48223/pf0000265721.

续表

素养域	具体素养
信息域	浏览、搜索和过滤数据、信息和数字内容
	评估数据、信息和数字内容
	管理数据、信息和数字内容
交流域	通过数字技术交流
	通过数字技术共享
	数字技术赋能公民身份
	通过数字技术合作
	网络礼仪
	管理数字身份
内容创作域	开发数字内容
	整合和重新阐释数字内容
	版权与授权
	程序设计
安全伦理域	保护设备
	保护个人数据和隐私
	保护健康与福祉
	保护环境
问题解决域	解决技术问题
	识别需求与技术响应
	创造性地使用数字技术
	识别数字能力差距
	计算思维
职业相关域	针对特定领域操作合适的数字技术
	解释特定领域的数据、信息和数字内容

资料来源：作者自制。

该框架旨在为教师提供具体指导，帮助他们在教学中整合信息通用技术，提升个人的信息素养，推动学生的21世纪技能发展。其应用范围不仅涵盖教师个体专业发展，并为教育机构制定信息通用技术培训课程和政策提供参考标准。

（七）《教师数字素养》教育行业标准

2022年，中国教育部发布《教师数字素养》教育行业标准，为教师的数字素养构建了一个全面的框架。该标准界定5个核心维度：数字化意识、数字技术知识与技能、数字化应用、数字社会责任、专业发展。[①] 这5个维度为教师提供了明确的指导，帮助他们更好地适应数字化时代发展。这一标准不仅为教师的数字素养培训提供了参考，同时也为评价教师的数字素养水平提供依据，详见表2.4。

表2.4 《教师数字素养》教育行业标准

一级维度	二级维度	三级维度	描述
数字化意识	数字化认识	理解数字技术在经济社会及教育发展中的价值	了解数字技术引发国际数字经济竞争发展；理解数字技术推动教育数字化转型的重要意义
		认识数字技术发展给教育教学带来的机遇与挑战	在当前的教育领域中，数字技术的巨大推动力正不断引领着教育创新的浪潮。同时，当数字技术资源深度融入教育教学过程时，无疑会对教学理论、教学模式以及教学方法提出全新的挑战和创新要求。更为重要的是，必须警惕在这一过程中可能出现的伦理道德层面的问题，以确保教育的健康发展与社会的和谐稳定

[①] 《教育部关于发布〈教师数字素养〉教育行业标准的通知》，http://www.moe.gov.cn/srcsite/A16/s3342/202302/t20230214_1044634.html。

续表

一级维度	二级维度	三级维度	描述
数字化意识	数字化意愿	主动学习和使用数字技术资源的意愿	主动了解数字技术资源的功能作用，有在教育教学中使用数字技术资源的愿望；理解合理使用数字技术资源能够推动教育高质量发展
		开展教育数字化实践、探索、创新的能动性	具有实施数字技术与教育教学融合的主动性，愿意开展教育教学创新实践
	数字化意志	战胜教育数字化实践中遇到的困难和挑战的信心与决心	在面对教育数字化实践中数字技术资源使用以及教学方法创新等方面的重重困难和挑战时，具备克服它们的决心和能力；深信不疑地坚持并持续开展数字化教育教学的实践探索，以不断推动教育的进步和变革
数字技术知识与技能	数字技术知识	常见数字技术的概念、基本原理	为了在教育实践中有效应用数字技术，我们需要深入理解各种常见技术的核心特性和运作原理。这包括但不限于多媒体、互联网、大数据、虚拟现实以及人工智能等前沿技术。掌握这些技术的内涵特征，能够帮助我们明确它们在教育中的潜在作用；而理解其解决问题的程序和方法，则能使我们更加精准地运用这些技术来优化教学和学习过程。通过深入了解这些技术的特性和应用方法，我们可以更好地应对数字化教育的挑战，实现教育的现代化和创新
	数字技术技能	数字技术资源的选择策略	掌握在教育教学中选择数字化设备、软件、平台的原则与方法
		数字技术资源的使用方法	熟练操作使用数字化设备、软件、平台，解决常见问题

续表

一级维度	二级维度	三级维度	描述
数字化应用	数字化教学设计	开展学习情况分析	在评估学生的学习表现时，具备有效利用数字评价工具的能力。具体来说，可以借助智能阅卷系统、题库系统和测评系统等数字化工具，对学生的知识掌握程度、学习能力以及学习风格进行深入的分析。这些工具的应用不仅提高了评价的效率和准确性，同时也为我们提供了更为全面和细致的学生学习数据，有助于我们更好地了解学生的学习状态，从而制定更具针对性的教学策略
		获取、管理与制作数字教育资源	能够多渠道收集，并依据教学需要选择、管理、制作数字教育资源
		设计数字化教学活动	能够依据教学目标，设计融合数字技术资源的教学活动
		创设混合学习环境	借助先进的数字技术资源，我们拥有了打破时空束缚的能力，能够创建出一种融合网络学习空间与物理学习空间的新型学习环境。这种环境不仅丰富了学习形式，提高了学习效率，而且使学习体验更加灵活多元，为学习者提供了更广阔的探索与成长空间
	数字化教学实施	利用数字技术资源支持教学活动组织与管理	能够利用数字技术资源有序组织教学活动，提升学生参与度和交流主动性
		利用数字技术资源优化教学流程	能够使用数字工具实时收集学生反馈，改进教学行为，优化教学环节，调控教学进程
		利用数字技术资源开展个性化指导	能够利用数字技术资源发现学生学习差异，开展针对性指导

续表

一级维度	二级维度	三级维度	描述
数字化应用	数字化学业评价	选择和运用评价数据采集工具	能够合理选择并运用数字工具采集多模态学业评价数据
		应用数据分析模式进行学业数据分析	能够选择与应用合适的数据分析模式开展学业数据分析
		实现学业数据可视化与解释	能够借助数字工具可视化呈现学业数据分析结果并进行合理解释
	数字化协同育人	学生数字素养培养	在数字化时代，我们致力于引导学生明智地挑选并有效利用数字技术资源来辅助学习。我们特别强调培养学生的计算思维，这不仅有助于他们解决复杂问题，还能提升他们的逻辑和创新能力。同时，我们也注重培养学生的数字社会责任感，确保他们在享受数字技术带来的便利时，也能承担起对社会的责任，合理使用数字技术资源
		利用数字技术资源开展德育	能够利用数字技术资源拓宽德育途径，创新德育模式
		利用数字技术资源开展心理健康教育	在心理健康教育的实施中，擅长利用数字技术资源来丰富和增强多种活动形式。具体来说，可以借助这些资源开展心理健康诊断，以更准确地评估学生的心理状态；进行团体辅导，为学生提供集体支持和互动；实施心理训练，帮助学生增强心理韧性和自我调节能力；设计逼真的情境，让学生在模拟环境中体验和学习；引导学生进行角色扮演，促进情感共鸣和同理心的发展；以及组织游戏辅导，让学生在轻松愉快的氛围中学习心理健康知识。这些活动形式的有效结合，使得心理健康教育更加生动有趣、高效实用

续表

一级维度	二级维度	三级维度	描述
数字化应用	数字化协同育人	利用数字技术资源开展家校协同共育	能够利用数字技术资源实现学校与家庭协同育人，主动争取社会资源，拓宽育人途径
数字社会责任	法治道德规范	依法规范上网	遵守互联网法律法规，自觉规范各项上网行为
		合理使用数字产品和服务	在利用数字产品和服务时，始终坚守正当必要、知情同意、目的明确、安全保障的原则。我们深知知识产权的重要性，因此始终尊重并保护知识产权。同时，我们高度重视学生的身心健康，确保在使用数字产品和服务的过程中，不会对学生的身心健康造成任何不良影响。我们致力于为学生提供一个安全、健康、有益的数字学习环境
		维护积极健康的网络环境	遵守网络传播秩序，利用网络传播正能量
	数字安全保护	保护个人信息和隐私	做好个人信息和隐私数据的管理与保护
		维护工作数据安全	在履行职责的过程中，高度重视对学生、家长及其他相关方的数据保护工作，从数据的收集、存储、使用到传播，每一个环节都严格遵守数据安全的规范和标准，以确保数据的完整性、机密性和可用性，为学生、家长提供可靠、安全的数据处理服务
		注重网络安全防护	辨别、防范、处置网络风险行为。例如：辨别、防范、处置网络谣言、网络暴力、电信诈骗、信息窃取行为

续表

一级维度	二级维度	三级维度	描述
专业发展	数字化学习与研修	利用数字技术资源持续学习	为了满足个人发展的多元化需求，积极利用数字技术资源进行自我提升。具体而言，借助数字教育资源深入学习学科知识，掌握教学法知识，了解技术前沿，并提升教育教学管理能力。
		利用数字技术资源进行反思与改进	积极运用数字技术资源对教学实践进行深入分析，这一过程有助于进行教学反思，并据此制定针对性的改进策略。通过数据的收集和分析，能更准确地识别教学中的问题和挑战，从而更加精准地调整教学策略和方法，促进教学效果的不断提升
	数字化教学研究与创新	参与或主持网络研修	参与或主持网络研修，共同学习、分享经验、寻求帮助、解决问题
		开展数字化教学研究	针对数字化教学问题，利用数字技术资源支持教学研究活动
		创新教学模式与学习方式	利用数字技术资源不断创新教学模式、改进教学活动、转变学生学习方式

资料来源：作者自制。

通过对国内外有关教师信息素养的 7 个标准的解读和分析，本书将对其中高频的信息素养要素进行提取和比较，详见表 2.5。

表 2.5 国际典型教师信息素养标准/框架分析

国家/组织	年份	标准/框架名称	信息意识	信息知识	信息技能	信息应用	信息伦理	专业发展
澳大利亚	2004	《澳大利亚与新西兰高等教育信息素养能力框架》	√	√	√	√	√	√

续表

国家/组织	年份	标准/框架名称	信息意识	信息知识	信息技能	信息应用	信息伦理	专业发展
日本	2007	《教师信息通用技术活用指导力标准》	√	√	√	√	√	√
英国	2016	《联合信息系统委员会数字能力发展框架》	√	√	√	√		√
美国	2016	《国际教育技术协会教育工作者标准》		√	√	√	√	√
欧盟	2017	《欧洲教育工作者数字能力框架》	√		√	√	√	√
联合国教科文组织	2018	《教师信息通信技术能力框架3.0》	√	√	√	√	√	√
中国	2022	《教师数字素养》教育行业标准	√	√	√	√	√	√
频次统计			6	6	7	7	6	7

资料来源：作者自制。

注："√"表示有。

依据表2.5所示，尽管不同国家、标准、框架对于教师信息素养的具体内容存在多样性，但普遍聚焦于教师在信息意识、信息知识、信息技能、信息应用、信息伦理与道德以及专业发展这六大关键领域的成长。因此，本书将这6个方面作为评估教师信息素养的一级核心指标，以确保全面准确地衡量教师在信息素养方面的综合表现，如图2.1所示。

图 2.1 教师信息素养构成

资料来源：作者自制。

二、教师信息素养六大构成要素的内涵及构成

（一）教师信息意识内涵和构成

在信息感知和理解的过程中，信息意识发挥着至关重要的作用。它不仅影响信息主体需求表达的准确性，还主导着信息行为的选择和决策，进而决定了信息利用的效率和效果。因此，可以说信息意识既是信息认知得以顺利进行的基础前提，也是信息认知过程所达成的结果之一。以下是部分有关教师信息意识内涵和构成的参考文献。

卡罗尔·库尔索（1993）认为，教师信息意识是教师在信息搜寻过程中的一种状态，是教师在不同阶段对信息需求的认识、信息源的选择和信息内容的理解。[1] 信息意识的构成通常包括以下 5 个方面：①信息需求的识别。这一构成要素涉及个体意识到其在某个情境或任务下需要信息。个体需能够识别出信息需求的具体内容和范围，并明

---

[1] C. C. Kuhlthau, "A Principle of Uncertainty for Information Seeking", *Journal of Documentation*, Vol. 49, No. 4, 1993, pp. 339−355.

确信息需求的紧迫性和优先级。① ②信息获取的能力。该要素包括对信息源的识别、选择合适的信息获取策略，以及实际获取信息的过程。个体的信息获取能力与其对信息源的熟悉程度、信息检索工具的使用技巧等密切相关。② ③信息评估与处理。信息评估指对所获取信息的质量、可靠性、相关性进行批判性评估，信息处理则包括对信息的分析、整合和应用。该要素强调了信息意识中重要的认知和批判性思维技能。③ ④信息使用与传播。信息的有效使用和传播是信息意识的核心，包括将信息应用于解决问题或完成任务，以及通过适当的媒介和方式将信息传达给他人。④ ⑤信息伦理与责任。该要素涉及信息使用中的法律与伦理问题，包括信息的合法获取与使用、版权问题、隐私保护和信息安全。由此可见，信息意识不仅关注信息的获取和处理，还涉及如何在道德和法律框架内使用信息。⑤

安妮玛丽·劳埃德（2010）在《信息素养景观：教育中的信息素养》中指出，信息意识是个体对信息的敏感度和认知程度，表现为能够意识到信息的重要性，并主动寻求、利用信息。该要素涵盖了对信息的感知和理解，包括对信息存在的认识以及信息在个体生活和学习中的作用。信息意识使个体能够识别信息需求，并意识到信息对他们的决策和行动具有重要影响。⑥

克莱伦斯·梅比（2017）在《行动研究和信息素养：一段走向批

---

① B. Dervin, "An Overview of Sense-Making Research: Concepts, Methods, and Results to Date", *International Communication Association Annual Meeting*, 1983, p. 65.

② G. Marchionini, *Information Seeking in Electronic Environments*, Cambridge: Cambridge University Press, 1995, p. 79.

③ C. C. Kuhlthau, "A Principle of Uncertainty for Information Seeking", *Journal of Documentation*, Vol. 49, No. 4, 1993, pp. 339–355.

④ T. D. Wilson, "Models in Information Behaviour Research", *Journal of Documentation*, Vol. 55, No. 3, 1999, pp. 249–270.

⑤ R. Capurro, "Ethical Challenges of the Information Society in the 21st Century", *International Information and Library Review*, Vol. 35, No. 2–4, 2003, pp. 129–136.

⑥ A. Lloyd, *Information Literacy Landscapes: Information Literacy in Education*, Oxford: Chandos Publishing, 2010, pp. 151–180.

判性实践的旅程》中指出，信息素养包括 4 个主要维度：信息技能、信息意识、信息知识和信息伦理。其中，信息意识强调了对信息的感知和理解。它涉及个体对信息存在、重要性和应用的认识。具有良好的信息意识意味着个体能够识别自己的信息需求，并意识到信息在决策制定、问题解决和学习中的关键作用。信息意识有助于个体更好地定义信息目标并明确信息的价值。[1]

在《以回归分析法构建教师信息素养评价体系》一文中，彭瑞霞和赵庆刚（2006）强调，信息意识构成了信息素养的基石。这种意识实质上反映了个体对信息的敏锐度和关注度，要求个体具备高度的感知能力和持续的专注力。只有当个体能够深刻认识到信息的价值，并对此产生积极的内在需求时，才能真正形成和强化这种信息意识。[2] 可见，在提升信息素养的过程中，除了对技术性和工具性能力的培养，还需注重对观念和态度的塑造。

周庆莲（2010）在《新疆中小学双语教师信息意识的内涵与培养研究》一文中深入探讨了信息意识对中小学双语教师的重要性。她认为，信息意识是信息能力结构的关键组成部分，其培养不仅有助于提升双语教师的信息能力，更对双语教师的专业素质发展具有积极的推动作用。她进一步指出，中小学双语教师的信息意识体现在：将信息技术视为学习和思考的核心对象，在心理层面形成对信息技术的理解、接受和热爱，并乐于在教学实践中探索和应用。周庆莲详细阐述了中小学双语教师信息意识的内涵，包括以下几点。其一，教师应能够全面理解和把握信息技术的本质及其在教学中的重要作用。其二，教师应认识到信息能力是双语教师专业素质不可或缺的一部分，是实现终身学习的基石。其三，教师应具备评价和反思的意识，能够在教学实

---

[1] C. Maybee, *Action Research and Information Literacy: A Journey Toward Critical Praxis*, Oxford: Chandos Publishing, 2017, pp. 60-61.
[2] 彭瑞霞、赵庆刚：《以回归分析法构建教师信息素养评价体系》，载《清华大学教育研究》，2006 年第 3 期，第 114—118 页。

践中主动学习和应用教育技术。其四，教师还应具备培养学生信息素养的意识，以促进学生全面发展。①周庆莲的研究提供了一个多维视角，强调信息意识不仅是技术层面的技能，更是一种贯穿心理认知、教学实践和学生发展的综合能力。该理论框架为教师教育提供启示：在培养中小学双语教师时，不仅要注重信息技术的操作技能，更要通过理念引导和实践训练，激发教师对信息技术的深刻理解和应用热情。

解敏与衷克定（2012）在《信息意识概念的新构想与实证》中强调，信息意识在信息素养体系中占据核心地位，它直接塑造信息主体的信息需求表达方式，并驱动着其信息行为，最终决定了信息的实际利用成效。然而，当前关于信息意识的概念界定较为模糊，且缺乏对其动态性和流动性的深入考量，这不仅在一定程度上限制了相关研究的深度与广度，也使得教学实践在缺乏有效指导的情况下趋于表层和单一。为克服这一困境，明确信息意识的概念显得尤为重要。这既能为相关领域研究提供一个清晰、可操作的定义和交流理解的平台，又能够为信息技术教学实践提供强有力的指导思想。在此背景下，他们结合心理学中意识的概念、信息素养的过程结构，以及目标结构思想，对信息意识进行了新的界定：信息意识是信息主体在信息认知活动中逐步形成的感受及其积累后所展现的对信息活动的觉知能力。这种觉知能力包含信息行为觉知、信息情感和信息观点3个核心要素，并贯穿于信息需求、信息应用和信息交流3个阶段，全面展现了信息意识的复杂性和动态性。②

解月光与杨鑫（2017）在《高中信息技术学科信息意识素养解读及教学建议》一文中，对高中学生在信息技术学科中应具备的信息意识素养进行了深入探讨。他们认为，信息意识不仅是信息技术学科核

---

① 周庆莲：《新疆中小学双语教师信息意识的内涵与培养研究》，载《新疆职业大学学报》，2010年第2期，第67—70页。

② 解敏、衷克定：《信息意识概念的新构想与实证》，载《现代远程教育研究》，2012年第5期，第51—56页。

心素养的关键组成部分，更是学生未来生存与发展不可或缺的重要素养。在定义信息意识时，他们采用了从"宏观信息社会实践"到"微观心理反应"的逻辑框架，具体包括以下几个方面。其一，信息意识表现为个体对外界信息刺激的敏感度和自主反应能力。这种能力使个体能够在复杂多变的信息环境中迅速识别并捕捉到有价值的信息。同时，也体现了在面对实际问题时，主动寻找答案，并对信息进行评价、选择、加工和传播的能力。其二，信息意识是思维活动的起点，它启动并推动着个体制定解决方案等思维过程，在信息问题解决过程中发挥着至关重要的作用。其三，信息意识是一种自觉的心理活动状态，这种状态可能是先天遗传的，也可能是后天习得的。它强调了个体在信息反映过程中的自觉性、敏感性和有意识性。这种心理状态的形成，往往与个体的实践需求、兴趣、知识学习和信息反映训练等因素密切相关。其四，信息意识还是个体对客观信息或信息活动的反映，是通过实践而形成的对信息世界的认识结果，体现了个体对信息世界的深刻理解和把握，是信息素养的重要组成部分。解月光与杨鑫为我们提供了一个较为全面而深入的信息意识素养解读，为高中信息技术学科的教学提供了有力的指导。[1]

林寿星（2018）在《浅谈信息技术学科核心素养"信息意识"及其培养》一文中，对信息意识进行了深刻阐述。他认为，信息意识实质上是个体在面对信息时的一种敏感度和价值判断能力。一个拥有较强信息意识的学生，通常会体现在以下3个关键方面。一是能够根据实际解决问题，主动寻找最适合的方法和手段来获取和处理信息，体现了他们良好的自我驱动和问题解决能力。二是具备敏锐的信息洞察力，能够迅速捕捉到信息的变化，并据此提取有价值的信息。他们擅长运用有效策略，对信息来源的可靠性、内容的准确性，以及信息的目的性进行精准判断，并能够对信息可能带来的潜在影响进行前瞻性

---

[1] 解月光、杨鑫：《高中信息技术学科信息意识素养解读及教学建议》，载《课程·教材·教法》，2017年第12期，第85—90页。

分析，从而为解决问题提供有力的参考。三是，在团队合作解决问题的过程中，他们能够有效共享信息，实现信息的最大化利用，这体现了团队协作能力和信息共享意识。①

马欣研（2019）在《中小学教师信息素养研究——基于理论与实践的双重视角》一文中，探讨了信息意识在中小学教师信息素养中的重要性。她指出，信息意识不仅是对信息活动中产生的认识、观念和需求的综合体现，更是构成信息素养的关键要素，并且是推动信息素养形成的核心动力。拥有优秀信息意识的教师，在产生信息需求、激发信息动机、积极寻找和探索信息、主动获取所需信息以及自觉遵守信息准则等方面，都展现出了显著优势。这种信息意识主要由3个核心部分组成。①信息价值观，即教师对信息的价值判断。②信息态度，即教师对信息的看法和倾向。③信息情感，即教师在信息活动中产生的情感体验。② 这一论述不仅深化了对中小学教师信息素养的理解，也为提升教师的信息意识和优化信息教学活动提供了重要的理论支持和实践指导。

窦君霞（2020）在《中小学教师信息素养研究》中强调，信息意识是教师信息素养的基石。这种意识体现在教师对外部信息的精准把握上，要求教师不仅能够准确理解信息，还需清晰认知自身的信息需求，并在信息感知和专注力上展现出高度的敏锐性和持久性。具体来说，信息意识涵盖了对信息和信息化社会的正确认知；对信息在教育教学中重要作用的深刻理解；对自身教学实践中信息需求的明确界定；对信息变化的敏感度和强烈的获取意愿。信息意识的内容可进一步划分为两大方面：一方面，它涉及信息技术的价值，这种价值可以通过教师运用信息技术的意愿和目的来体现，如提升专业能力、优化教学

---

① 林寿星：《浅谈信息技术学科核心素养"信息意识"及其培养》，载《福建电脑》，2018年第9期，第165—171页。

② 马欣研：《中小学教师信息素养研究——基于理论与实践的双重视角》，华东师范大学博士论文，2019年5月，第113—114页。

流程、改革教学方法等；另一方面，它关注学生使用信息技术的利弊，这反映在教师对学生使用信息技术的态度上，体现教师对学生技术使用的关注和引导。这两方面的内容共同构成了教师信息意识的核心，为提升教师信息素养提供了重要的前提和基础。[①]

陈敏、周驰、吴砥（2020）在《中小学教师信息素养评估指标体系研究》中详细阐述了教师信息意识的内涵。他们认为，教师信息意识集中体现在对信息的获取、辨别和应用的主动性和敏锐度上，这一意识由信息认识、信息情感和信息意志3个关键组成部分构成。一是信息认识表现为教师对信息的深刻感知和准确判断，具体包括有效辨别信息的真伪和实用性，并具备及时更新信息的意识。二是信息情感侧重于教师对教学中的信息活动和信息技术的态度，强调教师应理性看待信息化教学的作用，并具备主动应用信息技术进行教学优化与创新的意识。三是信息意志体现在教师开展信息化教学活动的决心和毅力上，具体表现为勇于面对信息化教学中的困难，并积极寻求解决方案的坚定态度。这三方面相互关联，共同构成了教师信息意识的核心，为教师信息素养的评估提供了重要参考依据。[②]

吴子敏（2022）在《教育信息化2.0时代乡村小学英语教师信息素养评价指标体系的构建与应用》中强调了信息意识在教师信息素养体系中的引领地位。他指出，信息意识不仅代表教师对信息的准确认知，还体现教师积极应对信息化教学的态度与决心。这一意识具体涵盖了信息认识、信息情感和信息意志3个维度。在信息认识方面，教师需明确教学及生活中的信息需求，具备判断信息价值及真伪的能力，并时刻保持信息更新意识；信息情感则要求教师对信息化教学有深刻的理解，能够合理运用现代教育技术，不断优化并创新乡村小学教学活动；信息意志则体现在教师面对信息化教学挑战时，能够保持积极

[①] 窦君霞：《中小学教师信息素养研究》，上海师范大学硕士论文，2022年5月，第13页。
[②] 陈敏、周驰、吴砥：《中小学教师信息素养评估指标体系研究》，载《中国电化教育》，2020年第8期，第78—85页。

态度，勇于面对并克服困难。这3个方面共同构成了教师信息意识的核心内容，为乡村小学英语教师在教育信息化2.0时代提升信息素养提供了重要指导。[1]

中国教育部（2022）发布的《教师数字素养》教育行业标准中，对数字化意识进行了深入阐释。该标准指出，数字化意识是教师对客观存在的数字化相关活动的积极心理反映，涵盖数字化认识、数字化意愿、数字化意志3个核心组成部分。具体来说，数字化认识是教师对数字技术在经济社会和教育发展中重要性的理解，以及其对数字技术如何为教育教学带来新机遇和挑战的认识；数字化意愿则体现为教师主动学习和运用数字技术资源的积极性，以及他们在教育实践中探索数字化创新的主观能动性；数字化意志是指教师在面对教育数字化进程中的困难和挑战时，展现出的信心和决心。这三者共同构成了教师的数字化意识，为数字化时代的教育教学提供了重要的心理支撑和动力。[2]

关于信息意识，综合以上参考文献对信息意识的定义，笔者认为，教师信息意识是指教师在信息化社会中对信息的存在、价值和重要性的认知和理解，涵盖了教师对信息技术、数字资源和信息素养的认知，以及认识其对教育和学生的影响。教师信息意识使教师能够更好地理解信息化教育的潜力，并将其应用于教学实践中。在教育环境中，教师信息意识涉及教师认识到信息在教学和学习过程中的重要性，以及信息对于帮助学生获得知识、解决问题和发展技能的作用。

尽管不同的标准、框架对信息意识的构成存在差异，但大多聚集于信息观念、信息获取和信息分析与评价这3个方面，所以笔者认为教师信息意识主要包括以下几个方面。

---

[1] 吴子敏：《教育信息化2.0时代乡村小学英语教师信息素养评价指标体系的构建与应用》，广东技术师范大学硕士论文，2022年6月，第17—18页。

[2] 《教育部关于发布〈教师数字素养〉教育行业标准的通知》，http://www.moe.gov.cn/srcsite/A16/s3342/202302/t20230214_1044634.html。

1. 信息观念

信息观念是指教师对信息的态度和认知，包括他们对信息的价值、重要性和作用的理解。信息观念包括：认识到信息是知识的基础，对学生和教育的发展至关重要；理解信息和技术在教育中发展和变革中的作用；重视信息素养的培养，将其视为学生综合素养的一部分。

2. 信息获取

信息获取是教师获取所需信息的能力，涵盖有效利用各种信息资源和工具，主要包括：使用搜索引擎、在线图书馆和数字资源库等工具查找信息；了解如何选择和筛选信息，以确保获取准确和可信的资料；具备不断学习的态度，以跟踪新信息和教育趋势。

3. 信息分析与评价

信息分析与评价是指教师对所获信息进行批判性思考和评估的能力，以判断信息的质量和可信度。主要包括：能够识别信息来源的可信度和权威性；具备批判性思维技能，能够辨别虚假信息和误导性信息；了解如何应用评估标准来确定信息的适用性和相关性。

4. 信息传播与交流

信息传播与交流是教师与同事、学生家长和社区分享信息的能力，以促进合作和教育目标的实现，包括：能够使用电子邮件、社交媒体和在线协作工具与他人进行有效的沟通与合作；具备分享信息和经验的意愿以支持教育共同体的建设；能够有效地向家长和社区传达教育信息和政策。

这些要素共同构成了教师的信息意识，帮助教师更好地适应信息时代教育环境，提高教育质量，培养学生的信息素养，并与他人合作以实现教育目标。

（二）教师信息知识内涵和构成

信息知识是教师信息素养的基础，为教师在信息素养实践中提供了所需的基本工具和理论基础，有助于教师更好地理解信息生态系统，获取和评估信息，以及合法、合规、合乎道德地使用信息。部分有关教师信息知识内涵和构成的研究成果如下。

安妮玛丽·劳埃德（2010）在《信息素养图景：教育中的信息素养》一书中阐述了信息素养作为社会实践的不同维度，包括信息技能、信息知识和信息伦理。其中，信息知识，具体包括：信息来源、类型、特点，以及信息资源的结构和组织。① 劳埃德的信息素养理论强调，信息知识是信息素养的基础维度之一，超越了简单的技术性能力，而指向一种理解和驾驭信息复杂性的深层能力。这种认知维度对教育者和学习者来说尤为重要，因为它为个体赋能，使其能够在快速变化的社会中更具适应性和创造力。

克莱伦斯·梅比（2017）在《行动研究与信息素养：一段走向批判性实践的旅程》中指出，信息知识包括对信息本身的了解，如信息的来源、性质、类型和特点。该要素还涵盖了对信息资源、数据库、检索工具和信息组织的知识。信息知识有助于个体更好地识别和评估信息的可信度和相关性。② 梅比的研究表明，通过对信息知识的掌握，个体不仅能够更高效地利用信息资源，还能更深入地理解信息的价值和意义，从而实现信息素养的全面提升。

彭瑞霞和赵庆刚（2006）在《以回归分析法构建教师信息素养评价体系》一文中强调，个体的信息素养是建立在扎实的信息知识之上的。这里的信息知识是指个体对信息学的深入理解，以及对信息来源和相关信息工具的掌握与运用。③ 这一观点表明，信息素养的培养不能仅限于提高技术操作能力，还需注重信息知识的系统性和深度。只有扎实的信息知识，才能支撑个体在复杂多变的信息环境中作出准确的

---

① A. Lloyd, *Information Literacy Landscapes: Information Literacy in Education*, Oxford: Chandos Publishing, 2010, pp. 151—180.

② C. Maybee, *Action Research and Information Literacy: A Journey Toward Critical Praxis*, Oxford: Chandos Publishing, 2017, pp. 61—62.

③ 彭瑞霞、赵庆刚：《以回归分析法构建教师信息素养评价体系》，载《清华大学教育研究》，2006年第3期，第114—118页。

判断和决策。

马欣研（2019）在《中小学教师信息素养研究——基于理论与实践的双重视角》中，详细阐述了教师信息素养的四大核心组成部分：信息知识、信息意识、信息能力和信息社会责任。马欣研认为，信息知识是教师信息素养的基石，其重要性体现在以下方面。①为信息意识的形成提供认知基础。只有掌握足够的信息知识，教师才能深刻认识到信息在教育教学中的价值，进而产生主动使用信息技术的意识。②为信息能力的提升奠定技术支撑。信息能力的实际应用，如信息检索、筛选、加工和传播，均需要扎实的信息知识作为支撑。③影响教育教学实践和学生发展。教师对信息的本质、发展趋势的深刻理解，将直接影响其教学设计与实践能力，同时将为学生信息素养的培养提供引导。马欣研进一步细化了教师应掌握的信息知识，具体包括：①信息技术知识。涉及基础的信息科学概念与技术操作技能，包括硬件设备使用、软件应用和信息网络的基础知识。②与教师专业相关的信息知识。涵盖学科教学资源的信息特点、教育信息化工具的使用，以及学科教学与信息技术深度融合的知识。③信息的本质与发展趋势。理解信息技术对教育变革和社会发展的影响，包括人工智能、大数据等新兴技术在教育中的应用潜力。[①] 马欣研强调，只有当教师掌握了足够的信息知识，深刻理解了信息的本质、发展趋势以及信息对教育教学和学生成长的深远影响时，他们才能为形成坚定的信息意识，为提升信息能力奠定坚实的基础。因此，教师应特别注重信息知识的积累。

窦君霞（2020）在《中小学教师信息素养研究》中，明确指出信息知识在教师信息素养中的核心地位，将其视为基石。这里的教师信息知识，指的是教师对于信息相关知识和方法的掌握与持续学习能力。这种知识可以进一步细分为两大类别：基础理论性知识和基本实践性知识。具体而言，它涵盖了信息理论知识、信息技术知识、软硬件操

---

① 马欣研:《中小学教师信息素养研究——基于理论与实践的双重视角》,华东师范大学博士论文,2019 年 5 月,第 112—113 页。

作知识，以及教师对信息技术当前应用和未来发展趋势的见解。这些要素共同构成了教师信息素养的基础。① 窦君霞的信息知识框架强调了知识与技能、理论与实践的有机结合，为中小学教师的信息素养提升提供了理论指导和实践路径。这种注重基础与创新的结合，不仅有助于教师适应信息化教育的需求，也能推动教育质量和学生学习体验的全面提升。

陈敏、周驰和吴砥（2022）在《中小学教师信息素养评估指标体系研究》中详细定义了信息知识，他们认为信息知识是指教师在实际利用信息和信息技术的过程中逐渐累积的认知与经验的集合。这一集合主要涵盖两个方面：一是对信息和信息技术的基本概念与原理的理解，如对信息安全的重要性、知识产权的尊重，以及对当前信息应用现状的深入认识；二是对信息技术的具体操作与应用知识的掌握，如熟练掌握各种常见信息化教学设备、办公软件、信息化教学系统、资源处理软件，以及学科专用软件的基本操作技巧。这些知识和经验共同构成了教师信息素养中不可或缺的信息知识部分。②

吴子敏（2022）在《教育信息化2.0时代乡村小学英语教师信息素养评价指标体系的构建与应用》中指出，信息知识在教师信息素养结构中起着基础性作用。教师不仅要对信息基础知识有理性认识，更要系统地把握信息技术知识，并利用这些知识支持信息化教学。具体而言，信息知识包括信息基础知识和信息技术知识。信息基础知识是指对信息与信息技术的基本概念与原理、信息安全基础知识、信息产权基础知识等有所了解；信息技术知识是指对信息化教学设备及软件进行基本的操作、调试与维护等。

根据中国教育部（2022）发布的《教师数字素养》教育行业标准，数字化知识被明确为教师日常教育教学活动中不可或缺的一部分，

---

① 窦君霞：《中小学教师信息素养研究》，上海师范大学硕士论文，2022年5月，第13页。
② 陈敏、周驰、吴砥：《中小学教师信息素养评估指标体系研究》，载《中国电化教育》，2020年第8期，第78—85页。

涵盖数字技术知识和数字技术技能两大方面。具体来说，数字技术知识要求教师对常见的数字技术的基本概念和原理等有深入的理解；数字技术技能则侧重于教师在实际教学中应用数字技术资源的能力，涵盖了从选择合适的数字技术资源到掌握其使用方法的全方位技能。[1]

综上所述，笔者认为，教师信息知识是指教师在信息和通信技术领域掌握的知识。这种知识主要包括计算机基础知识、网络通信知识和信息安全知识。教师信息知识使教师能够理解和运用信息技术，以支持教育教学，提高学生的信息素养和综合发展。在教育环境中，信息知识是教师能够有效利用信息技术和资源的基础。

不同的标准和准则对信息知识的构成有不同见解，但大多都关注计算机基础知识、网络通信知识和信息安全知识这3个方面，基于此，本书认为教师信息知识包括以下内容。

1. 计算机基础知识

①计算机硬件和软件知识。教师需要了解计算机的基本硬件组成，如中央处理器、内存、硬盘、显示器等。此外，他们还应该熟悉操作系统，并能够掌握系统操作方法。②应用程序。教师需要了解并熟练使用常见的办公套件，以便高效处理文档、制作演示文稿和创建电子表格等。这些工具对于教学准备和学生作业批改等工作都非常重要。③基本维护和故障排除知识。了解计算机的基本维护方法，如清理硬件、更新软件、备份数据等，以及解决常见计算机故障的方法。

2. 网络通信知识

①互联网概念。教师需要理解互联网的基本概念，包括如何连接到互联网、什么是域名等。②网络协议和服务。了解常见的网络协议和网络服务，如电子邮件和在线搜索引擎。这有助于教师更好地利用互联网资源。③电子邮件和通信工具。熟悉电子邮件的使用，包括发送、接收、附件等功能。同时，了解即时消息和视频通话软件的使用

---

[1] 《教育部关于发布〈教师数字素养〉教育行业标准的通知》，http://www.moe.gov.cn/srcsite/A16/s3342/202302/t20230214_1044634.html。

方法，以便与学生、家长和同事进行在线沟通。

3. 信息安全知识

①密码管理。教师需要知道如何创建强密码，以保护个人账户和敏感信息。同时，他们应该了解密码的定期更改和安全存储方法。②网络安全原则。了解网络安全的基本原则，包括防火墙的作用、反病毒软件的使用以及避免点击恶意链接和下载不安全的附件等风险行为。③信息隐私。认识到保护个人信息的重要性，包括学生和家长的信息。了解隐私政策和相关法律，以确保信息的合法使用和保护。

这些知识领域构成了教师信息知识的核心，有助于他们更好地应对信息化教育环境的挑战，提高教育质量，并确保信息和技术的有效使用，以支持学生的学习和发展。因此，教师需要不断更新和深化信息知识，以适应不断演变的教育技术和数字社会。

（三）教师信息技能内涵和构成

信息技能是教师信息素养的核心组成部分，为教师在各个领域解决和应对信息需求和挑战提供了坚实的基础。以下是部分有关教师信息技能内涵和构成的参考文献。

安妮玛丽·劳埃德（2010）在《信息素养图景：教育中的信息素养》一书中指出，信息技能包括获取、评估、使用和传递信息等能力，具体涵盖信息检索技能、信息评价技能、信息组织技能和信息传达技能。她认为这些技能可以帮助个体有效地处理信息并作出专业决策。[1]

麦基和雅各布森（2014）在《元信息素养：重塑信息素养赋能学习者》中提出了"元信息素养"概念，强调信息技能应包括在多模态环境中检索、分析和生产信息的能力，具体包括以下几方面。①信息管理技能。理解和组织多类型的信息。②信息协作技能。在团队或教学环境中有效共享和使用信息。③信息生产技能。通过多种媒介创作

---

[1] A. Lloyd, *Information Literacy Landscapes: Information Literacy in Education*, Oxford: Chandos Publishing, 2010, pp. 151-180.

教学资源。①

申顿和狄克逊（2015）在《将信息素养概念化为社会实践：英国高等教育研究》中指出，从社会实践视角看，信息技能被视为个体在信息环境中实际执行任务的能力，包括信息搜索和检索技能、信息评估技能、信息整理和组织技能，以及信息传达和分享技能。在社会实践中，个体需要具备这些技能来解决问题、作出决策以及与他人开展合作②。

克莱伦斯·梅比（2017）在《行动研究与信息素养：一段走向批判性实践的旅程》中指出，信息技能涵盖了个体获取、评估、使用和传递信息的能力，包括信息检索能力，即能够有效地查找所需的信息；信息评估能力，即能够判断信息的质量和可信度；信息应用能力，即能够将信息应用于特定的任务或问题；信息传达能力，即能够有效地传达和分享信息。他认为信息技能是信息素养的核心组成部分，有助于个体在学术、职业和日常生活中有效地使用信息。③

塞尔库克·多安等人（2021）在《教师整合教育技术的技能：解释教学和应用软件使用的两种路径模型》中指出，教师信息技能是指教师在教学和专业发展中有效使用信息和通信技术的能力，包括：①信息检索技能。教师能够有效地搜索和查找与教学内容相关的信息。②信息评估技能。教师能够判断信息的可靠性、准确性和相关性，选择适合的资源用于教学和学习。③信息应用技能。教师能够将信息整合到教学实践中，设计出有意义的学习活动和材料。④数字工具使用技能。教师能够熟练操作数字工具和平台，用于在线教学、协作和评估。⑤信息传播与交流技能。教师能够通过数字渠道与学生、同事和

---

① T. P. Mackey and T. E. Jacobson, *Metaliteracy: Reinventing Information Literacy to Empower Learners*, Chicago: ALA Neal-Schuman, 2014, pp. 43-45.

② A. K. Shenton and P. Dixon, "Conceptualising Information Literacy as Social Practice: A Study of UK Higher Education", *Journal of Documentation*, Vol. 71, No. 1, 2015, pp. 78-103.

③ C. Maybee, *Action Research and Information Literacy: A Journey Toward Critical Praxis*, Oxford: Chandos Publishing, 2017, pp. 62-63.

家长开展有效教学交流。⑥数据管理与隐私保护技能。教师能够安全管理学生数据，遵守数据隐私法规，并确保数字信息的安全性和保密性。①

彭瑞霞和赵庆刚（2006）在《以回归分析法构建教师信息素养评价体系》一文中，强调了信息能力作为信息素养的核心地位。从狭义层面看，信息能力指的是个体运用信息系统进行信息获取、分析、加工、评价，乃至创新信息、传递信息的能力；而从更广泛的视角审视，信息能力还应包括语言能力、思维能力、观察能力和判断能力等间接能力。②

赵呈领、贾永娜和程明凤（2011）在《中小学教师（教育硕士）信息技能现状调查与培养模式研究》中指出，中小学教师应具备的信息技能包括4个主要方面：获取教学信息的能力、筛选教学信息的能力、运用教学信息的能力和创新教学信息的能力。③

马欣研（2019）在《中小学教师信息素养研究——基于理论与实践的双重视角》中，详细区分了教师应具备的信息能力。这些能力既包含公民普遍应掌握的信息能力，如信息工具的运用、信息的搜索与获取、信息的价值判断、信息的分析利用、利用信息工具解决实际问题、信息的传播交流以及创造性生成信息等，也涵盖了教师职业所特有的信息能力需求。综合两者，可以归纳为五大类：信息工具使用能力、信息获取能力、信息处理能力、信息表达能力以及信息创造能力。④

---

① Selcuk Dogan, Nihan Agacli Dogan and Ismail Celik, "Teachers' Skills to Integrate Technology in Education: Two Path Models Explaining Instructional and Application Software Use", *Education and Information Technologies*, No. 26, 2021, pp. 1311-1332.

② 彭瑞霞、赵庆刚：《以回归分析法构建教师信息素养评价体系》，载《清华大学教育研究》，2006年第3期，第114—118页。

③ 赵呈领、贾永娜、程明凤：《中小学教师(教育硕士)信息技能现状调查与培养模式研究》，载《中国教育信息化》，2011年第4期，第4—8页。

④ 马欣研：《中小学教师信息素养研究——基于理论与实践的双重视角》，华东师范大学博士论文，2019年5月，第114—115页。

沈伟艺（2020）在《农村小学教师信息能力的现状调查——以 H 县九所农村小学为例》中指出，教师信息能力是指教师为保质保量地完成教育教学任务必须具备的信息获取、信息处理、信息应用、信息教育等基本技能。具体来说，信息获取能力是指教师可以熟练地运用常见的信息软件和信息设备，并且能用这些软件和设备搜集自己需要的教学资源；信息处理能力是指教师能够从众多信息中选择自己所需要的有价值的信息，并能够对信息进行价值判断，判断信息的真伪、优劣，以及是否符合社会的主流价值观；信息应用能力是指教师能够将具体学科与信息技术相结合，根据不同学科的特点，搜集有价值的教学信息应用到教学中，并且在恰当的时机运用多媒体课件等现代信息技术辅助教学；信息教育能力是指教师要培养学生的信息能力，教会学生如何恰当合理地利用网络资源，判断网络信息的真伪和优劣，以及对学生进行网络安全教育。[①]

窦君霞（2020）在《中小学教师信息素养研究》一文中指出，信息能力是教师信息素养的关键组成部分。这一能力涵盖了教师在教育教学实践中完成信息过程所需的各种技能，以及利用信息技术推动教学的能力。具体来说，教师的信息能力包括运用信息工具获取和处理加工信息、表达传递共享信息、评价运用生成信息、辅助教学，以及引导学生正确对待信息技术等方面的能力。教师的信息能力主要体现在明确信息需求、获取信息资源、运用信息和传播创造信息 4 个实践环节中。[②]

本书认为，教师信息技能是指教师在信息和通信技术领域具备的能力和技巧。这些技能使教师能够熟练操作计算机、利用互联网和数字工具，以及有效地运用这些技术来支持教育教学和提高学生的信息素养。

[①] 沈伟艺：《农村小学教师信息能力的现状调查——以 H 县九所农村小学为例》，曲阜师范大学硕士论文，2020 年 6 月，第 11 页。

[②] 窦君霞：《中小学教师信息素养研究》，上海师范大学硕士论文，2022 年 5 月，第 13—14 页。

关于信息技能的构成大多聚集于基本办公软件使用技能、网络搜索技巧和数字教学资源应用技能这3个方面，因此本书认为教师信息技能通常包括以下几方面。

1. 基本办公软件使用技能

办公套件。教师需要熟练使用办公套件，可用于创建文档、电子表格和演示文稿，支持教学材料的制作和整理。

文字处理。教师应具备文字处理的技能，包括设置字体、段落格式、页眉页脚等基本文档编辑和排版技巧，还应具备创建课程大纲、指导作业和处理教学材料的技能。

数据管理。教师需要能够使用电子表格软件来处理学生数据、记录成绩和制定课程计划

演示制作。教师可以使用演示软件制作教学演示文稿，以增强课堂教学的互动性和吸引力。

2. 网络搜索技巧

有效搜索。教师应具备高效的网络搜索技巧，包括使用搜索引擎进行关键词搜索、筛选搜索结果、利用高级搜索选项等，以快速找到所需信息。

评估信息。教师需要能够评估搜索结果中信息的质量和可信度，以确保使用可靠的教育资源和研究资料。

引用和保存。教师应掌握引用网络信息的方法，以遵守学术和版权规范；使用书签、收藏夹等工具保存有用的网页和资源。

3. 数字教学资源应用技能

在线课程平台。教师可以使用在线课程平台（如慕课、学习通等）创建和管理课程，上传教学材料、发布作业和与学生互动。

数字教材。教师了解如何使用数字教材和电子教科书，以便为学生提供多样化的学习资源。

教育应用程序。教师应能够使用教育应用程序和工具，如数学学习应用、语言学习应用、虚拟实验工具等，以支持不同学科教学需求。

(四) 教师信息应用内涵和构成

信息应用是信息素养的实际体现,信息素养不仅包括对信息的理解和获取,它还包括将信息应用于实际任务、问题解决和决策制定中的能力。以下是部分有关教师信息应用内涵和构成的参考文献。

安妮玛丽·劳埃德(2010)在《信息素养图景:教育的信息素养》一书中指出,信息实践这一要素强调了信息素养的实际应用,包括在不同情境下如何使用信息解决问题、支持学术研究、进行创新和参与社会活动。[1]

佩吉·厄特默等人(2023)认为,教师信息应用是指教师在教育过程中使用信息技术来支持和增强教学的能力。它包括如何选择、设计和实施信息技术工具来提升学生的学习成效。这一应用不仅涉及技术工具的使用,还涉及如何将这些工具有效地与教学目标和内容相结合,以优化学生的学习成果。教师信息应用的构成包括以下方面。①信息技术整合。教师能够将数字工具与传统教学内容相结合,以提升学生的参与度和理解力,如在课堂上使用多媒体、在线资源、互动应用等。②数据驱动教学。教师能够利用学生的学习数据来调整教学策略。例如,使用在线测试和分析工具来了解学生的学习进度,并据此调整教学内容和方法。③个性化学习设计。教师能够设计个性化的学习活动和资源,以满足不同学生的需求。④在线协作与沟通。教师能够使用信息技术工具促进学生之间以及教师与学生之间的协作和沟通,如使用学习管理系统、社交媒体平台、在线论坛等。⑤创新与问题解决。教师能够运用信息技术来创新教学方法,并解决课堂教学中的实际问题。如利用虚拟现实技术模拟实验环境,或者通过编程来教授数学和科学概念。[2]

---

[1] A. Lloyd, *Information Literacy Landscapes: Information Literacy in Education*, Oxford: Chandos Publishing, 2010, pp. 151-180.

[2] Peggy A. Ertmer, Anne T. Ottenbreit-Leftwich and Olgun Sadik, et al. "Teacher Beliefs and Technology Integration Practices: A Critical Reflection on the Path Ahead", *Educational Technology Research and Development*, Vol. 71, No. 2, 2023, pp. 287-308.

陈敏、周驰和吴砥（2020）在《中小学教师信息素养评估指标体系研究》一文中，深入探讨了信息应用的概念，强调教师在教育教学活动中，如何利用信息和信息技术提升教学质量。这一过程涵盖了一系列能力，包括精准地收集、加工与处理教学资源，灵活优化和创新教学方法，对学生学习情况进行全面而准确的评测分析，以及在不同环境中进行有效的沟通和交流。具体而言，这些能力涉及从信息的筛选、整合到教学资源库的建立，再到教学策略的选择和教学模式的创新，以及通过有效的反馈机制进行学情诊断，并在不同场景下实现高效沟通。[①]

中国教育部（2022）发布的《教师数字素养》教育行业标准，进一步明确了教师数字化应用的具体内涵，即教师在教育教学活动中，如何有效利用数字技术资源提升教学效果。主要包括4个维度：数字化教学设计、数字化教学实施、数字化学业评价，以及数字化协同育人。其中，数字化教学设计涉及对学情的深入分析、教学资源的获取与管理、教学活动的数字化设计，以及混合学习环境的创设；数字化教学实施强调利用数字技术优化教学流程，支持教学活动的组织与管理，并提供个性化的学习指导；数字化学业评价侧重于利用数字技术工具收集和分析学生学业数据，实现数据的可视化解读；而数字化协同育人则强调利用数字技术促进学校、家庭和社会的协同教育，包括培养学生的数字素养、开展德育和心理健康教育，以及加强家校合作。[②]

吴子敏（2022）在《教育信息化2.0时代乡村小学英语教师信息素养评价指标体系的构建与应用》中指出，信息应用在教师信息素养结构中起到核心作用。这指的是教师正确使用信息手段高效地收集、加工处理英语教学信息资源，对乡村小学英语教学课堂进行优化与创

[①] 陈敏、周驰、吴砥：《中小学教师信息素养评估指标体系研究》，载《中国电化教育》，2020年第8期，第78—85页。

[②] 《教育部关于发布〈教师数字素养〉教育行业标准的通知》，http://www.moe.gov.cn/srcsite/A16/s3342/202302/t20230214_1044634.html。

新及帮助学生实现个性化学习的能力。吴子敏认为信息应用包括资料收集、加工与处理、教学优化与创新、学情评测与分析、有效沟通与交流。资料收集、加工与处理包括能够借助信息技术工具高效地检索、选择、获取所需英语教学资源，并根据实际需求对其进行加工与整理。教学优化与创新包括使用信息技术和英语教学资源流畅地衔接教学环节，优化创新教学活动。学情评测与分析包括利用信息技术对学生学情进行评测与分析。有效沟通与交流包括利用信息手段与学生、同事、家长进行交流。[1]

综上所述，笔者认为教师信息应用是指教师将获取到的信息技术和信息资源应用于实际教学和学习活动中，以提升教学效果和学生学习成果的能力。在教育环境中，信息应用涵盖教师如何将信息技术、数字资源，以及教育技术工具有机地融入教学过程中，以创造更丰富、互动性更强的学习体验。本书认为教师信息应用通常包括以下方面。

1. 课堂教学应用

在课堂教学中，教师可以应用信息技术来改进教学方式和提高教学效果。主要包括：

数字教具使用。教师可以利用交互式白板、教育应用程序和教育游戏等数字教具，使课程更具吸引力和互动性，有助于学生更好地理解和参与。

多媒体资源利用。通过使用多媒体资源，如图像、视频、音频等，教师可以生动地展示课程内容，解释抽象概念，并丰富学生的学习体验。

在线互动。教师可以利用在线投票工具、虚拟讨论板和即时消息，促进课堂内外的学生互动。这有助于提高学生的参与度与合作能力。

2. 课程资源开发与利用

教师可以应用信息技术来创建和管理课程资源，以支持个性化和

---

[1] 吴子敏：《教育信息化2.0时代乡村小学英语教师信息素养评价指标体系的构建与应用》，广东技术师范大学硕士论文，2022年6月，第18—19页。

多样化的学习，包括：

数字教材开发。教师可以制作数字教材，如电子书、在线教材和教学视频，给学生提供易于访问的学习资源。

在线课程设计。借助在线课程设计工具，教师可以定制在线课程，包括课程内容、作业和测验，有助于提供个性化的学习路径。

开放教育资源利用。教师可以利用开放教育资源，这些资源是免费的，包括教育网站、数字图书馆和在线课程。

3. 信息技术与课程整合

教师可以整合信息技术与课程内容，以提高课程的实际应用性和吸引力。这包括：

实际应用。教师通过示范如何将课程内容应用到实际生活中，提升教学成效。

跨学科整合。利用信息技术，教师可以跨学科整合多学科内容，帮助学生更好地理解知识之间的关联性。

4. 远程教育应用

对于农村等偏远地区的学生而言，远程教育是一种重要的学习方式。教师可以运用信息技术来支持远程教育，包括：

视频会议。教师可借助视频会议工具，远程与学生进行实时互动，开展在线讲课、答疑和讨论。

在线课程和教育平台。利用在线课程平台，教师能够为学生提供在线课程、作业及相关学习资源，以满足学生的学习需求。

教育应用程序。教育应用程序可以帮助教师与学生开展在线学习、测试和练习活动，突破实体课堂的限制。

综合而言，教师的信息应用涵盖多方面，旨在提高教育质量、满足学生多样化学习需求，并使教育更高效和更具吸引力。教师应当持续精进自己的信息技术能力，以更好地应对不同的教学和学习情境。

（五）教师信息伦理与道德的内涵和构成

信息伦理与道德强调在使用、分享和传播信息时应遵守道德和法律准则,确保信息的合法性、道德性和社会责任。下面是部分有关教师信息伦理与道德内涵和构成的参考文献。

安妮玛丽·劳埃德(2010)在《信息素养图景:教育中的信息素养》一书中指出,信息伦理与道德是信息素养的重要组成部分,涉及在信息获取、使用和分享过程中遵守道德和法律准则。这包括知识产权、信息隐私、信息安全和信息诚信等伦理考量。[①]

申顿和狄克逊(2015)在《将信息素养概念化为社会实践:英国高等教育研究》中指出,信息伦理与道德主要指在信息素养实践中遵守道德和法律准则的能力,包括遵守知识产权、隐私权、信息安全和信息诚信等伦理原则。在社会实践中,个体需要考虑和尊重他人的信息权利,并遵守法律和伦理规定,以确保信息的合法合规使用。[②]

克莱伦斯·梅比(2017)在《行动研究与信息素养:一段走向批判性实践的旅程》中指出,信息伦理与道德是指在使用信息时遵守道德和法律准则的能力。这包括遵守知识产权、隐私权、信息安全和信息诚信等伦理。信息伦理与道德对于负责任地使用信息至关重要,尤其在信息便捷分享和广泛传播的数字时代。[③]

彭瑞霞和赵庆(2006)在《以回归分析法构建教师信息素养评价体系》一文提出,信息伦理对个体信息素养发展具有导向性作用。它要求个体在信息的获取、应用、处理及传播环节中,遵循相应的伦理准则,确保不对社会造成危害、不侵犯他人的合法利益。[④]

赵凤(2019)分析了大数据时代的信息伦理问题,包括信息失真、

[①] A. Lloyd, *Information Literacy Landscapes: Information Literacy in Education*, Oxford: Chandos Publishing, 2010, pp. 151-180.

[②] A. K. Shenton and P. Dixon, "Conceptualising Information Literacy as Social Practice: A Study of UK Higher Education", *Journal of Documentation*, Vol. 71, No. 1, 2015, pp. 78-103.

[③] C. Maybee, *Action Research and Information Literacy: A Journey Toward Critical Praxis*, Oxford: Chandos Publishing, 2017.

[④] 彭瑞霞、赵庆刚:《以回归分析法构建教师信息素养评价体系》,载《清华大学教育研究》,2006年第3期,第116—118页。

信息恶意传播、隐私泄露、信息资源分配不公，以及信息分化等方面。[1]

李娟等（2019）认为智能技术使信息伦理问题更为凸显，表现为发生隐私泄露风险加剧、信息安全隐患增多，以及信息权利滥用与信息污染的危害性提升。[2]

马欣研（2019）在《中小学教师信息素养研究——基于理论与实践的双重视角》中提到，信息伦理道德是依靠个体的内心信仰和特定的社会调控手段来维护的，其评判标准为是否符合情理、善恶规范。在信息的获取、利用、传播、创造等各个环节，教师的信息伦理道德均得以体现。这不仅是教师运用信息技术进行教育教学的必备素养，更是他们应该向学生亲身示范的重要行为准则。[3]

窦君霞（2020）在《中小学教师信息素养研究》中阐述了信息伦理在保障教师信息素养安全方面的重要作用。她指出，教师在信息化实践中应能维护自身和学生的信息安全，恪守信息道德规范。她进一步将信息伦理细分为信息道德规范和信息安全保护两个层面。[4]

陈敏、周驰和吴砥（2020）在《中小学教师信息素养评估指标体系研究》中也强调了信息伦理和安全的重要性，涵盖了对教师在信息伦理道德和信息安全两方面的要求。在信息伦理道德方面，主要指教师在信息活动中应自觉遵循社会道德规范，包括尊重知识产权、避免浏览和传播不良信息；在信息安全方面，则要求教师在处理信息时注重保护他人隐私、防范计算机病毒，以及做好数据备份工作。[5]

---

[1] 赵凤：《大数据时代信息伦理问题研究》，成都理工大学硕士论文，2019年4月，第34—41页。
[2] 李娟、李卓：《智能时代信息伦理的困境与治理研究》，载《情报科学》，2019年第37卷第12期，第118—122页。
[3] 马欣研：《中小学教师信息素养研究——基于理论与实践的双重视角》，博士学位论文，华东师范大学，2019年，第116页。
[4] 窦君霞：《中小学教师信息素养研究》，上海师范大学硕士论文，2022年5月，第13—14页。
[5] 陈敏、周驰、吴砥：《中小学教师信息素养评估指标体系研究》，载《中国电化教育》，2020年第8期，第78—85页。

吴子敏（2022）在《教育信息化2.0时代乡村小学英语教师信息素养评价指标体系的构建与应用》中指出，信息伦理与安全在教师信息素养结构中起到保障作用，包括信息伦理道德和信息安全。信息伦理道德是指能正确引用他人观点、抵制有害信息等；信息安全是指保护信息安全、及时对有用信息做好备份工作。[①]

综上所述，本书认为教师信息伦理与道德是指教师在使用、传播和处理信息时遵循的道德和社会价值准则。它涉及在信息时代正确、负责地处理信息，保护知识产权、尊重隐私、避免误导等方面的原则和规范。在教育环境中，信息伦理与道德是教师和学生应该遵循的行为准则，以确保信息的正确使用和共享，促进健康的信息文化。

本书认为教师信息伦理与道德通常包括以下方面。

1. 信息安全意识

教师信息安全意识是教师对于保护信息免受未经授权访问、泄露、损坏或滥用的重要性的认识和理解。具体涵盖如何处理敏感信息、避免恶意软件攻击、保护个人身份和学生隐私等方面。教师应掌握创建和管理强密码的方法，不随意分享个人信息，定期备份数据，警惕网络钓鱼攻击，确保学生信息的保密性，以及如何安全地存储和传输教育数据。

2. 知识产权保护

教师知识产权保护是指教师在使用数字内容和教育资源时，尊重他人的知识产权，遵守版权和知识产权方面的法律法规。教师应了解如何合法获取和使用数字内容，坚持使用合法授权的软件和教育资源，合规引用来源并遵守版权规定，还应教育学生如何正确引用和使用他人的知识和作品。

3. 网络道德

教师网络道德是指教师在互联网上的行为和交往应符合社会道德

[①] 吴子敏：《教育信息化2.0时代乡村小学英语教师信息素养评价指标体系的构建与应用》，广东技术师范大学硕士论文，2022年5月，第19页。

规范，包括尊重他人隐私、避免网络欺凌、不传播虚假信息等。教师应鼓励学生在网络上践行良好的道德行为，不参与网络欺凌，不散播虚假信息，尊重他人的观点和隐私，维护网络和谐与安全。

4. 信息社会责任

教师信息社会责任是指教师应积极参与社会和社区活动，利用信息技术来推动社会公益并促进社会进步。教师可以充分发挥信息技术优势来推动社会教育和文化传承，帮助学生了解社会问题，提高社区居民的信息素养。

通过遵守这些伦理原则，教师可以确保信息技术使用的合法、合规和合乎道德，同时更好地教育学生如何在数字世界中履行社会责任。

（六）教师专业发展内涵和构成

教师专业发展是指教师在其职业生涯中，通过不断地学习、实践和反思，提升个人在专业知识、教学技能、教育理念，以及职业道德等方面的能力，以实现专业成长和提高教学质量的过程。这一过程既包含了教师个体的发展，也涉及教师群体的整体提升。下面是部分有关教师专业发展内涵和构成的参考文献。

琳达·德西蒙（2009）在《改进教师专业发展影响研究：走向更优的概念化与测量方法》中，提出了教师专业发展的5个核心要素。①内容焦点。指教师专业发展活动应直接与教师的学科知识和教学内容相关。她指出，专业发展计划应侧重于特定学科内容的深入理解和教学方法的改进，而不仅是一般的教学技巧。研究表明，当专业发展与教师的教学内容直接相关时，其对教学实践的影响更大，更有助于学生学习成效的提升。②活跃学习。强调教师通过实践和互动来学习，而不是被动接受信息。她认为，教师在专业发展过程中应参与互动性强的活动，如小组讨论、模拟教学、同伴观察和反馈等。这种学习方式可以促进教师之间的知识交流和教学反思，帮助他们将新的教学策略应用于实际课堂中。活跃学习能够增强教师对新知识的理解和掌握，使其更有效地改进教学方法。③连贯性。指专业发展活动应与教师的现有知识体系、学校的教学目标和教育政策保持一致。她指出,如果专业发展内容与教师的日常教学实践、学校目标和教育政策之间存在高度一致性,这些内容更容易被教师吸收和应用。连贯性确保了专业发展内容的实际应用性,使教师能够在已有框架内有效整合新知识。④持续时间。指专业发展活动的时长和频率。她提出,长期的、持续性的专业发展活动比短期的、一次性的培训更能促进教师进行有效的教学变革。长期的、持续性的专业发展使教师能够在实际教学中反复试验和调整新的教学策略,从而更好地巩固学习成果。⑤集体参与。指教师在专业发展活动中以小组或团队形式参与,而非个人单独学习。她认为,集体参与能够促进教师之间的协作与支持,便于分享经验和解决问题,从而实现共同成长,也有助于建立教师间的支持网络,促进共同学习和教学改进。[1]

伯纳达·阿瓦洛斯(2011)在《教师专业发展与教师教育十年述评》中,系统分析了过去10年间关于教师专业发展的研究,总结出该领域的关键构成要素,包括以下3点。①内容焦点。阿瓦洛斯指出,教师专业发展研究的一个重要趋势是越来越强调"内容焦点"。这意味着专业发展项目应当直接与教师的学科知识和教学实践相关,而不是空泛的教育理论或教学技巧。②持续时间。指的是专业发展活动的时间长度和频率。持续时间更长的专业发展项目通常能产生更为显著和持久的教学效果。③活跃学习。活跃学习包括教师之间的互动、合作学习、实践练习和反思等。这种学习方式不仅有助于教师更好地理解和掌握新知识,还能促进他们在教学中更灵活地应用这些知识。[2]

卢乃桂和钟亚妮(2006)在《国际视野中的教师专业发展》中,

---

[1] L. M. Desimone, "Improving Impact Studies of Teachers' Professional Development: Toward Better Conceptualizations and Measures", *Educational Researcher*, Vol. 38, No. 3, 2009, pp. 181-199.

[2] B. Avalos, "Teacher Professional Development in Teaching and Teacher Education Over Ten Years", *Teaching and Teacher Education*, Vol. 27, No. 1, 2011, pp. 10-20.

将教师专业发展诠释为教师持续进步与学习的旅程。在这个旅程中，教师不断地吸纳新知，精进专业技能，并通过持续的学习、深入的思考以及不懈的探索，来丰富自身的专业素养，进而提升教学能力，最终达到专业上的成熟。这一概念强调了教师的终生学习与成长，覆盖了从职前教育、新任教师培训、在职进修，直至教育生涯结束的全过程。此外，教师专业发展不仅聚焦于教师个人在知识、技能，以及情感层面的提升，还涉及更广泛的学校与社会背景，包括道德和政治等多方面的因素。[1]

李森和崔友兴（2015）在《新型城镇化进程中乡村教师专业发展现状调查研究》中提出，为了推动乡村教师的专业发展，需要采取多方面的措施。一是应加大政策扶持力度，以提升乡村教师的物质待遇，改善其生活条件。二是必须加强制度建设，为乡村教师的专业发展构建一个全面的支持系统。三是通过机制创新，帮助提高乡村教师的专业素养和教学能力。四是实施文化引领策略，以此增强乡村教师对学校的归属感，提升其专业幸福感，从而使其更积极地投身教育事业。[2]

彭燕凌（2020）在《乡村小学教师专业发展的困境及其突破》中阐述了教师专业发展的含义，即教师在内外部因素的共同驱动下，不断提升其专业理论水平、丰富专业知识、强化专业能力，完成从初入职场的新手教师向资深专家型教师的转变。她进一步指出，为了克服乡村小学教师专业成长所面临的难题，可以从深化教师对专业理念的理解与认同、扩充专业知识储备、提升教学与实践能力入手，从而实现专业发展上的突破。[3]

李小红等学者（2022）在《乡村教师专业发展的困境与纾解》中

---

[1] 卢乃桂、钟亚妮:《国际视野中的教师专业发展》，载《比较教育研究》，2006 年第 2 期，第 71—76 页。

[2] 李森、崔友兴:《新型城镇化进程中乡村教师专业发展现状调查研究——基于对川、滇、黔、渝四省市的实证分析》，载《教育研究》，2015 年第 7 期，第 98—107 页。

[3] 彭燕凌:《乡村小学教师专业发展的困境及其突破》，载《教学与管理》，2020 年第 9 期，第 46—48 页。

提出，为了推动乡村教师的专业发展，需要将其融入乡村振兴的大背景下，实现教师个体与社会资源的协同共进。他们建议，乡村教师应积极投身于乡村振兴事业，从依赖外部的推动式培训转向内部的自我提升和教育，从而增强自身专业能力，并在乡村社会中发挥"新乡贤"般的积极引领作用。同时，乡村学校应与教师共同绘制明确的发展愿景，构建专业学习共同体，汇聚教师的集体智慧，并通过系统的思考和有效的管理来促进乡村教育的整体进步。[①]

综上所述，本书认为教师专业发展是指教育工作者在其职业生涯中不断提升专业知识、技能、态度和教育素养的过程。这一过程旨在让教师在教学实践中更加成熟、专业、富有创新力，并能够更好地适应学科知识、教育技术等方面的变化。本书认为教师专业发展通常包括以下方面。

1. 知识持续性获取

教师知识持续性获取是指教师在其职业生涯中，持续不断地寻求、学习、更新和应用前沿教育知识、教育理论、教学方法、教学技巧，以应对教育领域的快速发展和变化。教师知识持续性获取是提升教师专业素养和教学质量的关键。教师需要认识到知识持续性获取的重要性，采取有效的方法和策略进行学习和实践。

2. 专业能力成长

教师专业能力成长是一个涵盖专业思想、专业知识和专业能力等多个方面的动态发展过程，是一个综合的、持续的和不断超越的过程，需要教师不断学习、探索和实践，关注教育领域的新趋势和新发展，为学生全面发展和社会发展贡献自己的力量。

[①] 李小红、郭琪琪、杨苏梦:《乡村教师专业发展的困境与纾解》，载《当代教育科学》，2022年第1期，第77—85页。

第三节 农村小学教师信息素养相关研究

一、农村小学教师信息素养的现状、影响及改善措施

农村小学教师信息素养在提高教育质量、促进学生发展、推动农村教育现代化和培养未来公民方面具有关键作用。它不仅有助于农村教育的发展，还能够提升学生的综合素养，使他们更好地适应信息化社会的要求。因此，提升农村小学教师的信息素养水平是农村教育改进的一项重要措施。以下是一些关于农村小学教师信息素养的文献和观点。

解月光和姜玉莲（2004）在《农村中小学教师信息素养教育的分析与思考》中，对全国范围内6个区域的126所农村中小学教师的信息素养状况进行了问卷调查。调查内容聚焦于一般学科教师运用信息技术的能力及信息技术专业教师的实践教学能力。研究结果表明，农村中小学教师的信息素养普遍偏低，影响农村小学教师信息素养的主要因素包括落后的信息基础设施、匮乏的信息化教学资源、陈旧的教育观念、对信息素养的浅薄理解、淡薄的学校信息技术文化氛围，以及缺乏针对性的教师培训。为了应对这些现状和影响因素，解月光和姜玉莲提出了一系列改善措施：政府应增加对农村信息设施的投资；结合地方实际，拓宽资金来源，强化信息设备建设；开发适合农村教育的信息化教学资源；改变传统的教育观念，提升教师自身的信息素养；加强对教师的培训，普及信息素养教育；营造农村学校独特的信息技术教学氛围，并建立相应的评价体系。他们着重指出，培养并提升农村中小学教师的信息素养是实现农村教育信息化的核心要素，因此，有效提升教师的信息素养对推动农村教育信息化及城乡教育的均衡发展至关重要。①

---

① 解月光、姜玉莲：《农村中小学教师信息素养教育的分析与思考》，载《电化教育研究》，2004年第9期，第61—63页。

李淼浩（2008）在《农村中小学教师信息素养研究》中阐述了农村中小学教师信息素养的重要性。他将信息素养定义为教师利用信息技术解决问题的能力，并强调这对提升教学能力、拓宽知识视野、把握科研动态及推动创新教育具有重要意义。他认为，教师的信息素养应涵盖信息道德、信息意识、信息能力和信息知识4个维度，同时还应包括对各类信息的领悟、吸收和应用能力。然而，他也指出了农村小学教师在信息素养方面的不足，如信息知识积累的浅显、信息意识虽在提升但判断力与洞察力不足、基本的信息道德良好但在对学生的引导上有所欠缺、信息能力在提升但创新能力亟待加强。此外，他还提到了领导层对信息素养培养的忽视、基础设施的薄弱、教育教学改革的迟缓、培训制度的不完善，以及教师工作环境和个人价值观对信息素养发展的制约。最后，他提出通过专业培训和校本研修两种途径来提升农村小学教师的信息素养。[1]

宁苗苗（2009）在《农村中小学数学教师信息技术素养存在的问题及对策研究》中指出，农村中小学数学教师信息技术素养存在的问题及原因如下：教师信息技术意识薄弱；教师信息技术资源不足；教师信息技术素养的知识技能不足；教师信息技术素养的信息处理能力不足；信息技术培训内容缺乏针对性、培训形式单一；缺乏信息技术素养评估标准。针对这些问题，她提出以下提升的措施。①改变教师传统观念，增强信息技术意识。②增加资金投入，打造基本的农村中小学信息技术硬件环境。③利用师资优势资源，建立具有农村特色的中小学数学教学资源库。④从需求出发，合理配置教师信息技术培训内容。⑤从效果出发，合理选择教师信息技术培训形式。[2]

瞿颖（2011）在《农村小学教师信息素养的现状问题与对策研究——以烟台地区招远市为例》中指出，通过对招远市农村小学教师

---

[1] 李淼浩：《农村中小学教师信息素养研究》，西南大学硕士论文，2008年4月，第8—13页。
[2] 宁苗苗：《农村中小学数学教师信息技术素养存在的问题及对策研究》，山东师范大学硕士论文，2009年4月，第21—37页。

信息素养现状的分析,发现农村小学教师在信息素养方面有所缺失,具体来说主要表现为:信息意识淡薄、信息知识匮乏、信息能力有限和信息道德不完善4个方面。针对这些问题,她提出农村小学教师信息素养提升主要从4个方面着手。①转变观念。提高教师对信息素养重要性的认识。②营造良好的提升教师信息素养的环境。③加强对教师在信息素养方面的培训。④强化信息技术在教育教学中的应用。[①] 即在国家政策支持下,通过提升教师的信息意识、信息技能和信息应用能力来提升农村小学教师的信息素养。

杨金亮(2012)在《提高赣南农村小学教师信息素养水平的策略研究——〈赣南农村小学教师信息素养调查研究〉课题之子课题四》中,通过深入调查,揭示了赣南农村小学教师在信息素养方面面临的挑战。他发现,这些教师的信息技能主要局限于计算机的基本操作,亟须进一步拓展和深化。同时,信息技术在教学中的应用情况并不理想,教师的信息化教学和设计能力有待显著提高。为了全面提升教师的信息素养,杨金亮提出了以下改进策略。①转变传统的教学观念,以全面提升教师的信息素养为核心。②加强信息基础设施建设,为教师信息素养的提升提供坚实的硬件支持。③优化信息技术教师队伍,以便为学科教师提供更有效的技术支持。④结合农村小学的实际情况,科学地安排学习培训的内容和形式。⑤建立科学合理的信息素养评价标准,从而形成激励机制,推动教师信息素养的持续提升。[②]

石木荣(2019)在《互联网+背景下农村教师信息素养的现状和提升研究》中指出农村教师信息素养的现状。大部分小学农村老师比较重视教育经验,以讲授方法为主,不愿意去接受新的教学方法和教学技能;农村小学教师信息化教学技能和教学展示能力明显落后,主

---

① 崔颖:《农村小学教师信息素养的现状问题与对策研究——以烟台地区招远市为例》,山东师范大学硕士论文,2011年6月,第3—45页。
② 杨金亮:《提高赣南农村小学教师信息素养水平的策略研究——〈赣南农村小学教师信息素养调查研究〉课题之子课题四》,载《电子制作》,2012年第10期,第114页。

要表现为：设备方面认识不足，软件操作不熟悉，界面展示能力不足，教学设计能力比较差等方面。根据这些问题，石木荣提出了农村小学教师信息素养提升的策略。①政府扶持，增加对小学学校的财政拨款。②转变信息观念，加强对教师信息意识的培养。③制度激励，改善待遇。①

张婵（2019）在《农村中小学教师信息素养现状分析及对策研究——以旅顺口区农村中小学为例》中，利用问卷调查的方法深入探讨了旅顺口区农村中小学教师的信息素养现状。结果显示，该地区教师的信息素养水平相对较低，存在多方面的问题。在信息道德层面，教师们在尊重知识产权和对学生进行有效引导上略有欠缺；在信息意识上，在实际教学中运用信息技术的意愿并不高；在信息知识储备方面，教师们还未能充分掌握将信息技术融入教学中的必要知识；信息能力的应用方面，尤其是年长的教师在电脑技能方面显得较为落后；教师们的信息创新能力也亟需加强。为解决这些问题，张婵提出了一系列提升策略。①应加大对信息道德和信息安全的宣传力度。②从学校和教师两个角度出发，推动教育观念的更新，以增强教师的信息意识。③应重视并提供信息化教学培训，以丰富教师的信息知识。④政府和学校应共同努力，完善信息网络基础设施，从而强化教师的信息应用能力。②

何珊（2020）在《蜀东农村小学教师信息技术应用能力提升研究》中，结合文献分析和教师访谈，通过问卷调查深入探究了 W 县小学教师信息技术应用能力的现状和影响因素。研究发现，W 县的小学教师普遍认识到信息时代对人才培养的新要求，并有意识地运用信息技术来改变学生的学习方式。他们能够熟练操作多媒体教学设备，并

---

① 石木荣：《互联网+背景下农村教师信息素养的现状和提升研究》，载《汉字文化》，2019 年第 22 期，第 195—196 页。
② 张婵：《农村中小学教师信息素养现状分析及对策研究——以旅顺口区农村中小学为例》，辽宁师范大学硕士论文，2019 年 11 月，第 17—25 页。

选用适当的信息技术手段来解决课堂教学中的关键问题。然而，教师在使用数字资源、学科工具，以及知识建构工具方面的能力相对较弱，处理技术问题时也显得力不从心；在进行学生综合素质评价时，他们可选择的技术手段有限；利用网络平台参与专业发展活动和与专家、同行保持联系以推动自身专业成长的能力也有待提高。针对这些问题，何珊提出了3个方面的解决策略。①教师应重视并努力提升自身能力，包括提高技术素养、完善知识结构、结合实际选择合适的教学手段、转变教学方式以促进学生有效学习和个性发展、创新评价方式，并在信息技术的支持下实现专业自主发展。②需要完善培训体系，增加培训渠道以增强培训效果。③应理清各要素的内核，确保教师发挥主观能动性。①

蔡吉雨（2021）在《怒江州农村小学教师信息素养现状、问题与对策研究》中指出，怒江州农村小学教师信息素养存在的主要问题为：教师信息意识参差不齐；教师信息知识亟待充实；教师信息能力有待提升；教师信息道德发展不均。针对这些问题，蔡吉雨提出对策与建议。①教师主体层面。转变观念，认识信息化的重要作用；加强学习，提升信息能力水平；加强操作，提高信息化教学能力。②学校及其他主管部门层面。加强硬件建设；丰富相关活动；加强队伍建设；建设资源平台；加强校本研修；完善培训机制；优化评价制度。②

夏莉和高飞雁（2022）在《基于胜任力的广西农村小学英语教师信息素养调查》中揭示了广西农村小学英语教师信息素养的现状。他们发现，这些教师的信息素养普遍偏低，主要问题包括：在信息技术支持下的校本研修和自主学习水平不高，利用网络搜索获取英语教育教学资源的能力较弱，以及许多教师所在学校的硬件和网络设施配置

---

① 何珊：《蜀东农村小学教师信息技术应用能力提升研究》，天津师范大学硕士论文，2020年6月，第30—48页。

② 蔡吉雨：《怒江州农村小学教师信息素养现状、问题与对策研究》，大理大学硕士论文，2021年6月，第35—51页。

不完善。为了提升广西农村小学英语教师的信息素养，他们从教育部门、学校和教师3个角度提出了改进路径。①教育部门需要进一步增加投入，以改善农村小学的教学条件，包括配备网络、电脑、投影仪等设施。②学校应加强师资队伍建设，支持教师的信息素养教育工作，并根据教师自身对信息技术的掌握和应用水平，组织他们报名参加相应的业务培训。③教师自身也应从知识素养、教学能力、职业品格和个人特质方面进行积极改变，以提升其胜任力。① 该研究对提升各地区的农村小学英语教师信息素养具有一定参考价值。

如表2.6所示，通过统计信息素养核心要素及其对应子要素的文献比例，排除边缘化的要素，最终得出农村小学教师信息素养的6个核心要素和20个子要素。其中，信息意识包括信息观念、信息获取、信息分析与评价和信息传播与交流4个子要素；信息知识包括计算机基础知识、网络通信知识和信息安全知识3个子要素；信息技能包括基本办公软件使用、网络搜索技巧和数字教学资源应用3个子要素；信息应用包括课堂教学应用、课程资源开发与利用、信息技术与课程整合和远程教育应用4个子要素；信息伦理包括信息安全意识、知识产权保护、网络道德和信息社会责任4个子要素；专业发展包括知识持续性获取和专业能力成长2个子要素。

---

① 夏莉、高飞雁:《基于胜任力的广西农村小学英语教师信息素养调查》,载《教育教学论坛》,2022年第27期,第137—140页。

表 2.6 农村小学教师信息素养核心要素及子要素

学者	信息观念	信息获取	信息分析与评价	信息传播与交流	计算机基础知识	网络通信知识	信息安全知识	基本办公软件使用	网络搜索技巧	数字教学资源应用	课堂教学应用	课程资源开发与利用	信息技术与课程整合	远程教育应用	信息安全意识	知识产权保护	网络道德	信息社会责任	知识持续性获取	专业能力成长
	信息意识				信息知识			信息技能			信息应用				信息伦理				专业发展	
解月光、姜玉莲	√	√	√	√						√	√	√								
李淼浩				√				√				√							√	√
徐赛华	√								√	√		√								
宁苗苗	√	√							√	√	√	√								
瞿颖					√			√												
杨金亮		√		√		√				√	√	√								
汪小玲	√	√	√	√		√		√				√		√						
石木荣		√		√		√			√	√									√	√
张婵		√		√	√	√		√	√	√					√		√		√	√
何珊			√		√	√		√	√		√						√			√
蔡吉雨									√		√	√							√	√
夏莉、高飞雁	√	√	√	√	√	√		√	√	√	√	√					√		√	√

资料来源:作者自制。

注:"√"表示学者观点中含有该要素。

· 74 ·

二、农村小学教师信息素养的理论基础

(一) 教育均衡发展理论

治理天下,公正为先,一旦实现公正,天下自然和谐稳定。显然,教育的公平性对于社会的整体公平至关重要。20世纪60年代,美国学者詹姆斯·科尔曼于1966年首次将教育机会均等的问题提上议程,他以此作为研究教育均衡问题的出发点,因此被誉为关注教育均衡发展的先驱。[①] 此后,瑞典知名教育家托尔斯顿·胡森1989年进一步提出了"三公平论",这一理论将教育的起点公平、过程公平和结果公平3个方面都纳入了教育均衡的讨论范畴,从而持续丰富和发展了教育均衡公平的理论体系。[②]

教育均衡发展理论是指一种旨在促进公平和机会平等的教育政策和实践的理论。具体是指在教育领域中,追求各种资源和机会的公平分配,以确保每个学生都有平等的机会接受高质量教育,无论他们的社会、经济、文化背景或地理位置如何。

农村小学教师信息素养提升与教育均衡发展理论之间存在紧密的关系。教育均衡理论强调教育资源的公平分配和全面覆盖,以确保每个学生都有平等的机会接受高质量的教育。在农村地区,教育均衡理论的应用特别重要,因为农村地区通常面临教育资源不足、教育质量不均等挑战。以下是教育均衡理论支撑农村小学教师信息素养提升的说明。

1. 平等的教育机会

教育均衡理论强调每个学生都应该享有平等的教育机会,无论他们生活在城市还是农村地区。为了实现这一目标,农村小学教师需要

[①] J. S. Coleman, E. Q. Campbell and C. J. Hobson, ed. *Equality of Educational Opportunity*, Washington, D. C. : U. S. Government Printing Office, 1966, p. 210.

[②] 托尔斯顿·胡森:《平等——学校和社会政策的目标》,载张人杰主编:《国外教育社会学基本文选》,上海:华东师范大学出版社,1989年版,第193—197页。

具备信息素养，以便能够为更多学生提供高质量的教育。

2. 教育资源的公平分配

教育均衡理论强调教育资源的公平分配，包括教育技术和信息技术资源。农村小学教师信息素养提升可以确保教育资源不仅仅集中在城市，也能够为农村学校提供充足的信息技术支持。

3. 提高教育质量

通过提升农村小学教师的信息素养，可以提高教育质量，确保农村学生获得与城市学生相当的教育水平，有助于减少城乡教育差距，实现教育均衡。

4. 促进终身学习

教育均衡理论倡导终身学习，不仅针对学生，也包括教师。提升农村小学教师的信息素养可以帮助他们不断提高教育水平，适应不断变化的教育技术和教育需求。

5. 社会经济发展

教育均衡理论认为教育是社会和经济发展的关键因素。通过提高农村小学教师的信息素养，可以提高农村地区的教育水平，为农村的经济发展提供有力支持。

综上所述，教育均衡理论为农村小学教师信息素养提升提供学理支撑，有助于促进农村地区教育的公平、全面和可持续发展，减少城乡教育差距。

（二）教师专业发展理论

教师的信息素养是农村小学教师在信息化时代应该不断提升和发展重要内容，关系到信息化改革成功的关键。关于教师专业发展问题，学界自20世纪90年代中期已展开初步探讨，而对其进行系统探讨则在21世纪初之后。教师专业发展理论是指研究教师专业发展的一系列学说和观点，旨在深入探讨教师专业成长的规律和路径，为政策制定和教育实践提供理论依据和指导。近年来，教师专业发展理论成为教育领域的重要研究方向之一，对于促进教师专业发展和提高教育质量具有重要意义。

1. 教师专业发展的阶段和模式

教师专业发展的阶段和模式是研究的重点之一。国际学界早期代表性理论有以下几个。罗伯特·戈斯林（1972）提出了教师专业发展的4个阶段：入门期、稳定期、热情期和稳定期。入门期主要指教师职业生涯的开始，教师需要适应学校环境和教学任务；稳定期是教师逐渐适应学校和工作，进入稳定状态；热情期是教师对于教学工作充满热情，愿意尝试新的教学方式和方法；稳定期则是教师保持现状，不再追求新的教学方法和技巧。[1] 另外，霍华德·戴恩（1980）则认为教师专业发展分为5个阶段：探索期、开发期、成熟期、稳定期和退出期。探索期主要是指教师进入教育领域，通过观察和学习，积累经验；开发期是指教师在工作中逐渐形成自己的教学风格和方法；成熟期是指教师逐渐成为教学领域的专家；稳定期是指教师保持现状，不再追求新的教学方法和技巧；退出期则是指教师进入退休阶段。[2]

在国内，教师专业发展与教师专业成长通常被视为同一概念。根据叶澜等人（2001）的观点，教师专业发展是教师内在专业性结构持续更新、演变和扩充的进程。这一过程不仅涵盖了教师在所教学科领域内专业性的提升，还包括其教育教学方面的专业发展。此外，国家对于教师的任职资格，除了设定相应的学历标准外，还规定了教师必须具备的教育知识、教育能力，以及应遵守的职业道德规范。[3] 教育部师范教育司（现教育部教师工作司）（2003）提出，教师专业发展是一个通过系统专业培养和持续终身学习，使教师逐渐获得和提升教育

---

[1] R. G. Grossman, "Toward a Theory of Teacher Career Development", in J. Sikula, Ed. *Handbook of Research on Teacher Education*, New York: Macmillan, 1972, pp. 22-33.

[2] H. M. Denny, "The Professional Development of Teachers: A Model for the Study of Teacher Career Development", *Journal of Education for Teaching*, Vol. 6, No 1, 1980, pp. 25-35.

[3] 叶澜、白益民、王枬等：《教师角色与教师发展新探》，北京：教育科学出版社，2001年版，第226、228页。

教学所需的道德品质、知识体系、实践技能与综合能力的过程。在这个过程中，教师通过在实践中不断磨砺，提高自己的教育教学素养，从而成长为合格乃至优秀的教育工作者。同时，这一过程也随着社会和教育的不断发展变革而持续进化。[①] 顾明远（2006）指出，一个成熟教师的成长需要经历长期的专业培养和训练，这个过程通常可以划分为3个阶段：①是职前学习阶段，重点在于学习学科专业知识和教育基本理论；②初入职场阶段，持续2—3年，在这一阶段，新入教师会在资深教师的指导下和实际教学实践中逐渐适应并融入教师的角色；③成熟阶段，需要3—5年的时间，教师通过教学实践和不断的反思，逐渐熟练掌握教育教学技能和技巧，最终成长为一名优秀的成熟教师。[②]

2. 教师专业发展的因素和影响

既有研究表明，影响教师专业发展的因素包括教育背景、个人特征、工作环境等。其中，个人特征是影响教师专业发展最为重要的因素之一。具体来说，教师的性格、态度、价值观、职业观念、知识结构等都会对其专业发展产生深远的影响。此外，教育背景也是影响教师专业发展的重要因素之一，教师的专业背景、学历、专业技能等都会影响教师的专业发展。同时，工作环境、职业支持、职业满意度等也是重要影响因素。

3. 教师专业发展的策略和方法

为了促进教师的专业发展，许多学者提出了一系列策略和方法。艾拉·斯沃曼提出了挑战性发展理论，认为教师应该通过不断接受挑战和寻求创新来促进自己的职业发展；罗伯特·戈斯林则提出了持续性学习理论，认为教师应该不断学习和探索新的教学方法和技巧；霍华德·戴恩则提出了职业规划理论，认为教师应该有明确的职业规划，

---

① 教育部师范教育司：《教师专业化的理论与实践》，北京：人民教育出版社，2003年版，第1、27、46页。

② 顾明远：《我国教师教育改革的反思》，载《教师教育研究》，2006年第6期，第3—6页。

通过不断学习和发展来实现自己的职业目标。

同时，对于教育机构来说，也应该为教师的职业发展提供更加有利的条件和支持，如建立完善的培训机制和晋升机制，为教师提供更多的学习和发展机会，同时也应该重视教师的职业满意度和职业支持，为教师提供更加舒适的工作环境和较为优厚的待遇，以激励教师更好地发挥自己的专业能力和潜力。

4. 教师专业发展理论的应用

教师专业发展理论不仅是一种学术研究，更是一种应用性理论，可以为农村小学教师的专业发展提供指导和帮助。在教育实践中，教师可以通过对教师专业发展理论的了解和应用，更好地规划自己的专业发展，并通过不断学习，提高自己的教学水平和职业素养，更好地为学生服务。同时，教育机构也可以通过教师专业发展理论，为教师的专业发展提供更加系统和科学的支持和帮助。

此外，教师专业发展理论还可以为教育改革和政策的制定提供参考。教育改革及政策制定需要农村小学教师的支持和参与，而该理论可以帮助农村小学教师更好地了解自己的职业发展路径和发展需要，提高农村小学教师在改革实践中的参与度。

综上所述，教师专业发展理论作为重要的教育理论，对于促进农村小学教师的职业发展、提高教育质量、推动教育改革和政策制定都有着重要意义。因此，我们需要更加深入地研究和应用教师专业发展理论，为农村小学教师的职业发展和教育事业的发展作出积极贡献。

第四节　教师信息素养模型相关研究

通过查阅文献资料，笔者发现关于教师信息素养的文献比较多，但是关于教师信息素养模型的研究很少，而关于农村小学教师信息素养模型的研究就更少了，以下是一些有关教师信息素养模型的研究。

美国学者米什拉和科勒（2006）在他们的研究论文《整合技术的

学科教学法知识：教师知识框架》中以小学教师作为研究对象，使用了问卷调查等方法来了解小学教师的信息素养水平。其研究目的是探讨并提出一种新的教师知识框架，包括以下方面。①提出涵盖特定学科领域知识、教学方法和技术应用的知识框架。②深入探讨不同知识领域如何交织在一起，以支持教师在课堂上整合技术、教育和学科内容，关注知识领域之间的互动和关系。③为教育实践提供指导，帮助教师更好地利用技术来改进教学，提高学生的学习成果。他们希望该框架能够帮助教师更好地理解如何将技术与课程和教学方法相结合。米什拉和科勒采用了该模型来评估教师的信息素养。研究发现，小学教师的信息素养与他们在教学中整合技术和课程内容的能力密切相关。教育背景和教学经验对信息素养的发展也有显著影响。[①]

普恩泰杜拉（2010）在《SAMR：提升技术整合的模型》中，以中学教师为研究对象，采用了混合方法研究设计，结合了问卷调查和教师观察。他的研究目的包括以下方面。①提出新的技术整合框架以描述和解释教育中技术的使用方式：SAMR 模型[②]，是一种阶段性模型，有助于教育者理解技术整合的不同层次。②帮助教育者理解技术整合的不同级别，从简单的替代到更高级别的重新定义，有助于教育者更好地选择适合其教学目标的技术整合方式。③为教育实践提供指导。他的研究目的是为教育者提供一个实用的工具，以指导他们如何更好地利用技术来改进教学和学习。该研究使用了 SAMR 模型来评估教师在使用技术时的信息素养，发现中学教师的信息素养水平与他们在教学中采用创新技术的程度相关。

哈特莱维克、奥特斯塔德和特隆森（2018）在《七年级数字素养的预测因素：一项多层分析》中以小学教师为研究对象，旨在探索小

---

① "Introducing Technological Pedagogical Content Knowledge", https://www.researchgate.net/publication/242385653_Introducing_Technological_Pedagogical_Content_Knowledge#read.

② SAMR 模型，即替代（Substitution），增强（Augmentation），修改（Modification），重新定义（Redefinition）。

学教师的信息素养构成要素，以及信息素养对于小学教学的重要性。该研究使用了研究者自行开发的信息素养框架来分析数据，研究发现，小学教师的信息素养包括信息技能、信息知识、信息应用和信息伦理等多个维度。信息素养对于小学教学的成功至关重要，可以促进教师和学生的信息素养发展和学术成就。[1]

高建山（2011）在《基于 ISM 模型的中小学教师信息素养影响因素分析》中，以河北省的中小学学科教师（不包括信息技术学科教师）为研究对象，通过抽样问卷调查和访谈的方式，对学校主管领导和教师进行了关于教师信息素养现状与培训效果的调研。通过这一调研，他了解了影响中小学教师信息素养培养的因素，确定了 15 个主要影响因素，包括上级部门和学校领导的管理导向、学校信息基础设施的建设状况、信息化教学资源的满足度、教师的教育观念与态度、教师使用信息技术技能的频率、教师信息技能的自主学习能力、教师的信息意识、信息知识、信息能力、信息伦理、教师信息素养培训机制、提升激励机制和水平考核机制的完善程度、学校教师的年龄与性别结构、信息技术应用的文化氛围。为了更深入地理解这些因素之间的关系，高建山采用了解释结构模型法来界定它们之间的有向作用关系，并构建了中小学教师信息素养的解释结构模型。此外，他提出建议：中小学教师的信息素养问题应得到上级主管部门和学校领导的高度重视，需要确保软硬件设备购置资金的持续投入，加强硬件设施和信息化教学资源等软件的建设，以打造一个良好的信息化环境。[2]

赵欢欢（2018）在《中小学教师数据素养能力结构模型及评价指标体系研究》中综合运用了文献分析法、归纳法、德尔菲法，以及问卷调查法等多种研究方法。该文首先对国内外的相关文献进行了系统

---

[1] O. E. Hatlevik, G. Ottestad and I. Throndsen, "Predictors of Digital Competence in 7th Grade: A Multilevel Analysis", *Computers and Education*, Vol. 123, 2018, pp. 123-134.

[2] 高建山：《基于 ISM 模型的中小学教师信息素养影响因素分析》，"2011 年国际应用社会科学会议"的论文，长沙，工程信息研究院，2011 年，第 4 页。

的整理与分析,并借鉴了教师信息素养能力的构成要素,从而归纳出教师数据素养的能力范围和具体维度。基于这些能力之间的相互作用和转化关系,她构建了一个教师数据素养能力的结构模型。在这个模型的基础上,她进一步细化了各个能力维度下的三级指标,初步提出了一个评价教师数据素养能力的指标体系。为了确保这一指标体系的科学性和完善性,她采用多轮德尔菲法,邀请专家对指标划分的科学性、语言描述的准确性,以及指标的重要性进行了修订和评分。最后,她选择了北京市的16名中小学一线教师为研究对象,对所构建的评价指标体系进行了实际应用测试。通过对调查数据的深入分析,进一步确认了该评价指标体系的科学性和实用性,为这一能力结构模型和评价指标体系的广泛实践应用提供了有力的参考。①

朱书慧和汪基德(2019)在《幼儿园教师信息技术素养及其模型构建研究》中,首先定义了幼儿园教师信息技术素养的概念,并通过文献分析、专家咨询,以及实证检验的多次反复,建立了一个幼儿园教师信息技术素养的模型。这个模型涵盖了信息技术使用的意识态度、知识技能、应用实践、行为习惯4个核心层面。为了验证这个模型,他们在河南省的开封、郑州、济源、周口、新乡、安阳、焦作、商丘等地选取了750名幼儿园骨干教师,进行了初步的问卷调查。利用社会科学统计软件包等对收集到的数据进行了探索性因素分析,以此检验问卷的题目和结构维度。同时,他们还检验了问卷的信度和效度,并对模型的结构进行了验证。此外,他们还分别对意识态度、知识技能、应用行为3个分量表进行了探索性因素分析,以进一步修正和完善模型,确保其科学性和严谨性。这个经过精心构建的模型不仅符合幼儿园教师的特点,还能较为真实地反映他们的信息技术素养水平,

---

① 赵欢欢:《中小学教师数据素养能力结构模型及评价指标体系研究》,北京邮电大学硕士论文,2018年3月,第3—5页。

为后续的提升方案提供了有力的数据支持。①

李梦晨、刘文娟（2020）在《"互联网+"环境下教师信息素养长效提升模型研究》中，以现阶段教师的培训与继续教育方式的分类为切入点，建立了"三位一体"教师信息素养提升模型，并结合教师信息化素养的发展阶段，基于PDCA循环理论，② 提出了教师信息化素养长效提升模型：PSDCDA循环，即计划（Plan）、学习（Study）、实践（Do）、检查（Check）、发展（Develop）、评价（Assess），用以建立教师信息化素养提升的长效机制。最后，研究者强调教师信息化素养长效提升不是一蹴而就的，是需要思想准备、理论基础、实践操作相互配合，通过反思改进不断完善的。教师只有认清自己所处的阶段，了解对应阶段应该做的工作，才能快速找出最适合的学习方式，来提升自己信息化水平，并作出阶段性评估，将本阶段未能解决的问题投入下一个循环中，从而提高学习工作效率，使信息化素养得到长效提升。③

孔巧丽（2021）在《终身学习背景下高职教师信息素养提升研究——基于UTAUT模型的视角》中，采用了技术接受和应用整合模型作为理论框架，以高职教师（包含行政教辅人员）为研究对象，结合他们的特点，构建了一个关于高职教师信息技术使用意愿的影响因素模型。通过调节效应分析，她发现影响高职教师信息使用意愿的主要因素依次为自我效能感、态度、便利条件和绩效期望。同时，职称和学历对态度和便利条件具有显著的调节效应。基于这些发现，并结合高职教师在信息技术使用上的特征，孔巧丽提出了一系列建议来提升高职教师的信息素养。一是营造一个终身学习的文化氛围，因为这是

---

① 朱书慧、汪基德：《幼儿园教师信息技术素养及其模型构建研究》，载《电化教育研究》，2019年第40卷第6期，第121—128页。

② PDCA循环理论将质量管理分为4个阶段，即计划（Plan）、执行（Do）、检查（Check）和处理（Act）。

③ 李梦晨、刘文娟：《"互联网+"环境下教师信息素养长效提升模式研究》，载《职业》，2020年第33期，第63—64页。

职教教师未来发展的必然要求。二是应分层次对教师进行信息素养的培训，以便更精准地满足他们的需求。三是还应有针对性地为教师提供信息技术的便利条件，以消除他们在使用信息技术时的障碍。四是她建议将信息技术应用能力纳入教师的考核指标，以此激励教师提升自身的信息素养。[1]

综上所述，教师信息素养模型研究，虽然已经有一些成果和发现，但是也存在一些不足之处。主要表现在以下几方面：

缺乏一致性。教师信息素养模型在不同研究中的定义和构成要素存在差异，缺乏一致性。

缺乏定量测量工具。一些模型提供了概念框架，但缺乏有效的量化测量工具，难以精确评估和比较教师的信息素养水平。

忽视了变化性。教师信息素养是一个动态的概念，与技术的不断发展和教育实践的演进密切相关。一些研究可能没有充分考虑这种变化性。

较少关注伦理问题。一些研究模型较少关注信息伦理的维度，但该维度对于数字时代的教学教育具有重要性。

总的来说，教师信息素养模型研究已经取得了一些进展，但仍然需要更多的研究工作来克服一些问题，以更好地应对现代教育的需求。本书将信息伦理与道德纳入信息素养模型的重要维度，以帮助农村小学教师更好地教育学生如何在数字世界中负责任地行动；同时，本书将更加关注农村小学教师信息素养的专业发展，通过组建专业的信息技术教师团队，为农村小学教师开展多元化培训，从而提高农村小学教师的信息素养水平。

---

[1] 孔巧丽:《终身学习背景下高职教师信息素养提升研究——基于 UTAUT 模型的视角》，载《山东广播电视大学学报》，2021 年第 1 期，第 13—20 页。

第二章　农村小学教师信息素养模型的研究设计

本书的宗旨是构建一个全面和实用的农村小学教师信息素养模型，来支持农村小学教师在数字时代的教育实践，从而提升四川省农村小学教师信息素养水平。为了更好地实现上文提出的研究目标，本书将从需求分析、模型设计、模型评估3个研究阶段出发，并分别从确定总体和样本、选择研究工具、数据收集、数据分析这4个步骤入手开展研究。

第一节　分析四川省农村小学教师对信息素养的需求

本阶段研究旨在了解四川省农村小学教师在信息素养方面的具体需求，为农村小学教师信息素养模型的设计和评估提供基础数据，形成对信息素养模型的初步理解。

第一阶段的研究步骤和过程如下图3.1所示。

```
步骤    ┌─────────────────────────────────────┐
        │ 目标1：分析四川省农村小学教师对信息素养的需求 │
        └─────────────────────────────────────┘
```

过程

```
  ┌──────────┐      ┌──────────┐      ┌──────────┐
  │ 494名教师 │←────│ 总体和抽样 │────→│21名代表教师│
  └──────────┘      └──────────┘      └──────────┘

  ┌──────────┐      ┌──────────┐      ┌──────────┐
  │ 问卷调查：│←────│ 研究工具  │────→│访谈：21名 │
  │  494份   │      │          │      │   教师    │
  └──────────┘      └──────────┘      └──────────┘

  ┌──────────┐      ┌──────────┐      ┌──────────┐
  │ 问卷收集 │←────│ 数据收集 │────→│ 访谈记录 │
  └──────────┘      └──────────┘      └──────────┘

  ┌──────────┐      ┌──────────┐      ┌──────────┐
  │对问卷调查数据│←──│ 数据分析 │──→│ 对访谈数据  │
  │进行统计分析 │    │          │    │ 进行质性分析│
  └──────────┘      └──────────┘      └──────────┘
```

结果
```
        ┌─────────────────────────────────────┐
        │   获取四川省农村小学教师对信息素养的需求  │
        └─────────────────────────────────────┘
```

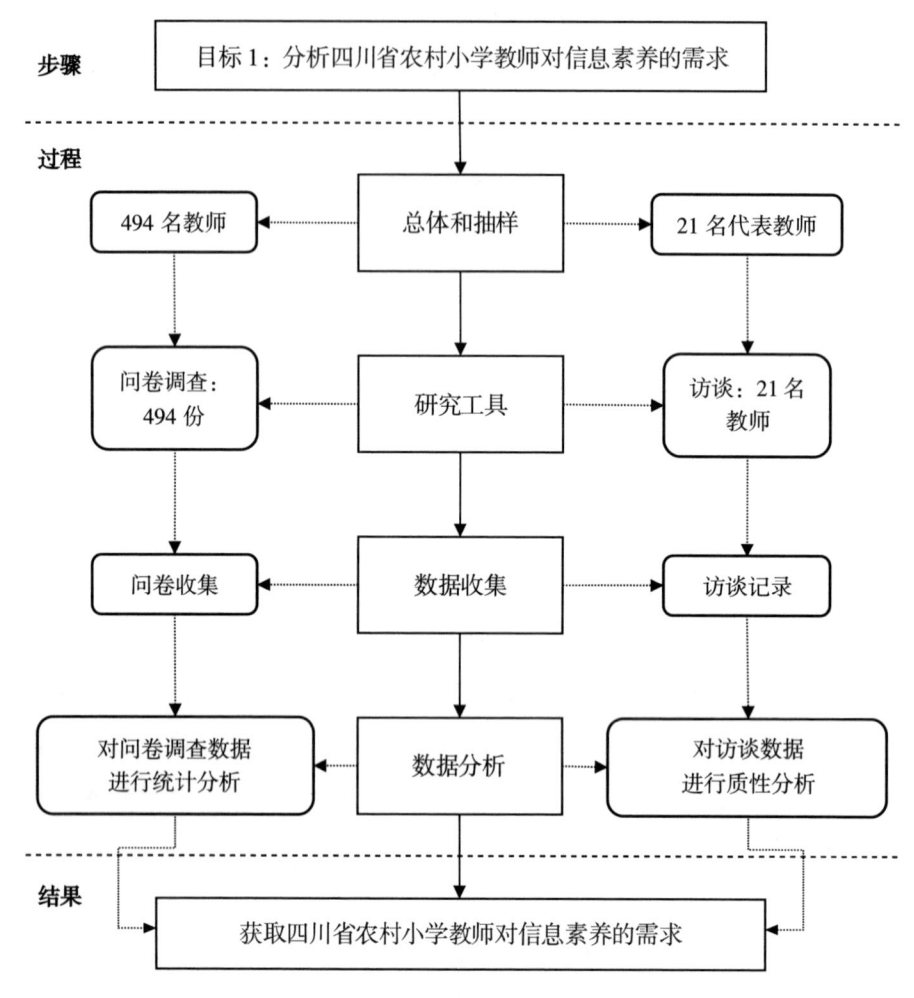

图 3.1　分析四川省农村小学教师对信息素养需求的过程

资料来源：作者自制。

一、总体和样本

本部分的总体是四川省农村小学教师，研究范围涵盖了四川省不同地理区域、学校性质（公立或私立）、民族等的农村小学。

本部分选用了分层抽样方法。实施步骤是，首先根据某一特性或规则，将整体划分为若干个不同的层次或组别，其次在每个层次或组

第二章　农村小学教师信息素养模型的研究设计

别中单独、随机地选择个体，最后将所有层次的样本汇总，以估算整体的目标数量。通过这种方式能确保样本中包含具有各种特性的单位，使得样本的构成与整体的构成较为相似，从而提升估算的准确性。如果层次或组别是根据行业或行政区域来划分的，那么分层抽样还能为调查的组织实施提供便利。另外，它不仅能用于估算整体的参数，还能用于估算各个层次的目标数量。[1]

本书的样本容量为494人。在样本教师的抽样中，需要考虑样本个体的基本属性特征的覆盖面，如任教学科、年龄、教龄、性别、学历层次等，在考虑到样本上述特征的基础上进行随机抽样。然后将按照行政区域、民族特征进行分层抽样。

（一）按四川省行政区域进行分层抽样

按照四川省21个市（州）（成都市、绵阳市、自贡市、攀枝花市、泸州市、德阳市、广元市、遂宁市、内江市、乐山市、资阳市、宜宾市、南充市、雅安市、达州市、广安市、巴中市、眉山市、阿坝藏族羌族自治州、甘孜藏族自治州、凉山彝族自治州）进行分类，再从这21个市（州）的农村小学教师中进行随机抽样。

（二）按四川省不同民族地区进行分层抽样

四川省是多民族聚居省份，主要民族是汉族，占总人口的绝大多数。除了汉族外，四川省还有许多少数民族，其中，藏族、彝族、羌族等人口较多。因此，在分层抽样时，本书将以汉族地区的农村小学教师为主，同时兼顾部分农村少数民族地区的小学教师，如凉山彝族自治州、甘孜藏族自治州等。

通过充分的抽样和数据收集，力求获得全面且具有代表性的信息，以便深入分析农村小学教师信息素养的需求情况。

---

[1] L. Cohen, L. Manion and K. Morrison, *Research Methods in Education*, London: Routledge, 2017, pp. 414-415, 427.

（三）样本教师个人基本情况

样本教师基本信息统计见表 3.1。

表 3.1 农村小学教师抽样基本信息

（样本：494）

调查维度	选项	人数	比例
教师性别	男	343	69.43%
	女	151	30.57%
学校所属地区	成都市	26	5.26%
	绵阳市	24	4.86%
	自贡市	24	4.86%
	攀枝花市	21	4.25%
	泸州市	23	4.66%
	德阳市	21	4.25%
	广元市	20	4.05%
	遂宁市	19	3.85%
	内江市	18	3.64%
	乐山市	30	6.07%
	资阳市	25	5.06%
	宜宾市	29	5.87%
	南充市	22	4.45%
	达州市	21	4.25%
	雅安市	1	0.20%
	广安市	20	4.05%
	巴中市	21	4.25%
	眉山市	24	4.86%
	阿坝藏族羌族自治州	37	7.49%
	甘孜藏族自治州	30	6.07%
	凉山彝族自治州	38	7.69%

续表

调查维度	选项	人数	比例
教师年龄	30岁以下	89	18.02%
	31—40岁	170	34.41%
	41—50岁	177	35.83%
	51岁以上	58	11.74%
学历	高中及以下	2	0.40%
	大专	158	31.98%
	本科	329	66.60%
	硕士及以上	5	1.01%
教龄	5年以下	61	12.35%
	6—15年	187	37.85%
	16—25年	138	27.94%
	26年以上	108	21.86%
学校性质	公立小学	490	99.19%
	私立小学	4	0.81%
学校类型	市属	3	0.61%
	区/县属小学	143	28.95%
	乡/镇小学	315	63.77%
	村小	32	6.48%
	教学点	1	0.20%
任教学科	语文	177	35.83%
	数学	176	35.63%
	英语	21	4.25%
	体育	19	3.85%
	音乐	5	1.01%
	美术	5	1.01%
	信息技术	7	1.42%
	科学	10	2.02%
	其他	74	14.98%

资料来源：作者自制。

二、研究工具

为了全面了解农村小学教学信息素养的需求,本书将采用问卷调查和访谈两种研究工具。通过定量和定性相结合的方式,获取不同视角和深度的信息。

(一) 调查法

调查法是通过向特定群体询问一系列标准化问题或进行观察,来收集定量或定性数据,从而分析某一现象或研究问题的研究方法。调查法包括问卷调查、访谈调查、观察法和实验调查等。[①] 本书采用问卷调查法。

1. 问卷调查法

问卷包括两部分:第一部分是教师的基本信息,包括教师性别、所在地区、年龄、学历、教龄、学校性质、学校类型和教授科目;第二部分是教师对信息素养的需求问答,按照教师信息素养模型的二级构成要素编制需求问题。要求教师按照李克特五点计分法进行认同度评分,具体如表3.2所示。

表3.2 李克特五点计分法

评价等级	量化值
非常重要	5
比较重要	4
一般	3
不太重要	2
不重要	1

资料来源:作者自制。

[①] J. W. Creswell and J. D. Creswell, *Research Design: Qualitative, Quantitative, and Mixed Methods Approaches* (5th ed.), Beijing: SAGE Publications, 2017.

在四川省农村小学教师信息素养需求的均值分析中,笔者根据伦西斯·李克特(1932)定义的数据解释标准将其解释如下:

4.50—5.00 表示最高水平;

3.50—4.49 表示较高水平;

2.50—3.49 表示中等水平;

1.50—2.49 表示较低水平;

1.00—1.49 表示最低水平。

2. 问卷调查流程

第一步:梳理教师信息素养相关理论基础和政策文件。

第二步:构建四川省农村小学教师信息素养需求问卷,并将问卷提纲发给指导老师,根据指导老师建议对内容进行审核和修改。

第三步:邀请3名专家对问卷的客观一致性指标进行检验,通常认为客观一致性指数大于等于0.5的项目可以保留。

第四步:根据专家建议修改问卷。

第五步:将问卷发放给从事教育技术或信息技术的21名专家进行抽样。问卷的信度采用克隆巴赫阿尔法系数计算。

问卷的信度涵盖了两个方面,即内在信度和外在信度。内在信度主要是评估问卷中各题目之间内容的协调性和一致性。题目之间的内在一致性越强,说明题目的设计越具意义,从而使得调查结果的可靠性越强。而外在信度则是通过多次对同一群体进行调查来检验评价结果的稳定性。如果多次调查的结果能够保持高度一致,那么表明问卷的题目设计具有较高的可信度,进而保证了调查结果的可信度。[①] 在本次调查中,我们着重关注了问卷的内在信度,也就是各个题目之间的协调性和一致性。为了精确评估这一点,我们采纳了克隆巴赫阿尔法系数作为衡量标准。根据这一方法,信度系数的取值范围应在0—1之间。其中,系数在0.9以上代表问卷的信度非常优秀,在0.8—0.9之

---

① 吴明隆:《问卷统计分析实务——SPSS 操作与应用》,重庆:重庆大学出版社,2010年版,第238页。

间表示信度尚可，在 0.7—0.8 之间则意味着部分题目可能需要调整，而低于 0.7 则表明有些题目不再适用，应考虑删除。为进行这一分析，我们使用了社会科学统计软件包。经过对数据的处理，我们发现农村小学教师信息素养需求问卷的第二部分整体克隆巴赫阿尔法系数高达 0.982，这一数字超过了 0.9 的临界值，说明该问卷的内部一致性非常高，信度良好。我们进一步将该部分问卷细分为 6 个不同的维度，并且为每个维度下的题目计算了相应的克隆巴赫阿尔法系数。详细数据如表 3.3 所示。

表 3.3　农村小学教师信息素养需求问卷各维度题目与维度内一致性考察

维度	题目序号	克隆巴赫阿尔法系数
信息意识	9—14	0.944
信息知识	15—19	0.956
信息技能	20—24	0.956
信息应用	25—27	0.926
信息伦理与道德	28—30	0.924
专业发展	31—32	0.898
指标总体	9—32	0.982

资料来源：作者自制。

（二）访谈法

访谈法又称对话法，是一种心理学研究方法，访谈者通过和受访者进行面对面的交谈，深入了解受访者的心理和行为。

本书将从四川省 21 个地区分别选择 1 名具有代表性的教师，共计 21 名教师作为访谈对象。通过访谈，深入了解这些教师对信息素养的理解、存在的困难，以及他们对提升信息素养的期望，为问卷调查的定量结果提供更多的背景知识和解释。

三、数据收集

（一）问卷调查数据收集

在学校的协助下，通过线上"问卷星"平台对抽样选定的四川省农村小学教师进行问卷发放和收集，本次问卷大约 500 份。为了确保全面性，问卷覆盖了不同年级、科目和人口特征的教师。对收集到的问卷将进行分类整理，为后续的数据分析做准备。

（二）访谈数据收集

选择具有代表性的教师进行访谈，确保涵盖不同层次和经验的个体。访谈可以采用录音、记录等方式进行，以保留访谈内容的完整性。访谈数据将被整理和归纳，为后续分析提供素材。

四、数据分析

（一）定量数据分析

对问卷调查收集到的定量数据进行统计分析，计算平均值、标准差、频率分布等，以揭示教师信息素养需求的整体情况。通过比较不同维度的数据，识别出需求的关键领域和差异。

（二）定性数据分析

对访谈数据进行定性分析，识别出关键词、主题和模式。通过归纳和整理，深入了解农村小学教师对信息素养的认知、期望和需求，为定量数据的解释提供背景和深度。

（三）统计

在数据分析的基础上，对定量分析和定性分析的结果进行统计总结。通过绘制图表等形式，以直观呈现不同维度的需求分布情况。统计结果将为后续农村小学信息素养提升模式的策略和建议提供依据。

第二节　设计四川省农村小学教师信息素养模型

本阶段的研究是根据第一阶段中所发现的需求，设计一个适应四川省农村小学教师实际情况的信息素养模型。模型的设计需要考虑到分析中发现的具体需求和问题，以确保模型的实用性和针对性。

第二阶段的研究步骤和过程如图3.2所示。

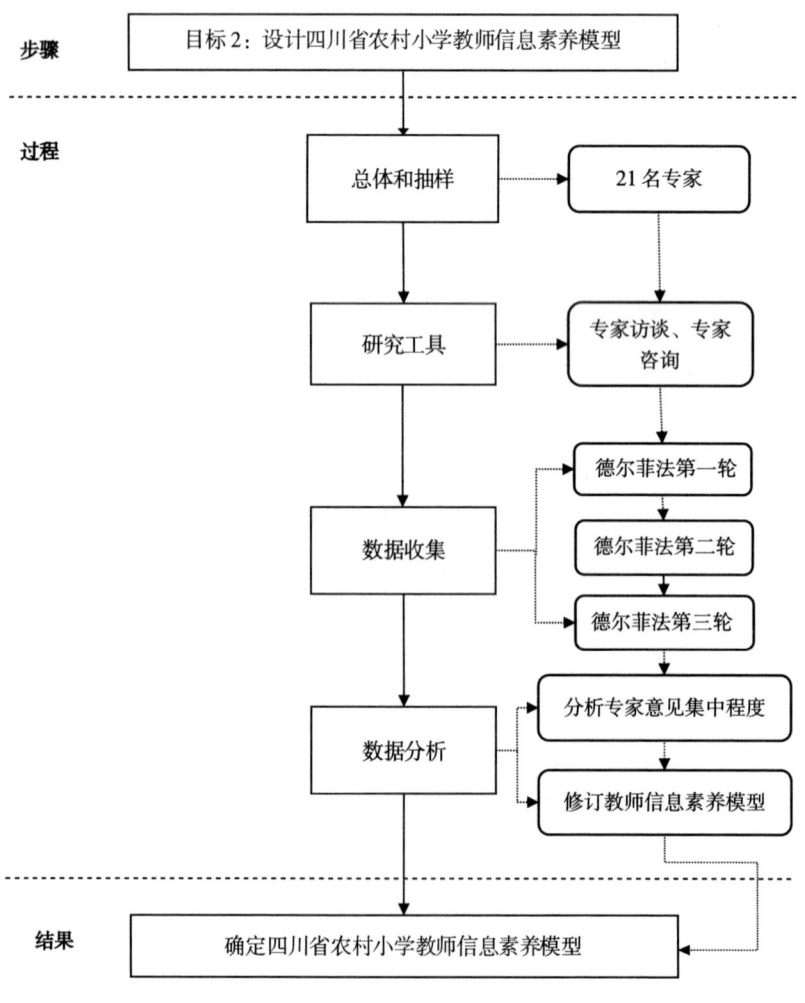

图3.2　设计四川省农村小学教师信息素养模型的过程

资料来源：作者自制。

一、总体和样本

本部分的研究总体是全国教育技术学专业的专家，样本为全国 21 名教育技术领域的专家，涵盖高校教育技术专家、基础教育信息技术专家、行业（特指电化教育站、教学仪器站、技术装备站等）专家。具体专家信息参见附录 4。

二、研究工具

（一）专家访谈

本阶段针对研究目标 2 进行了农村小学教师信息素养构成要素专家访谈研究，访谈设计主要通过以下步骤进行。

第一步：梳理教师信息素养构成相关理论基础和政策文件。

第二步：构建四川省农村小学教师信息素养访谈提纲。基于前期的文献分析和对农村小学教师信息素养的需求分析，本书编制了《农村小学教师信息素养构成要素专家访谈提纲》，访谈提纲包括两部分：第一部分是专家基本信息，第二部分是农村小学教师信息素养构成要素讨论。同时，将该访谈提纲发给指导老师，由指导老师根据专家建议对内容进行审核和修改。

第三步：邀请 3 位专家对访谈提纲的客观一致性指标进行检验。客观一致性指数为 0.67—1.00。

第四步：根据专家建议修改专家访谈提纲。

第五步：将专家访谈提纲发放给从事教育技术或信息技术的 21 名专家进行抽样。问卷的信度采用克隆巴赫阿尔法系数进行计算。该访谈提纲的信度为 0.923，具体情况见表 3.4。

表 3.4　农村小学教师信息素养构成要素访谈提纲题目与内容一致性考察

序号	问题	克隆巴赫阿尔法系数
1	您的姓名？	0.944
2	您的工作单位？	0.956
3	您的工龄？	0.956
4	您的专业技术职称？	0.926
5	您的最高学历？	0.924
6	您的研究领域？	0.956
7	您对问题的熟悉程度？	0.956
8	我将农村小学教师信息素养结构内涵界定为6个维度构成，分别为信息意识、信息知识、信息技能、信息应用、信息伦理与道德、专业发展，您觉得合理吗？	0.926
9	我想用这6个信息素养的一级维度及其相关二级维度构建一个教师信息素养模型，您觉得可行吗？	0.905
10	我将教师信息素养分为信息意识、信息知识、信息技能、信息应用、信息伦理与道德、专业发展6个一级维度和20个二级维度，对此您有什么意见和建议？	0.898
11	我将对这20个二级维度进行进一步细分，您有什么意见和建议？	0.856
12	您认为还可以通过什么方式提升农村小学教师的信息素养水平？	0.874
指标总体		0.923

资料来源：作者自制。

（二）专家咨询

在模型设计阶段，将初步构建的评估指标体系改编成相应的专家咨询问卷。问卷主要由两部分组成：第一部分包括专家的基本信息，

第二部分包括21名专家咨询量表，分别对应第一、第二和第三维度的指标内容。每个量表包括两部分：修改指标的建议和通过李克特五点计分法评估指标的重要性，从"一点也不重要"到"极其重要"，分别得分1—5分。[1]

本阶段针对目标2进行了农村小学教师信息素养构成要素专家咨询问卷研究，问卷设计步骤如下。

第一步：基于前期的文献分析、需求分析和专家访谈，从而编制《农村小学教师信息素养构成要素专家咨询问卷》。问卷包括两部分，第一部分是专家基本信息，第二部分是专家对农村小学教师信息素养构成要素进行打分。然后将专家咨询问卷发给指导老师，指导老师根据专家建议对内容进行审核和修改。

第二步：邀请3位专家对咨询问卷的客观一致性指数进行检验。客观一致性指数为0.67—1.00。

第三步：根据专家建议修改专家咨询问卷。

第四步：将专家咨询问卷发放给从事教育技术或信息技术的21名专家进行抽样。问卷的信度采用克隆巴赫阿尔法系数进行计算。该咨询问卷的信度为0.905。

（三）德尔菲法

德尔菲法是一种系统性的专家咨询方法，通过多轮匿名调查，旨在收集专家意见、建立共识或预测未来事件。[2] 这个方法允许专家在没有面对面交流的情况下，通过一系列调查来逐渐拉近共识，从而为有关复杂问题提供决策支持。[3]

德尔菲法包括以下研究步骤。

---

[1] 于开莲、曹磊：《教育信息化2.0时代幼儿园教师信息技术素养评价指标体系构建研究》，载《电化教育研究》，2021年第8期，第51—58页。

[2] 《美国纺织工业若干问题的预测》，载《上海纺织科技》，1978年第6期，第23页。

[3] 勤俭、宗乾进、沈洪洲：《德尔菲法在我国的发展及应用研究》，载《现代情报》，2011年第5期，第3页。

第一步，确定问题：明确定义需要解决的问题或预测的目标。

第二步，选取专家：选择合适的专家群体，他们有相关领域的专业知识和经验。

第三步，调查设计：设计第一轮调查问卷，包括问题和选项。

第四步，调查循环：连续进行多轮调查，直到达成共识或达到预定的结束条件。

第五步，分析结果：汇总和分析每一轮的调查结果。

第六步，提供反馈：将每一轮的结果反馈给参与专家，让他们重新评估自己的意见。

第七步，达成共识：在多轮调查后，希望能够达成一致或接近一致的共识。

为了设计四川省农村小学教师信息素养模型，本书通过多轮德尔菲法，汇集多个专家的意见最终形成共识，从而设计出较为完善的农村小学教师信息素养模型。

三、数据收集

（一）德尔菲法第一轮

结合相关研究以及 7 份典型国家标准、框架的文本分析，本书将编制《农村小学教师信息素养指标体系专家访谈提纲》，要求专家围绕农村小学教师素养一、二级指标内容展开讨论，同时征集对农村小学教师素养三级指标的意见。

（二）德尔菲法第二轮

结合前期文献分析和第一轮专家访谈数据进行分析汇总，构建一个初步的农村小学教师信息素养模型框架，同时编制《农村小学教师信息素养指标体系专家咨询问卷（一）》，要求专家对农村小学教师信息素养初拟指标内容的同意程度进行判断并给出修改意见。问卷包括两部分：第一部分为专家基本信息，第二部分基于本书对6项信息素养指标的解读，要求专家按照李克特五点计分法进行认同度评分。

（三）德尔菲法第三轮

在收集到第二轮专家意见后，本书将进一步整合和修订四川省农村小学教师信息素养模型指标体系。本轮将发放修订后的问卷《农村小学教师信息素养指标体系专家咨询问卷（二）》，向专家呈现修改后的指标，同样要求专家按照李克特五点计分法进行认同度评分。此外，专家需要对此次咨询的权威程度进行自评，本书通过汇总计算，得出21名专家对农村小学教师信息素养的熟悉程度约为0.96，说明21名专家的权威程度很高，整体上具有很好的可靠性。自评表如表3.5所示。

表3.5 专家对农村小学教师信息素养的判断依据和熟悉程度

判断依据	量化值	熟悉程度	量化值
实践经验	0.8	非常熟悉	1.0
理论分析	0.6	熟悉	0.8
同行了解	0.4	一般	0.4
直觉	0.2	不太熟悉	0.2
		不熟悉	0

资料来源：作者自制。

（四）德尔菲法第四轮

如果第三轮调查还没有达成一致意见，那么可以继续进行多轮调查，直到专家们的观点达成一致。

四、数据分析

（一）分析德尔菲法意见

在每一轮德尔菲法咨询结束后，都会对所收集的专家意见进行深入的分析。为确保分析的准确性和科学性,将运用统计分析方法来处理这些数据。本书选择了社会科学统计软件包和电子表格来进行数据的统计分析。为了评估专家团队对本研究的关注度和专业程度,本书将依据以下两个关键指标:专家积极系数和专家权威程度。在分析过程中,本书还将采用一系列统计量来筛选和确定关键指标。具体来说,主要考察专家积极系数、专家权威程度、满分率、平均值、众数、中数,以及四分位数间距。这些统计量将有助于更全面、客观地分析数据,从而确保研究的有效性和可靠性。[①]

1. 专家积极系数(K)

专家积极系数表示调查专家对本次问卷内容的关心程度,计算公式为:

$$K = m/M \qquad (1)$$

式中:M 表示总体人数,即问卷发放的所有专家总数;m 表示对问卷进行评分的专家人数,往往都会小于 M,即问卷的回收率可以等价于专家积极系数。

2. 专家权威程度(CR)

专家权威程度对评价的可靠性具有较大影响。影响专家权威程度的主要因素有两个:一是专家对指标作出判断的依据 C_a;二是专家对问题的熟悉程度 C_b,CR 越大,表明专家权威程度越高,计算公式为:

$$CR = (C_a + C_b)/2 \qquad (2)$$

3. 满分频率(F)

满分频率 F 是指对指标 i 给出满分的专家人数 m_i 与对指标 i 作出评价的专家人数 M_i 之比,计算公式为:

$$F = m_i/M_i \qquad (3)$$

式中:F 越大,表明对指标 i 作出满分评价的专家越多,从侧面说明了该指标的相对重要性越大。

[①] 吴建新、欧阳河、黄韬等:《专家视野中的职业教育校企合作长效机制设计——运用德尔菲专家咨询法进行调查分析》,载《现代大学教育》,2014 年第 5 期,第 76 页。

4. 重要性算术平均数（C_i）

重要性算术平均数反映了专家们对于某一指标重要性评分的集中趋势。算术平均数越大，意味着这个指标在专家们看来越重要。计算这一平均数的公式如下：

$$C_i = \frac{1}{m}\sum_{j=1}^{m} C_{ij} \quad （4）$$

式中：m 为参与评分的专家人数，C_{ij} 为专家 j 对指标 i 的评分值。

5. 四分位数间距（IQR）

四分位数间距用于分析专家意见的集中度和分布情况。四分位数是将数据集分为四个等分的值，计算四分位数间距的步骤如下：

将数据集按照大小升序排列；计算下四分位数（Q1），即将数据集分成四等分，确定第一个 1/4 部分中间位置的值；计算上四分位数（Q3），即将数据集分成四等分，确定第 3 个 1/4 部分中间位置的值；计算四分位数间距（IQR），即 Q3 减去 Q1；四分位数间距（IQR）的计算方式如下：

$$IQR = Q3 - Q1 \quad （5）$$

四分位数间距可用于分析专家意见的集中度和分布情况，从而识别出模式中的重要元素、关键问题和优化方案。本书采用吴建新（2014）观点中的共识标准，具体如表 3.6 所示：

表 3.6　四分位数间距标识

四分位数间距	共识度
IQR = 0	最高
0 < IQR < 1.8	较高
1.8 ≤ IQR ≤ 2.0	中等
IQR > 2.0	较低

资料来源：作者自制。

6. 中位数（Md）

中位数是所有专家按顺序排列的分数中，位于中间位置的数值。

它可以反映专家意见的集中趋势，然后按照研究者设定的标准进行解释，具体如表3.7所示。

表3.7 中位数标识

中位数	此项目的可能性
Md ≥ 4.50	最有可能
3.50 ≤ Md ≤ 4.49	更有可能
2.50 ≤ Md ≤ 3.49	可能性中等
1.50 ≤ Md ≤ 2.49	可能性较小
Md ≤ 1.49	可能性最小

资料来源：作者自制。

（二）修订教师信息素养模型

基于分析的结果，本书将逐步修订和完善四川省农村小学教师信息素养模型。将专家的建议和意见纳入模型中，以确保其科学性和实用性。最后，本书将进行探索性因素分析和验证性因素分析，以排除模型中的无效指标。

（三）统计

通过德尔菲法的多轮循环，我们将逐步达成专家共识，形成最终的四川省农村小学教师信息素养模型。在此过程中，将进行统计分析，以展示不同轮次中专家意见的变化和趋势，从而突显模型的可信度和稳定性。

第三节 评估四川省农村小学教师信息素养模型

本阶段从应用实践的视角来评估农村小学教师信息素养模型的合理性，以及了解现阶段我国农村小学教师的信息素养水平现状。

第三阶段的研究步骤和过程如下图3.3所示。

```
步骤         ┌─────────────────────────────────────┐
             │  目标3：评估四川省农村小学教师信息素养模型  │
             └─────────────────────────────────────┘
- - - - - - - - - - - - - - - - - - - - - - - - - - - - - - - -
过程
        ┌──────────┐        ┌──────────┐
        │ 508名教师 │◄───────│ 总体和抽样│
        └──────────┘        └──────────┘
             │                    │
        ┌──────────┐        ┌──────────┐
        │ 问卷调查 │◄───────│ 研究工具 │
        └──────────┘        └──────────┘
             │                    │
        ┌──────────┐        ┌──────────┐
        │ 问卷收集 │◄───────│ 数据收集 │
        └──────────┘        └──────────┘
             │                    │
   ┌──────────────────┐      ┌──────────┐
   │对问卷调查数据进行统计分析│◄──│ 数据分析 │
   └──────────────────┘      └──────────┘
- - - - - - - - - - - - - - - - - - - - - - - - - - - - - - - -
结果      ┌─────────────────────────────────────┐
          │  验证四川省农村小学教师信息素养模型合理性  │
          └─────────────────────────────────────┘
```

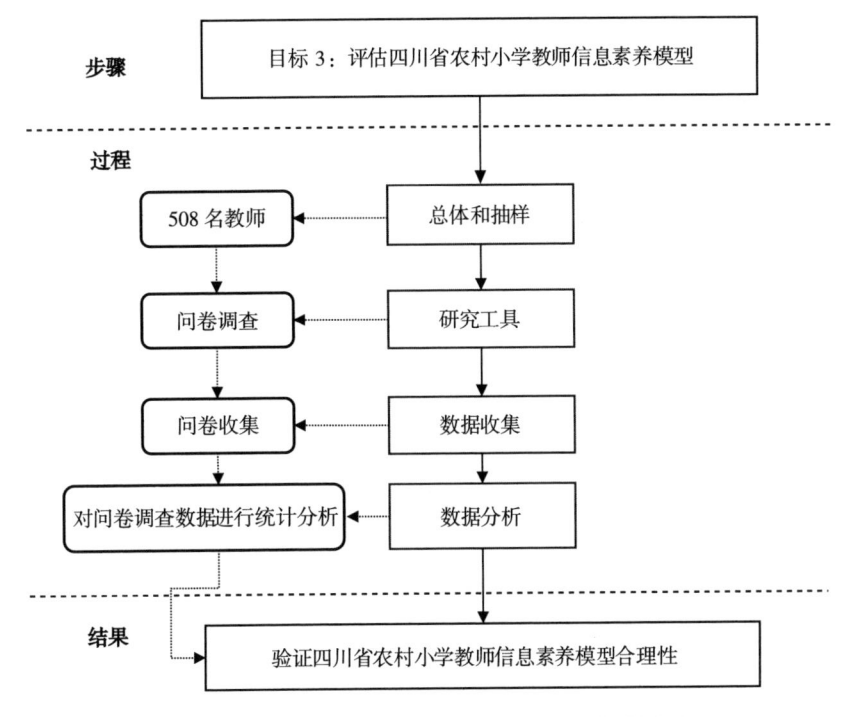

图 3.3　评估四川省农村小学教师信息素养模型

资料来源：作者自制。

一、总体和样本

本部分通过实证研究，旨在验证四川省农村小学教师信息素养模型的科学性和准确性。本部分的总体是四川省农村小学教师，研究范围涵盖了四川省不同地理区域、学校性质、民族等维度的农村小学。

本部分采用分层抽样的方法。样本容量为 508 份。在样本教师的抽样中，需要考虑样本个体的基本属性特征的覆盖面，如任教学科、年龄、教龄、性别、学历层次等，在考虑到样本上述特征的基础上进行随机抽样。然后将按照行政区域、民族特征进行分层抽样。

（一）按四川省行政区域进行分层抽样

先按四川省 21 个市（州）进行分类，再从这 21 个市（州）的农村小学教师中进行随机抽样。

（二）按四川省不同民族地区进行分层抽样

在分层抽样时，本书将以农村汉族地区小学教师为主，同时兼顾部分农村少数民族地区的小学教师。

二、研究工具

为了评估四川省农村小学教师信息素养模型的各项指标的科学性和可靠性，本书将使用问卷调查工具对模型进行测评，以了解教师对信息素养模型的认知、参与程度、对模型效果的看法等。问卷内容将包括模型的可行性和实用性评价、对模型各个指标要素的意见。

三、数据收集

在抽样选定的四川省农村小学教师中发放调查问卷，确保覆盖不同年级、学科和经验的教师。收集到的问卷数据将用于评估教师对该模型的看法和模型对其教育实践的影响。

四、数据分析

对问卷调查数据进行定量分析和统计，包括计算平均值、频率、方差、峰度、偏度等，以了解教师对信息素养模型的整体评价和效果感受。

通过以上研究方法，将能够详细评估四川省农村小学教师信息素养模型。从教师的角度获取反馈，将有助于了解模型的优势和不足，为未来的改进和优化提供有力的依据。

第三章　农村小学教师信息素养模型的构建与应用

本书旨在构建一个全面和实用的农村小学教师信息素养模型，来支持农村小学教师在数字时代的教育实践，从而提升四川省农村小学教师信息素养水平。本书运用定量问卷分析和定性访谈分析方法，借助德尔菲法进行专家咨询，从而确定农村小学教师信息素养模型，最后以此模型对农村小学教师进行测评，以验证模型的合理性和科学性，并了解四川省农村小学教师信息素养水平的现状。具体研究目的包括：①分析四川省农村小学教师信息素养需求；②设计四川省农村小学教师信息素养模型，明确该信息素养模型的一级指标、二级指标和三级指标；③评估四川省农村小学教师信息素养模型，以了解教师对信息素养模型的整体评价和效果感受。

第一节　四川省农村小学教师信息素养需求分析

一、四川省农村小学教师信息素养需求调查

（一）问卷发放及样本

本次农村小学教师信息素养需求问卷借助"问卷星"平台进行，

由于可设置"必填"项与"非必填"项，因此，凡提交系统成功的问卷均为有效答卷，有效问卷为494份。

四川各个地区（成都市、绵阳市、自贡市、攀枝花市、泸州市、德阳市、广元市、遂宁市、内江市、乐山市、资阳市、宜宾市、南充市、达州市、雅安市、广安市、巴中市、眉山市、阿坝藏族羌族自治州、甘孜藏族自治州、凉山彝族自治州）的问卷，主要由当地教育行政部门相关负责人协助发放完成，同时还有少量答卷是研究者的同学（农村小学任职教师）填写的。

（二）农村小学教师信息素养需求访谈对象

本书选择了21名教师作为访谈对象。这21名教师来自四川省21个不同的市（州），每个市（州）各1名教师。同时，会兼顾小学不同年级的教师。其中，一年级教师2名，二年级教师3名，三年级教师4名，四年级教师4名，五年级教师4名，六年级教师4名。这些教师中语文教师6名，数学教师6名，英语教师3名，信息技术教师2名，体育、音乐、科学和美术教师各1名。

（三）针对问卷，逐一分析农村小学教师信息素养6个维度

问卷统计显示，所有题目的平均得分为4.405。农村小学教师信息素养6个维度平均分由高到低的顺序为信息意识、专业发展、信息知识、信息技能、信息伦理与道德、信息应用。根据李克特五点计分法的四区间，分数在4—5之间，显示对教师信息素养6个维度的需求较高；分数在1—2之间，说明对教师信息素养的6个维度的需求非常低。由此可见，四川省农村小学教师对信息素养的6个维度的需求较高。

为了更为直观地呈现农村小学教师信息素养在各个维度上的需求，本书从6个不同维度对信息素养需求程度的高低进行了考察，具体每一维度的平均值，如表4.1所示。

表4.1 农村小学教师信息素养各维度需求分析

序号	题目内容	平均值	标准差
1	信息观念意识：教师对信息的态度和认知，包括信息的价值、重要性和作用的理解。您需要该意识吗？	4.468	0.693
2	信息获取意识：教师获取所需信息的能力，包括有效地使用各种信息资源和工具。您需要该意识吗？	4.496	0.604
3	信息分析与评价意识：教师对所获得信息进行批判性思考和评估的能力，以确定信息的质量和可信度。您需要该意识吗？	4.454	0.576
4	信息传播与交流意识：教师与同事、学生家长和社区分享信息的能力，以促进合作和教育目标的实现。您需要该意识吗？	4.454	0.579
5	信息安全意识：教师对于信息安全的认知、理解以及在日常活动中对信息安全问题的关注和行为表现。您需要该意识吗？	4.425	0.597
6	信息创新意识：教师在信息社会中对于创新和技术发展的敏感性、主动性以及对信息科技变革的积极态度。您需要该意识吗？	4.397	0.599
7	信息技术常识：教师对于基本的信息技术概念、原理和应用的一般了解和认知。您需要该知识吗？	4.399	0.622
8	信息安全知识：教师在处理、传递和管理信息时，了解与应用有关信息安全的基本原则和措施的专业知识。您需要该知识吗？	4.417	0.596
9	学科信息知识：教师在特定学科领域内获取、理解和应用信息的能力和知识。您需要该知识吗？	4.419	0.586
10	网络通信知识：教师对网络通信领域知识的了解和应用能力。您需要该知识吗？	4.385	0.580

续表

序号	题目内容	平均值	标准差
11	信息法律政策知识：教师在教学和与学生、家长、同事互动的过程中，理解并遵守与信息和技术使用相关的法律法规、政策和规定。您需要该知识吗？	4.411	0.567
12	基本办公软件使用技能：教师在教学和管理工作中，熟练运用各类基本办公软件进行文件处理、信息管理、沟通和教学设计等任务的技能。您需要该技能吗？	4.433	0.577
13	网络搜索技能：教师能够有效、精准地使用网络搜索引擎进行信息检索和获取所需信息的能力。您需要该技能吗？	4.409	0.584
14	信息化教学技能：教师在教育教学过程中，合理运用信息技术工具和数字化资源，借助互联网等技术手段，促进教学创新、提高教学效果的能力。您需要该技能吗？	4.405	0.580
15	信息处理技能：教师在处理和管理教育教学信息时，能够有效地获取、分析、组织、存储和传递信息的能力。您需要该技能吗？	4.375	0.592
16	信息表达技能：教师有效地传达、呈现和表达教育教学信息的能力。您需要该技能吗？	4.361	0.598
17	课程资源开发与利用技能：教师在教学过程中，通过各种方式和工具积极地创建、收集、整理和应用教学资源，以支持课程的设计和实施。您需要该技能吗？	4.375	0.594
18	信息技术与课程整合技能：教师在教学中充分利用信息技术，将其有机地融入课程设计、实施和评估过程中，以提升教学效果、促进学生主动学习和培养21世纪技能的做法。您需要该技能吗？	4.373	0.614
19	远程教育应用技能：教师通过信息技术，利用互联网等远程通信工具，进行远程教学、教育管理和学科支持的活动。您需要该技能吗？	4.345	0.601

续表

序号	题目内容	平均值	标准差
20	知识产权保护：保护教师在教育领域中所创造、拥有的知识产权，确保其合法权益和对创造性成果的享有。您认为该项重要吗？	4.353	0.628
21	网络道德：教师在使用互联网和相关技术时应遵循的一套伦理和道德准则。您认为该项重要吗？	4.387	0.601
22	信息社会责任：教师在信息社会中应承担的一系列道德和社会责任，以确保他们在教育过程中正确、负责任地使用和传播信息技术。您认为该项重要吗？	4.363	0.602
23	知识持续性获取：教师在职业生涯中通过不断学习、研究和参与专业发展活动，以保持和更新自己的专业知识和技能。您认为该项重要吗？	4.385	0.590
24	专业能力成长：教师在其职业生涯中，通过不断学习、反思和实践，逐步提升和完善自己的专业素养、知识、技能和教育经验的过程。您认为该项重要吗？	4.431	0.587

资料来源：作者自制。

二、四川省农村小学教师信息素养的需求讨论

四川省21个市（州）的农村小学教师的信息素养需求调查结果如表4.2所示，以下对数据分析结果进行逐一讨论。

表4.2 农村小学教师信息素养一级维度需求分析

一级维度需求名称	平均值	标准差
信息意识	4.449	0.577
信息知识	4.406	0.578
信息技能	4.397	0.561
信息应用	4.364	0.589
信息伦理与道德	4.368	0.596

续表

一级维度需求名称	平均值	标准差
专业发展	4.408	0.566

资料来源：作者自制。

(一) 教师信息意识方面的需求

调查发现，四川省农村小学教师认为信息意识基本上可以归为信息观念意识、信息获取意识、信息分析与评价意识、信息传播与交流意识、信息安全意识和信息创新意识6类，其中，信息获取意识的需求认可度最高。需求认可度由高到低的排序为：信息获取意识（4.496）>信息价值观意识（4.468）>信息分析与评价意识（4.454）=信息传播与交流意识（4.454）>信息安全意识（4.425）>信息创新意识（4.397）。

第一，信息观念意识是指农村小学教师对信息及其价值的认识和理解。在信息社会，信息已经成为重要的资源，对于小学教师来说，认识到信息在教学中的重要作用，有助于他们更好地利用信息资源，提高教学质量。第二，信息获取意识是指农村小学教师主动、有效地获取所需信息的意识。随着教育信息化的推进，教学资源越来越丰富，教师只有具备强烈的信息获取意识，才能及时获取到最新的教学资源和教育理念，从而更新自己的教学内容和方法。第三，信息分析与评价意识则要求农村小学教师能够对获取到的信息进行深入分析和评价，去伪存真，筛选出有价值的信息。这有助于教师更好地把握教学重点和难点，制定出更符合学生实际的教学方案。第四，信息传播与交流意识则强调农村小学教师能够将有用的信息传播给学生，并与学生、同事进行有效的交流。这不仅能够促进知识的共享，还能够激发学生的学习兴趣，提高他们的信息素养。第五，信息安全意识在当今社会尤为重要。随着网络技术的发展，信息安全问题日益突出。农村小学教师作为学生的引导者，应该具备强烈的信息安全意识，教导学生如何保护个人信息、防范网络诈骗等,确保学生在使用网络时的安全。第六,信息创新意识是农村小学教师在信息化教学中追求创新、提升教学效果的关键。具备创新意识的教师能够不断探索新的教学方法和手段,将信息技术与课堂教学有机结合,从而激发学生的学习兴趣,提高教学效果。

(二) 教师信息知识方面的需求

调查发现,四川省农村小学教师认为信息知识基本上可以归纳为信息技术常识、信息安全知识、学科信息知识、网络通信知识和信息法律政策知识5类,其中,学科信息知识的需求认可度最高。需求认可度由高到低的排序为学科信息知识(4.419)>信息安全知识(4.417)>信息法律政策知识(4.411)>信息技术常识(4.399)>网络通信知识(4.385)。

第一,学科信息知识在各项能力中需求认可度最高,这反映了教师们深刻认识到信息技术在提升教学质量、丰富教学手段、创新教学方法等方面的重要作用。他们希望将信息技术与学科知识相结合,从而更有效地传授给学生。这种需求体现了教师们对信息技术在教育领域深度融合的期待和追求。第二,信息安全知识在需求认可度中位居第二,说明教师们对信息安全问题有着高度的警觉和重视。随着互联网和信息技术的普及,网络诈骗、信息泄露等安全问题层出不穷,教师们需要了解如何保护学生的个人信息和学校的网络安全。这种需求体现了教师们对学生隐私和校园网络安全的责任感和担当。第三,信息政策法律知识排名第三,说明教师们对信息时代的法律法规有着清醒的认识和尊重,他们希望了解相关的法律法规,以便在教育教学过程中合法合规地使用信息技术。这种需求体现了教师们法律意识的提升和对依法治教的追求。第四,信息技术常识作为教师们日常工作中不可或缺的一部分,其需求认可度也相对较高。教师们需要掌握基本的计算机操作、软件使用等技能,以便更好地利用信息技术进行教学和管理。这种需求体现了教师们对信息技术基础知识掌握和应用的重视。第五，网络通信知识在需求认可度中相对较低，但并不意味着不重要。随着在线教育、远程教学等新型教学模式的兴起，网络通信知识对于教师们来说越来越重要。他们需要掌握如何通过网络进行高效沟通和协作，以便更好地与学生、家长和同事进行交流和合作。这种需求体现了教师们对掌握网络通信知识的认可和期待。

（三）教师信息技能方面的需求

调查发现，四川省农村小学教师认为信息技能基本上可以归纳为基本办公软件使用技能、网络搜索技能、信息化教学技能、信息处理技能和信息表达技能5类，其中，基本办公软件使用技能的需求认可度最高。需求认可度由高到低的排序为基本办公软件使用技能（4.433）>网络搜索技能（4.409）>信息化教学技能（4.405）>信息处理技能（4.375）>信息表达技能（4.361）。

第一，基本办公软件使用技能在各项能力中需求认可度最高，这充分说明了农村小学教师在日常工作中对办公软件的依赖和重视。无论是进行教学管理、制作教学材料还是与学生、家长进行沟通，都离不开办公软件的支持。因此，教师们对掌握基本办公软件使用技能的需求较为迫切。第二，在互联网时代，教师们需要通过网络搜索技能获取最新的教学资源、教学方法和教育理念，以不断提升自己的教学水平。同时，网络搜索也是教师们解决工作中遇到的问题和困难的重要手段。第三，教师们对信息技术与教育教学深度融合充满期待和追求，他们希望掌握更多的信息化教学手段和方法，如多媒体教学、在线教学等，以丰富教学内容、提高教学效果。这种需求也反映了教师们对教育信息化发展的认可和支持。第四，信息处理技能在需求认可度中相对较高，说明教师们在日常工作中需要处理大量的信息，如学生信息、教学资料等。他们需要掌握有效的信息处理方法和工具，以便快速、准确地完成信息处理任务。这种需求体现了教师们对工作效率和准确性的追求。第五，信息表达技能在需求认可度中相对较低，但并不意味着不重要。在信息社会，教师们需要具备良好的信息表达能力，以便更好地与学生、家长和同事进行沟通和交流。无论是口头表达还是书面表达，都需要清晰、准确、有逻辑地传递信息。因此，提升信息表达技能也是教师们需要关注的一个方面。

（四）教师信息应用方面的需求

调查发现，我国四川省农村小学教师认为信息应用能力基本上可以归纳为课程资源开发与利用技能、信息技术与课程整合技能和远程教育应用技能3类，其中，课程资源开发与利用技能的需求认可度最高。需求认可度由高到低的排序为课程资源开发与利用技能（4.375）>信息技术与课程整合技能（4.373）>远程教育应用技能（4.345）。

第一，课程资源开发与利用技能的需求认可度最高，这充分说明了四川省农村小学教师们对于这一能力的重视。课程资源是教学活动的基础，良好的课程资源能够为学生提供更丰富、更生动的学习体验。而教师们对于课程资源开发与利用技能的高认可度，则反映了他们希望在教学活动中能够自主开发、整合并利用各种课程资源，以提升教学质量和学生的学习效果。第二，信息技术与课程整合技能的需求认可度也非常高。这体现了教师们对于信息技术与教育教学深度融合的期待。他们希望利用信息技术手段，将课程内容以更加直观、生动的方式呈现出来，激发学生的学习兴趣和积极性。同时，信息技术与课程整合技能也有助于提升教学效率，使教学活动更加高效、便捷。第三，远程教育应用技能的需求认可度虽然相对较低，但仍然处于较高水平。这说明教师们对于远程教育这一新型教学方式持开放态度，并希望能够在教学中加以应用。远程教育打破了时间和空间的限制，使得教学活动可以更加灵活、多样。教师们希望利用远程教育手段，为学生提供更加便捷、高效的学习途径，同时也能够拓宽自己的教学视野和资源渠道。

(五) 教师信息伦理与道德方面的需求

调查发现，四川省农村小学教师认为信息伦理与道德基本上可以归纳为知识产权保护、网络道德和信息社会责任3类，其中，网络道德的需求认可度最高。需求认可度由高到低的排序为网络道德（4.387）>信息社会责任（4.363）>知识产权保护（4.353）。

第一，网络道德的需求认可度最高，这充分说明了四川省农村小学教师们对于网络道德教育的重视。在信息化时代，网络已经成为人们日常生活和学习中不可或缺的一部分。然而，网络环境的复杂性和多样性也带来了许多道德和伦理问题。教师们认为，在网络环境中培养学生的道德意识和责任感至关重要，这有助于他们形成正确的网络行为习惯，避免受到不良信息的诱惑和侵害。第二，信息社会责任的需求认可度也非常高。这体现了教师们对于学生在信息社会中应承担的责任和义务的关注。在信息社会中，学生不仅要学会获取和利用信息，还要学会如何负责任地传播和分享信息。教师们希望学生能够认识到自己在信息社会中的角色和地位，积极履行自己的社会责任，为社会的和谐稳定和发展作出贡献。第三，知识产权保护的需求认可度虽然相对较低，但仍然处于较高水平。这说明教师们对于知识产权的尊重和保护意识逐渐增强。在信息化时代，保护知识产权对于创新和发展至关重要。教师们希望学生能够了解知识产权的基本概念和相关法律法规，学会尊重和保护他人的知识产权，避免侵犯他人的合法权益。

(六) 教师专业发展方面的需求

调查发现，四川省农村小学教师认为专业发展所需的能力基本上可以归纳为知识持续性获取和专业能力成长两类，需求认可度由高到低的排序为专业能力成长（4.431）>知识持续性获取（4.385）。

第一，专业能力成长的需求认可度最高，这充分说明了四川省农村小学教师们对于自身专业能力提升的迫切需求。在教育事业中，教师的专业能力直接影响到教学质量和学生的学习效果。因此，教师们普遍希望能够通过不断地学习和实践，提升自己的专业能力，以更好地适应教育改革和发展的需要。第二，知识持续性获取的需求认可度也非常高。这体现了教师们对于持续学习和知识更新的重视。在快速发展的信息时代，新知识、新技术不断涌现，教师们需要不断更新自己的知识储备，以保持与时俱进。通过持续学习，教师们可以更好地理解学生的需求，掌握先进的教学方法和手段，提高教学效果。虽然专业能力成长和知识持续性获取的需求认可度都非常高，但两者之间还是存在一定的差异。专业能力成长更侧重于教师在教学实践中的能力提升，包括教学技巧、课程设计、学生管理等方面的能力。而知识持续性获取则更侧重于教师对于新知识、新技术的理解和掌握。这种差异反映了教师们在不同发展阶段和不同教学需求下关注的侧重点不同。

为了更为直观地呈现教师信息素养在各个维度上的水平，将6个维度制作成柱状图，具体情况如图4.1所示。

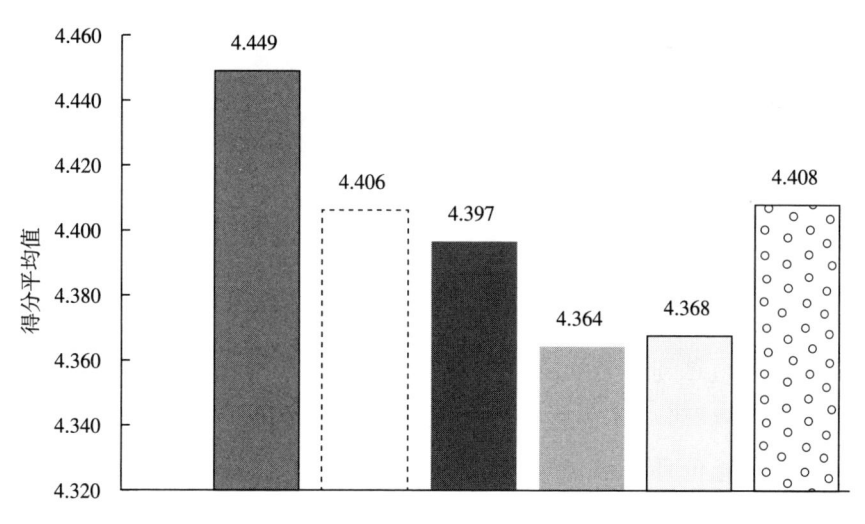

图4.1 教师信息素养各维度得分平均值

资料来源：作者自制。

综上所述，农村小学教师对信息素养的需求从高到低的顺序是：信息意识、专业发展、信息知识、信息技能、信息伦理与道德、信息应用。

（七）农村小学教师信息素养需求访谈数据质性分析

在基于访谈的质性研究中，明确研究问题尤其重要，研究者要不断地与资料进行深层次"交流"，最大程度挖掘资料背后的信息。本次研究采取访谈与录音结合的方式，通过录音收集受访者谈话的完整信息。最终经过后期整理，共整理出21份访谈纪要。

1. 关于第一个访谈问题的分析

第一个问题是"对您这样的农村小学教师来说，您认为信息素养对于您的教育教学工作重要吗？为什么呢？"

关于这个问题，21位教师都回答了"重要"。关于原因，每个教师回答详略不同、关注的侧重点也有所区别，详见附录2。其中，A教师提到，因为它能提高教学质量、更新教学方法、提升教师的专业发展、增强学生的信息素养、促进城乡教育均衡发展。

2. 关于第二个访谈问题的分析

第二个问题是"如果把信息素养分成信息意识、信息知识、信息技能、信息应用、信息伦理与道德和专业发展，您认为您最需要的是哪一个组成部分？为什么？"

关于这个问题，10位教师认为信息技能是最需要的组成部分，5位教师认为信息知识是最需要的组成部分，3位教师认为信息意识是最需要的组成部分，1位教师认为信息应用是最需要的组成部分，1位教师认为信息伦理与道德是最需要的组成部分，1位教师认为专业发展是最需要的组成部分。关于具体的原因，每个教师回答都不相同。但认为信息技能最为需要的10位教师，基本上都认同具备信息技能的教师能够熟练运用教学科技工具，可以帮助学生掌握基本的信息处理、搜索和分析技能，培养学生在信息化社会中解决问题的实际应用能力。

3. 关于第三个访谈问题的分析

第三个问题是"就信息技能而言，哪些方面的技能对您的教育教学工作有较大帮助？"

通过汇总 21 位教师的意见发现，他们基本上认为基本办公软件使用技能、信息搜索技能、信息化教学技能对他们的教学工作很有帮助。

4. 关于第四个访谈问题的分析

第四个问题是"您认为贵校在教育信息化进程中，阻碍因素有哪些？"

通过汇总 21 位教师反馈信息，发现影响农村小学教育信息化的因素主要是：基础设施、师资力量、经济资源、学生家庭条件和地方政策。

5. 关于第五个访谈问题的分析

第五个问题是"您认为如何提升农村小学教师信息素养才更有效？"

关于这个问题，通过汇总 21 位教师的意见发现，他们普遍认为，通过专业培训、设备和基础设施支持、教育管理支持、政策引导和资金投入、建立有效的激励机制、建立有效的教师信息素养评价体系，可以有效提升农村小学教师信息素养。

如图 4.2 所示，根据上述需求生成的词云图可知：①农村小学教师希望学校和当地教育部门为他们提供更多的教育教学资源，不断改进和提高自身的教学技能，从而提升教师的信息素养水平。②增强道德和知识需求。农村小学教师不仅需要具备扎实的学科知识，还需要有高尚的教育道德。他们需要时刻关注学生的需求，通过自身的行为为学生树立榜样，传递正能量。③参与和鼓励需求。农村小学教师需要积极参与教育改革，鼓励学生积极参与学习过程。他们需要为学生提供具有挑战性和启发性的学习环境，激发学生的学习兴趣，培养他们的自主学习能力。④提升质量和能力需求。农村小学教师需要关注教学质量的提升，以及自身教学能力的增强。他们需要掌握有效的教学方法和策略，能够根据学生的特点和需求进行个性化教学，提高教学效果。

图 4.2　农村小学教师信息素养需求词云

资料来源：作者自制。

第二节　四川省农村小学教师信息素养模型构建

一、四川省农村小学教师信息素养模型构建专家访谈（德尔菲法第一轮）

（一）确定访谈专家

本书的访谈专家名单共有 21 人，均为从事教师教育和教育信息化等相关领域的教学和研究工作的专家。这 21 名专家来自国内的大学、中小学及电化教育站。在这 21 名专家中，有 5 名专家具有教授（正高级）职称，其中 3 名是国家重点中小学校长；10 名专家具有副教授（副研究员）职称；6 名专家具有中级职称。从学历上来看，有博士学位的专家有 8 名，有硕士学位的专家有 7 名。从研究的领域来看，21 名专家都从事信息技术、现代教育技术、教育信息化相关的领域。从教龄来看，有 20 名专家的教龄在 10 年以上，仅有 1 名为 10 年以下。

从对问题的熟悉程度来看，21名专家都很熟悉，具体专家信息参见附录4。

（二）确定专家访谈提纲

基于前期的文献分析和对农村小学教师信息素养的需求分析，本书编制了《农村小学教师信息素养构成要素专家访谈提纲》，详见附录5。

（三）专家访谈数据分析

通过电话、QQ和微信对21名专家进行了深度访谈，经过被访者的同意后，对访谈过程进行录音，作为语音资料收集。访谈提纲包括两部分：第一部分是专家的基本信息，包括专家的姓名、工作单位、工龄、专业技术职称、最高学历、研究领域和对问题的熟悉程度；第二部分是专家对农村小学教师信息素养一级、二级和三级构成要素的意见和建议。最后通过分析、整理和汇总，得出如下结论。

1. 一级指标确定

21名专家对农村小学教师信息素养模型的6个一级指标都十分赞同。这6个指标分别是信息意识、信息知识、信息技能、信息应用、信息伦理与道德、专业发展。

2. 二级指标确定

在信息意识指标下，专家建议新增"信息安全意识"和"信息创新意识"2个二级指标。

在信息知识指标下，专家建议新增"学科信息知识"和"信息法律政策知识"2个二级指标。将原来的"计算机基础知识"修改为"信息技术常识"。

在信息技能指标下，专家建议新增"信息化教学技能""信息处理技能""信息表达技能"3个二级指标，删除"数字教学资源应用"二级指标。

在信息应用指标下，专家建议删除"课堂教学应用"这个二级指标。

在信息伦理与道德指标下，专家建议删除"信息安全意识"这个二级指标。

本书均采纳了以上专家建议，并进行了相应的修改。

3. 三级指标确定

在确定的 24 个二级指标下，通过汇总专家访谈的意见和建议，新增 73 个三级指标。

（四）农村小学教师信息素养模型的初步构建

第一轮专家访谈后，通过汇总 21 名专家访谈数据，初步明确了四川省农村小学教师信息素养的构成要素及其具体内涵，该模型由 6 个一级指标、24 个二级指标和 73 个三级指标所构成，具体见表 4.3。

表 4.3　农村小学教师信息素养构成要素（初步）

一级指标名称	二级指标名称	三级指标名称	指标项解释
信息意识（A）	信息观念意识（A1）	信息社会认知（A11）	了解并接受信息时代的发展趋势，认识到信息对教育的深远影响
		信息学科重要性（A12）	意识到信息学科对学生综合素养的培养和发展的重要性
		信息时代教学理念（A13）	接受并积极应用信息技术，将其融入教学中，促进学生全面发展
	信息获取意识（A2）	多元信息源意识（A21）	意识到信息可以从不同的渠道获取，包括图书馆、互联网、实地调研等
		获取信息的主动性（A22）	有意识地、积极地从各种渠道获取信息，包括传统和现代媒介
		有意识地采用多种方法获取信息（A23）	有意识采用多种方法获取信息，如搜索、提问、观察等

续表

一级指标名称	二级指标名称	三级指标名称	指标项解释
信息意识（A）	信息分析与评价意识（A3）	信息筛选能力（A31）	具备辨别信息真实性、准确性、可信度的能力，筛选出对教学有价值的信息
		批判性思维（A32）	对信息进行分析和评价的批判性思维，不盲目接受信息，提高对信息的利用效果
		学科适应性（A33）	意识到信息对各个学科的适用性，能够将不同学科的信息进行结合运用
	信息传播与交流意识（A4）	信息分享与传播（A41）	愿意分享和传播有价值的信息，促进信息的流通和知识的传播
		有效沟通与交流（A42）	具备良好的沟通技巧，能够与学生、家长、同事等有效地交流和传递信息
	信息安全意识（A5）	隐私保护（A51）	了解并且重视学生及其家庭的隐私，确保在信息使用中不泄露个人隐私
		网络安全（A52）	关注网络空间中的信息安全问题，加强对学生的网络安全教育
		信息诚信（A53）	在信息获取和使用中遵守诚实守信的原则，培养学生信息诚信意识
	信息创新意识（A6）	创造性使用信息（A61）	能够有意识创造性地使用信息，将其应用于教学、科研等各个方面，推动创新和发展
		对新技术的敏感性（A62）	对新兴的信息技术有敏感性，能够迅速了解并适应新的技术工具，及时掌握最新的信息技术发展趋势
		创新思维（A63）	有创新思维，能够独立思考，勇于尝试新的教学方法和工具，不拘泥于传统的教学方式，积极寻找更有效的教学手段

续表

一级指标名称	二级指标名称	三级指标名称	指标项解释
信息知识（B）	信息技术常识（B1）	信息技术的概念与原理（B11）	了解信息与信息技术的基本概念与原理
		信息安全知识（B12）	了解信息安全基础知识
		信息产权知识（B13）	了解信息产权基础知识
		信息应用现状（B14）	了解信息应用现状
	信息安全知识（B2）	网络安全（B21）	理解网络安全的基本原理，包括防火墙、加密技术等
		数据保护（B22）	关注数据隐私保护，了解个人信息保护法规和相关政策
		网络攻击防范（B23）	学会预防常见的网络攻击，如病毒、恶意软件等
	学科信息知识（B3）	教学资源（B31）	了解学科相关的教学资源，包括学科网站、学科期刊等
		学科前沿（B32）	关注学科前沿动态，提高对学科发展的敏感性
	网络通信知识（B4）	网络基础概念（B41）	了解网络通信的基础概念
		远程协作工具（B42）	掌握使用远程协作工具进行在线会议、文件共享等
		网络教学平台（B43）	了解和掌握应用网络教学平台，确保教学活动顺利开展

续表

一级指标名称	二级指标名称	三级指标名称	指标项解释
信息知识（B）	信息法律政策知识（B5）	知识产权法（B51）	了解知识产权相关法律，尊重和保护他人的知识产权
		隐私保护法规（B52）	熟悉个人隐私保护法规，保障学生和个人信息的安全
		网络法规（B53）	了解网络法规，确保在网络空间中的行为合法
信息技能（C）	基本办公软件使用技能（C1）	文字处理软件（C11）	创建、编辑和格式化文档；使用字体、段落、页眉和页脚等排版功能；掌握插入表格、图表、图片等元素的技能
		电子表格软件（C12）	创建和编辑电子表格；使用基本的数学公式和函数；制作简单的图表和图形
		演示文稿软件（C13）	制作清晰、生动的幻灯片；添加动画、过渡效果，增强演示效果；掌握演示文稿的播放和分享方法
	网络搜索技能（C2）	搜索引擎使用（C21）	使用主流搜索引擎，如百度、必应等；熟悉搜索关键词的技巧，提高检索准确性
		信息筛选（C22）	评估搜索结果的可信度和相关性；过滤垃圾信息，从海量信息中筛选出有用的内容
		高级搜索（C23）	使用高级搜索功能，如语法搜索、时间范围搜索等；利用搜索引擎的高级工具优化搜索结果

续表

一级指标名称	二级指标名称	三级指标名称	指标项解释
信息技能（C）	信息化教学技能（C3）	多媒体教具操作技能（C31）	使用智能板、投影仪等多媒体设备；制作和展示多媒体教学资源
		在线教育平台使用技能（C32）	登录和使用在线教育平台，如学银在线、智慧树等；上传、分享、下载教学资源
		电子化教材使用技能（C33）	使用电子教材进行教学；制定并实施基于电子教材的教学计划
		在线测验和反馈（C34）	利用在线工具创建测验和问卷调查；分析学生反馈，调整教学策略
		学科专用软件应用（C35）	掌握学科常见专用软件的基本操作
	信息处理技能（C4）	数据处理（C41）	收集、整理、分析教学数据
		多媒体编辑（C42）	使用图像编辑工具进行图片处理；使用声音编辑工具进行声音处理；使用视频编辑工具制作和编辑教学视频
		任务管理和协同工作（C43）	使用任务管理工具；进行协同工作，分享和分配任务
	信息表达技能（C5）	人机交互技能（C51）	用计算机容易理解的方式表达信息
		用设备展示信息（C52）	选择适当的信息化设备（如投影、电子白板、展台等）展示信息
		用多媒体形式展示信息（C53）	选择适当的媒体形式呈现内容（如文字、图片、动画等）
		用多媒体工具表达信息（C54）	选择适当的软件工具（如社交媒体工具、课程平台、博客等）表达内容

续表

一级指标名称	二级指标名称	三级指标名称	指标项解释
信息应用（D）	课程资源开发与利用技能（D1）	电子教材制作（D11）	制作电子化教材，增加多媒体元素；将教材与课程内容紧密结合
		教学视频制作（D12）	制作与教学相关的视频资源；利用视频解释复杂概念，拓宽学生视野
		虚拟实验和场景的创建（D13）	利用虚拟实验平台展示实验过程；使用场景模拟工具增强学生实践经验
	信息技术与课程整合技能（D2）	项目化学习（D21）	引入信息技术支持的项目制学习；利用在线协作工具推动学生团队合作
		游戏化教学（D22）	结合信息技术开展教学游戏设计；提高学生对学科知识的学习绩效
		个性化学习路径（D23）	利用信息技术根据学生水平设定个性化学习路径；提供针对性的教学资源和反馈
	远程教育应用技能（D3）	在线课程开设（D31）	设计和开设适应远程教育的在线课程；利用网络教学平台进行课程管理和互动
		远程授课技能（D32）	掌握远程授课的技巧和工具；增强在线教学的效果和互动性
		异地互动与合作（D33）	通过视频会议等方式，促进不同地区教师和学生的互动与合作；利用互联网资源打破地域限制，共享优质教育资源
信息伦理与道德（E）	知识产权保护（E1）	引用规范（E11）	教育学生正确引用他人作品的方式；强调知识产权保护，尊重他人劳动成果
		创新保护（E12）	引导学生尊重和保护自己的创新成果；鼓励创新，同时加强对知识产权保护的认知
		侵权行为（E13）	培养学生抵制网络侵权行为的能力；加强对学生进行版权保护和反盗版的教育

续表

一级指标名称	二级指标名称	三级指标名称	指标项解释
信息伦理与道德（E）	网络道德（E2）	信息真实性（E21）	强调传播真实、准确的信息；提倡对网络信息进行事实核查的良好习惯
		网络欺凌（E22）	反对网络欺凌行为，维护网络空间的良好氛围；教育学生遵循网络道德，抵制网络暴力
		规范信息获取（E23）	依法依规获取信息，反对采用非法手段获取信息
	信息社会责任（E3）	社会参与（E31）	培养学生参与信息社会建设的责任感；引导学生关注社会问题，通过信息化手段参与社会活动
		传播正能量（E32）	积极参与社会正能量的传播
专业发展（F）	知识持续性获取（F1）	信息技术持续性获取学科知识（F11）	利用信息技术持续性获取学科知识
		信息技术教学知识提升（F12）	不断提升信息技术教学方面的知识
		教育技术发展（F13）	关注教育技术的最新发展趋势；学习和掌握新的教育技术工具和应用，提高信息技术水平
	专业能力成长（F2）	信息化教学设计（F21）	学习和应用先进的课程设计理念；不断改进教学设计，提高课堂教学的质量和吸引力
		信息技术支持的评估与反思（F22）	利用信息技术进行教学绩效评估与教学反思以改进和提高自己的教学能力
		信息技术支持的教学研究（F23）	利用信息技术准确、全面获取教育教学数据，及时开展教育教学改革研究

资料来源：作者自制。

二、四川省农村小学教师信息素养模型构建专家意见咨询（德尔菲法第二轮）

经过第一轮专家访谈后，本书在初构的农村小学教师信息素养模型的基础上，编制了《农村小学教师信息素养的构成要素专家咨询问卷（一）》，参见附录7。接下来将对以上21名专家进行咨询问卷的发放、收集、整理和修订，继而得出相对科学、可靠和完善的四川省农村小学教师信息素养构成要素体系。

（一）第二轮专家意见统计结果分析

在德尔菲法调研的第二阶段，笔者利用QQ、微信及电子邮件等通信工具，向21名专家发放了第一轮咨询问卷，总计发放了21份。在规定的时间内，成功回收了全部21份问卷，且每一份都填写得完整有效。由此，我们可以计算出专家的积极系数为100%，这一数据表明专家们对农村小学教师信息素养这一研究主题持高度关注，并展现出了强烈的参与意愿。

为了深入分析专家们的咨询意见，选用了多个统计量进行考量，包括满分率、众数、中位数、平均值以及四分位数间距。在这些统计量中，均值的大小直接体现了某一构成要素的重要性。具体而言，均值越大，意味着该要素在整体中的相对重要性或影响程度越高。同时，为了衡量专家们意见的集中程度，我们引入了四分位数间距（IQR）这一指标，并通过特定的计算公式 IQR<a（an-a1）来进行评估。在本次研究中，我们将a设定为0.45。由于专家咨询问卷是基于五点计分法设计的，因此其最大值an为5，最小值a1为1。根据这些参数，我们可以用公式a（an-a1）计算出专家意见集中程度的基准值为1.8。

根据四分位数间距值，我们可以对专家意见的集中程度进行细致的划分：当四分位数间距值等于0时，表示专家们的意见高度集中；当四分位数间距值在0—1.8时，说明专家们的意见比较集中，情况良好；四分位数间距值在1.8—2.0时，说明意见集中程度一般，但尚在可接受范围内；然而，当四分位数间距值超过2.0时，则表示专家们的意见较为分散，此时平均值和中位数所传达的信息可能就不再具有代表性了。[1] 另外，满分率、中数和众数也能反映专家在重要构成要素上的意见集中程度。

1. 一级构成要素分析

通过汇总21名专家对农村小学教师信息素养一级指标的咨询意见，整理数据如表4.4所示。农村小学教师信息素养6个一级构成要素的平均分最高为4.81，最低为4.43，分值都很高。信息意识满分率高达85.71%，专业发展满分率最低，为47.62%，接近一半的专家给了满分，说明专家意见集中程度较高。6个一级构成要素的众数中，有5个5分、1个4分，说明专家意见集中程度很高。在6个一级构成要素的四分位数间距值中，信息意识和信息应用专家集中程度最高，均为0分。其他4个指标四分位数间距值均为1，专家集中程度良好。因此，农村小学教师信息素养6个一级指标全部获得专家认可，结合四分位数间距、平均值、满分率、中数、众数的得分，农村小学教师信息素养一级指标按得分高低排序为信息意识、信息应用、信息技能、信息伦理与道德、信息知识、专业发展。

表4.4 第二轮专家咨询的意见集中程度（一级构成要素）

一级构成要素	满分率	众数	中数	平均值	四分位数间距	集中程度
信息意识	85.71%	5	5	4.81	0	最高
信息知识	52.38%	4	5	4.48	1	高
信息技能	66.67%	5	5	4.57	1	高
信息应用	80.95%	5	5	4.81	0	最高

---

[1] 吴建新、欧阳河、黄韬等:《专家视野中的职业教育校企合作长效机制设计——运用德尔菲专家咨询法进行的调查分析》,载《现代大学教育》,2014年第5期,第74—84页。

续表

一级构成要素	满分率	众数	中数	平均值	四分位数间距	集中程度
信息伦理与道德	57.14%	5	5	4.48	1	高
专业发展	47.62%	5	4	4.43	1	高

资料来源：作者自制。

2. 二级构成要素分析

通过汇总21名对专家农村小学教师信息素养二级指标的咨询意见，整理数据如表4.5所示。在农村小学教师信息素养24个二级构成要素中，平均分最高的是信息观念意识，为4.81；平均分最低的是网络通信知识，为3.76，分值都比较高。在满分率中，信息观念意识满分率最高，达85.71%；网络通信知识满分率最低，为19.05%；满分高于50%的有14个二级指标，满分率低于40%的只有5个，所以专家意见集中程度较高。二级构成要素的众数，有18个5分、5个4分、1个3分，说明专家意见集中程度比较高。在二级构成要素的四分位数间距值中，信息观念意识和信息技术与课程整合专家集中程度最高，均为0分。18个指标四分位数间距值均为1，4个指标四分位数间距值为2，总体来说专家集中程度良好。

表4.5 第二轮专家咨询的意见集中程度（二级构成要素）

二级构成要素	满分率	众数	中数	平均值	四分位数间距	集中程度
信息观念意识	85.71%	5	5	4.81	0	最高
信息获取意识	71.43%	5	5	4.71	1	高
信息分析与评价意识	52.38%	5	5	4.48	1	高
信息传播与交流意识	42.86%	4	4	4.33	1	高
信息安全意识	57.14%	5	5	4.48	1	高
信息创新意识	33.33%	5	4	3.95	2	中等
信息技术常识	66.67%	5	5	4.57	1	高

续表

二级构成要素	满分率	众数	中数	平均值	四分位数间距	集中程度
信息安全知识	61.90%	5	5	4.52	1	高
学科信息知识	52.38%	5	5	4.33	1	高
网络通信知识	19.05%	4	4	3.76	2	中等
信息法律政策知识	28.57%	3	4	3.86	2	中等
基本办公软件使用技能	61.90%	5	5	4.38	1	高
网络搜索技能	61.90%	5	5	4.48	1	高
信息化教学技能	66.67%	5	5	4.62	1	高
信息处理技能	33.33%	4	4	4.24	1	高
信息表达技能	42.86%	4	4	4.29	1	高
课程资源开发与利用技能	52.38%	5	5	4.38	1	高
信息技术与课程整合技能	76.19%	5	5	4.67	0	最高
远程教育应用技能	28.57%	4	4	3.86	2	中等
知识产权保护	47.62%	5	4	4.24	1	高
网络道德	61.90%	5	5	4.48	1	高
信息社会责任	42.86%	5	4	4.29	1	高
知识持续性获取	61.90%	5	5	4.62	1	高
专业能力成长	47.62%	5	4	4.33	1	高

资料来源：作者自制。

3. 三级构成要素分析

通过汇总21名专家对农村小学教师信息素养三级指标的咨询意见，整理数据如表4.6所示。在农村小学教师信息素养73个三级构成要素中，平均值最高的是信息时代教学理念，为4.81分；平均值最低的是网络基础概念，为3.33分，分值都比较高。在满分率中，信息时代教学理念、获取信息的主动性、信息筛选能力，满分率均最高，达80.95%；网络基础概念满分率最低，为14.29%；满分率高于50%的有42个三级指标，所以专家意见集中程度较高。三级构成要素的众数，有53个5分、18个4分、2个3分，说明专家意见集中程度比较高。四分位数间距值中，5个为0，61个指标四分位数间距值均为1，7个指标四分位数间距值为2，总体来说专家集中程度良好。

表4.6　第二轮专家咨询的意见集中程度（三级构成要素）

三级构成要素	满分率	众数	中位数	平均值	四分位数间距	集中程度
信息社会认知	71.43%	5	5	4.67	1	高
信息学科重要性	57.14%	5	5	4.48	1	高
信息时代教学理念	80.95%	5	5	4.81	0	最高
多元信息源意识	52.38%	5	5	4.48	1	高
获取信息的主动性	80.95%	5	5	4.81	0	最高
有意识地采用多种方法获取信息	57.14%	5	5	4.57	1	高
信息筛选能力	80.95%	5	5	4.76	0	最高
批判性思维	52.38%	5	5	4.50	1	高
学科适应性	57.14%	5	5	4.57	1	高
信息分享与传播	52.38%	5	5	4.33	1	高
有效沟通与交流	57.14%	5	5	4.57	1	高
隐私保护	66.67%	5	5	4.52	1	高
网络安全	52.38%	5	5	4.38	1	高
信息诚信	57.14%	5	5	4.43	1	高
创造性使用信息	66.67%	5	5	4.52	1	高
对新技术的敏感性	38.10%	4	4	4.29	1	高
创新思维	57.14%	5	5	4.33	1	高
信息技术的概念与原理	33.33%	4	4	4.00	2	中等
信息安全知识	52.38%	5	5	4.24	1	高

续表

三级构成要素	满分率	众数	中位数	平均值	四分位数间距	集中程度
信息产权知识	42.86%	5	4	4.05	2	中等
信息应用现状	28.57%	3	4	3.90	2	中等
网络安全	33.33%	5	4	3.95	2	中等
数据保护	57.14%	5	5	4.38	1	高
网络攻击防范	52.38%	5	5	4.33	1	高
教学资源	57.14%	5	5	4.52	1	高
学科前沿	23.81%	4	4	4.00	1	高
网络基础概念	14.29%	3	3	3.33	1	高
远程协作工具	47.62%	5	4	4.19	1	高
网络教学平台	61.90%	5	5	4.48	1	高
知识产权法	47.62%	5	4	4.29	1	高
隐私保护法规	57.14%	5	5	4.33	1	高
网络法规	61.90%	5	5	4.33	2	中等
文字处理软件	57.14%	5	5	4.38	1	高
电子表格软件	52.38%	5	5	4.33	1	高
演示文稿软件	61.90%	5	5	4.43	1	高
搜索引擎使用	52.38%	5	5	4.48	1	高
信息筛选	76.19%	5	5	4.71	0	最高
高级搜索	28.57%	4	4	4.10	1	高
多媒体教具操作技能	61.90%	5	5	4.62	1	高
在线教育平台使用技能	47.62%	5	4	4.38	1	高
电子化教材使用技能	42.86%	4	4	4.33	1	高
在线测验和反馈	38.10%	4	4	4.33	1	高
学科专用软件应用	42.86%	4	4	4.33	1	高

续表

三级构成要素	满分率	众数	中位数	平均值	四分位数间距	集中程度
数据处理	71.43%	5	5	4.62	1	高
多媒体编辑	38.10%	4	4	4.24	1	高
任务管理和协同工作	19.05%	4	4	3.81	1	高
人机交互技能	38.10%	4	4	4.10	1	高
用设备展示信息	66.67%	5	5	4.62	1	高
用多媒体形式展示信息	71.43%	5	5	4.67	1	高
用多媒体工具表达信息	57.14%	5	5	4.38	1	高
电子教材制作	28.57%	4	4	4.00	2	中等
教学视频制作	42.86%	5	4	4.24	1	高
虚拟实验和场景的创建	19.05%	4	4	3.67	1	高
项目化学习	33.33%	4	4	4.10	1	高
游戏化教学	33.33%	4	4	4.05	1	高
个性化学习路径	23.81%	4	4	3.86	0	最高
在线课程开设	33.33%	4	4	4.00	2	中等
远程授课技能	28.57%	4	4	4.19	1	高
异地互动与合作	47.62%	5	4	4.33	1	高
引用规范	52.38%	5	5	4.38	1	高
创新保护	47.62%	5	4	4.33	1	高
侵权行为	47.62%	5	4	4.33	1	高
信息真实性	61.90%	5	5	4.57	1	高
网络欺凌	71.43%	5	5	4.71	1	高
规范信息获取	61.90%	5	5	4.52	1	高
社会参与	57.14%	5	5	4.48	1	高
传播正能量	52.38%	5	5	4.33	1	高

续表

三级构成要素	满分率	众数	中位数	平均值	四分位数间距	集中程度
信息技术持续性获取学科知识	61.90%	5	5	4.62	1	高
信息技术教学知识提升	47.62%	5	4	4.38	1	高
教育技术发展	42.86%	4	4	4.33	1	高
信息化教学设计	66.67%	5	5	4.62	1	高
信息技术支持的评估与反思	61.90%	5	5	4.57	1	高
信息技术支持的教学研究	47.62%	5	4	4.43	1	高

资料来源：作者自制。

（二）第二轮专家咨询意见整理与构成要素修订

1. 一级构成要素专家意见整理与修订

通过汇总分析第二轮专家咨询结果发现，农村小学教师信息素养6个一级构成要素全部得到专家的高度认可。其中，董专家高度评价了这6个一级构成要素，他认为："信息意识是个人对信息的认知、处理能力体现；信息知识是系统知识与理论。在实际中发现，包括信息技术教师在内的教育工作者，信息意识和信息知识两者互相关联而又不是绝对正比关系。信息技能与信息应用能力同样存在差异。例如，一些信息技术教师虽然编程技能很强，但在课件制作竞赛中，可能只运用了基础的交互功能，其制作出的课件在精美度上，反而不及一些美术学科教师。信息伦理与道德是教师使用信息技术的基本保障，在下乡检查中，这个问题引起过我们的重视。最后一个指标，我认为指的是教师在具备信息知识与技能后，持续获得学科相关教育教学知识能力的体现。"同时，魏专家指出："农村小学教师这样一个群体的特殊性在哪里？在指标体系中如何体现其特殊需求，需要能够直观体现。"

针对这个建议，本书将在农村小学教师信息素养二级和三级指标中增加农村小学教师信息素养独有的指标内容。

结合平均值、满分率、中数、众数、四分位数间距的得分，农村小学教师信息素养一级指标按得分高低排序为信息意识、信息应用、信息技能、信息伦理与道德、信息知识、专业发展。

2. 二级构成要素专家意见整理与修订

在"信息安全知识"和"信息法律政策知识"方面，魏专家建议将二者合并，因此把二者结合并更名为"信息法规与安全知识"。

在"信息技术常识"方面，董专家指出，信息技术常识包含信息技术的概念与原理、信息安全知识、信息产权知识和信息应用现状，这几条对非信息技术学科教师而言比较难，故将"信息技术常识"这个二级指标删除。

在"网络通信知识"方面，魏专家指出，网络通信知识建议更新一些。同时，张专家指出，网络通信知识从包含的三级指标看，名称不太合适。结合两位专家的意见，故将"网络通信知识"更改为"网络通信协作知识"。

在"信息处理技能"方面，魏专家指出信息处理技能是指哪方面处理技能，不太能理解。同时，陈专家建议，将"信息处理技能"修改为"信息分析处理技能"。由于在"基本办公软件使用技能"下包含信息处理技能，故将"信息处理技能"在二级指标中删除。

在"信息表达技能"方面，郑专家建议将"信息表达技能"修改为"数字化分享与表达技能"。袁专家指出，"信息表达技能"属于"信息化教学技能"范畴。综合两位专家的意见，将"信息表达技能"从二级指标中删除。

在"信息应用"方面，周专家指出，农村小学教师的信息应用能力应该要考虑其工作特点，建议增加相应应用能力。而如何将信息化教学、信息化评价等能力融入信息应用指标中，可能是农村教师群体信息素养的重要标志。因此，将"信息应用"下的"课程资源开发与利用技能"和"信息技术与课程整合技能"替换为"信息化教学应用"和"信息化教学评价"。

在"远程教育应用"方面,魏专家建议将"远程教育应用技能"改为"在线教学"。陈专家指出,"远程教育应用技能"建议修改为"远程与混合教育应用"。由于"信息化教学应用"中包括"网络教学",故将"远程教育应用技能"从二级指标中删除。

为了突出农村小学教师信息素养独有的特性,袁专家建议增加"乡村信息发展现状的适应性与创新性"。在对一级指标的意见中,魏专家曾提出这样的建议:农村中小学教师这样一个群体的特殊性在哪里,在指标体系中如何体现其特殊需求,需要能够直观体现。故增加"乡村信息发展现状适应性"和"乡村信息发展现状创新性"这两个二级指标,正好落实了魏专家的建议。

3. 三级构成要素专家意见整理与修订

在"信息社会认知"方面,郑专家指出,"信息社会认知解释"建议修改为"了解信息时代的发展趋势,感知信息技术对教育的深远影响"。本书采纳此建议。

在"信息筛选能力""批判性思维""学科适应性"方面,杨专家建议将"信息筛选能力"修改为"信息分析能力","批判性思维"修改为"信息评价能力","学科适应性"修改为"信息综合能力";陈专家建议去掉"批判性思维";唐专家建议将"信息筛选能力"修改为"信息甄别意识"。结合3位专家意见,将一级指标"信息分析与评价意识"分为"信息甄别意识"、"信息分析意识"、"信息评价意识"和"信息综合意识"。

在"沟通交流意愿"方面,袁专家建议将其解释修改为"具备良好的沟通技巧,愿意通过现代信息技术与学生、同事、家长等有效地交流和传递信息。"本书采纳此建议。

在"对新技术的敏感性"方面,郑专家建议将其解释修改为"教师应对新兴的信息技术有敏感性,能够迅速了解并适应新的技术工具,及时了解其在教学中的应用可能性。"杨专家指出，调整"创造性使用信息""对新技术的敏感性""创新思维"顺序为"对新技术的敏感性""创新思维""创造性使用信息"。唐专家指出，将"创造性使用信息"修改为"创造性使用信息技术"。本书采纳3位专家的建议。

在"信息技术的概念与原理"方面，董专家和唐专家都指出，"信息技术的概念与原理"对非信息技术学科教师而言比较难，故删除此三级指标。

在"信息产权知识"方面，唐专家建议将其修改为"信息法规知识"。本书采纳此建议。

"网络安全""数据保护""网络攻击防范"都在"信息安全知识"二级指标之下，前面二级指标分析中已经将它合并到"信息法规与安全知识"中，因此，这3个指标全部删除。

在"网络基础概念"方面，袁专家和董专家都指出对非信息技术学科教师而言比较难，故删除此三级指标。

在"远程协作工具"方面，魏专家提出疑问："远程协作工具属于技能和应用吗？"唐专家建议将其修改为"远程协作"，并解释为：掌握并使用远程协作工具进行在线学生问题解答、在线会议、文件共享等。

在"文字处理软件""电子表格软件""演示文稿软件"方面，周专家建议将"文字处理软件"修改为"文本加工能力"，将"电子表格软件"修改为"数据处理能力"，将"演示文稿软件"修改为"多媒体演示文稿制作能力"；郑专家建议增加"办公软件协同操作技能"，即能应用协同软件实现在线表格、文字、幻灯片制作和多人协同办公。本书采纳这4条建议。

在"信息搜索技能"二级指标下，郑专家建议增加"生成式人工智能应用"，即能利用生成式人工智能搜索问题。董专家建议增加"人工智能模型应用"，即利用讯飞星火、文心一言等人工智能对话系统获取结果。很多专家在培训与讲座中推广这两个模型，并表示有很多教师在使用了；袁专家建议增加"生成式人工智能的使用"，即应用生成式人工智能软件开发课程资源。结合3位专家的意见和观点，增加三级指标"生成式人工智能检索技能"。

在"学科专用软件应用"方面，唐专家建议修改为"学科专用软件使用技能"。本书采纳这条建议。

在"信息化教学应用"方面，唐专家建议将该指标的三级指标分别改为"多媒体教学"，即利用计算机、投影仪、音响设备等多媒体教具，将教学内容以图像、声音、视频等形式呈现，为学生提供丰富多彩的视听学习资源，加强学生对知识的理解和记忆；"网络教学"，即利用互联网资源，为学生提供在线课程、学习资源、互动交流、测试等全方位的学习支持服务；"移动教学"，即利用智能手机、平板电脑等移动设备进行的教学辅助方式。

在新增的"信息化教学评价"二级指标方面，笔者通过微信和电话咨询唐专家和郑专家，两位专家将其分为"教学内容设计评价""教学过程评价""学生学习效果评价""信息技术应用能力评价"4个三级指标。

在"信息社会责任"二级指标方面，袁专家建议增加"学生在线行为监控与指导"，即关注学生可能存在的在线行为，引导学生合理使用网络，定期检查和评估留守儿童的在线活动，确保他们不沉迷于网络，保持合理的学习和休闲平衡。针对农村地区留守儿童较多现状，本书采纳了这条建议。

在"知识持续性获取"二级指标方面，夏专家指出，知识持续性获取应包括"更新和深化学科知识""跨学科学习""自主学习和终身学习"3个三级指标。本书同意采纳此建议。

在"乡村信息发展现状适应性"二级指标方面，袁专家和唐专家建议分为"适应硬件条件""适应教学内容""适应学生特点"3个三级指标。本书同意并采纳此建议。

在"乡村信息发展现状创新性"二级指标方面，袁专家和唐专家建议分为"创新性教学方法""创新教学资源""创新评价体系"3个三级指标。本书同意并采纳此建议。

三、四川省农村小学教师信息素养模型构建专家意见咨询（德尔菲法第三轮）

通过整理第二轮专家咨询意见，本书编制了《农村小学教师信息素养的构成要素专家咨询问卷（二）》，参见附录8。接下来将对21名专家进行第三轮咨询问卷的发放、收集、整理和修订。

（一）第三轮专家意见统计结果分析

1. 二级构成要素分析

通过汇总第三轮21名专家对农村小学教师信息素养二级指标的咨询意见，整理数据如表4.7所示。在农村小学教师信息素养21个二级构成要素中，平均值最高的是信息获取意识，为4.86；平均值最低的是网络通信协作知识，为3.71，分值都比较高。在满分率中，信息观念意识、信息获取意识和信息化教学技能满分率最高，达85.71%；乡村信息发展现状创新性满分率最低，为28.57%；满分率高于50%的二级指标有14个，满分率低于40%的二级指标只有4个，所以专家意见集中程度还是比较高的。二级构成要素的众数，有15个5分、6个4分，说明专家意见集中程度比较高。在二级构成要素的四分位数间距中，信息观念意识、信息获取意识、信息化教学技能和信息化教学应用4个指标的专家集中程度最高，均为0分；16个指标四分位数间距值均为1；1个指标四分位数间距值为2（网络通信协作知识），总体来说专家集中程度良好。

表 4.7 第三轮专家咨询的意见集中程度（二级构成要素）

二级指标名称	满分率	众数	中位数	平均值	四分位数间距	集中程度
信息观念意识	85.71%	5	5	4.81	0	最高
信息获取意识	85.71%	5	5	4.86	0	最高
信息分析与评价意识	57.14%	5	5	4.57	1	高
信息传播与交流意识	38.10%	4	4	4.33	1	高
信息安全意识	47.62%	5	4	4.43	1	高
信息创新意识	33.33%	4	4	4.10	1	高
信息法规与安全知识	61.90%	5	5	4.52	1	高
学科信息知识	52.38%	5	5	4.43	1	高
网络通信协作知识	44.76%	4	4	3.71	2	中等
基本办公软件使用技能	52.38%	5	5	4.52	1	高
信息搜索技能	66.67%	5	5	4.67	1	高
信息化教学技能	85.71%	5	5	4.81	0	最高
信息化教学应用	76.19%	5	5	4.76	0	最高
信息化教学评价	47.62%	4	4	4.48	1	高
知识产权保护	33.33%	4	4	4.19	1	高
网络行为道德	57.14%	5	5	4.48	1	高
信息社会责任	52.38%	5	5	4.38	1	高
知识持续性获取	66.67%	5	5	4.67	1	高
专业能力成长	57.14%	5	5	4.57	1	高
乡村信息发展现状适应性	57.14%	5	5	4.52	1	高
乡村信息发展现状创新性	28.57%	4	4	4.14	1	高

资料来源：作者自制。

2. 三级构成要素分析

通过汇总 21 名专家对农村小学教师信息素养三级指标的咨询意见，整理数据如表 4.8 所示。在农村小学教师信息素养 65 个三级构成要素中，平均值最高的是获取信息的主动性，为 5 分；平均值最低的是高级搜索和信息技术应用能力评价，为 4.14 分，分值都很高。在满分率中，获取信息的主动性最高，满分率达到了 100%；信息技术应用能力评价满分率最低，为 19.05%；满分率高于 80% 的三级指标有 6 个，满分高于 50% 的三级指标有 40 个，所以专家意见集中程度还是比较高的。三级构成要素的众数，有 42 个 5 分、23 个 4 分，说明专家意见集中程度比较高。四分位数间距中，分值为 0 的有 10 个，专家集中程度最高，它们分别是信息社会认知、获取信息的主动性、信息时代教学理念、多媒体教学、多媒体教具操作技能、信息化教学设计、学科前沿、高级搜索、移动教学和信息技术应用能力评价；55 个指标四分位数间距值均为 1，专家意见集中程度高。总体来说，专家意见集中程度很高。

表 4.8 第三轮专家咨询的意见集中程度（三级构成要素）

三级指标名称	满分率	众数	中位数	平均值	四分位数间距	集中程度
信息社会认知	80.95%	5	5	4.81	0	最高
信息时代教学理念	90.48%	5	5	4.90	0	最高
跨学科的信息意识	61.90%	5	5	4.62	1	高
多元信息源意识	61.90%	5	5	4.62	1	高
获取信息的主动性	100.00%	5	5	5.00	0	最高
有意识地采用多种方法获取信息	76.19%	5	5	4.76	1	高
信息甄别意识	66.67%	5	5	4.62	1	高
信息分析意识	57.14%	5	5	4.52	1	高
信息评价意识	42.86%	4	4	4.33	1	高
信息综合意识	71.43%	5	5	4.71	1	高
信息分享与传播意识	42.86%	4	4	4.43	1	高

续表

三级指标名称	满分率	众数	中位数	平均值	四分位数间距	集中程度
沟通交流意愿	66.67%	5	5	4.62	1	高
隐私保护意识	71.43%	5	5	4.67	1	高
网络安全意识	57.14%	5	5	4.57	1	高
信息诚信意识	47.62%	5	4	4.43	1	高
对新技术的敏感性	38.10%	4	4	4.33	1	高
创新思维意识	66.67%	5	5	4.62	1	高
创造性使用信息技术	76.19%	5	5	4.76	1	高
信息法规知识	38.10%	4	4	4.29	1	高
信息安全知识	38.10%	4	4	4.24	1	高
教学资源	52.38%	5	5	4.48	1	高
学科前沿	23.81%	4	4	4.19	0	最高
远程协作	38.10%	4	4	4.33	1	高
网络教学平台	57.14%	5	5	4.52	1	高
文字处理技能	61.90%	5	5	4.57	1	高
数据处理技能	57.14%	5	5	4.52	1	高
多媒体课件制作技能	66.67%	5	5	4.62	1	高
办公软件协同操作技能	38.10%	4	4	4.29	1	高
搜索引擎使用	71.43%	5	5	4.71	1	高
信息筛选	76.19%	5	5	4.76	1	高
高级搜索	23.81%	4	4	4.14	0	最高
生成式人工智能检索技能	33.33%	4	4	4.29	1	高
多媒体教具操作技能	80.95%	5	5	4.81	0	最高
在线教育平台使用技能	52.38%	5	5	4.52	1	高
电子化教材使用技能	42.86%	4	4	4.38	1	高
在线测验和反馈	28.57%	4	4	4.29	1	高

续表

三级指标名称	满分率	众数	中位数	平均值	四分位数间距	集中程度
学科专用软件使用技能	47.62%	4	4	4.48	1	高
多媒体教学	85.71%	5	5	4.86	0	最高
网络教学	66.67%	5	5	4.67	1	高
移动教学	23.81%	4	4	4.19	0	最高
教学内容设计评价	61.90%	5	5	4.62	1	高
教学过程评价	52.38%	5	5	4.52	1	高
学生学习效果评价	57.14%	5	5	4.57	1	高
信息技术应用能力评价	19.05%	4	4	4.14	0	最高
引用规范	47.62%	5	4	4.38	1	高
创新保护	42.86%	4	4	4.38	1	高
侵权行为	42.86%	4	4	4.38	1	高
信息真实性	71.43%	5	5	4.67	1	高
网络欺凌	76.19%	5	5	4.76	1	高
规范信息获取	71.43%	5	5	4.67	1	高
社会参与	57.14%	5	5	4.48	1	高
传播正能量	42.86%	4	4	4.38	1	高
学生在线行为监控与指导	33.33%	4	4	4.29	1	高
更新和深化学科知识	42.86%	4	4	4.43	1	高
跨学科学习	28.57%	4	4	4.24	1	高
自主学习和终身学习	57.14%	5	5	4.43	1	高
信息化教学设计	80.95%	5	5	4.76	0	最高
信息技术支持的评估与反思	71.43%	5	5	4.71	1	高
信息技术支持的教学研究	66.67%	5	5	4.62	1	高
适应硬件条件	71.43%	5	5	4.67	1	高
适应教学内容	61.90%	5	5	4.57	1	高

续表

三级指标名称	满分率	众数	中位数	平均值	四分位数间距	集中程度
适应学生特点	66.67%	5	5	4.62	1	高
创新性教学方法	57.14%	5	5	4.52	1	高
创新教学资源	38.10%	4	4	4.33	1	高
创新评价体系	33.33%	4	4	4.29	1	高

资料来源：作者自制。

(二) 第三轮专家意见整理与构成要素修订

1. 二级构成要素专家意见整理与修订

在"信息法规与安全知识"方面，周专家提出疑问：信息法规安全知识与伦理道德及意识等如何结合？如果信息法规与安全知识等属于认知范畴，那么对应的行为与意识如何判断？在描述中，"了解"和"遵守"不是在一个维度的量；师专家建议将"信息法规与安全知识"合并到"信息伦理与道德"下；董专家也提出了建议，认为信息法规与安全知识属于信息科技学科核心素养中的信息社会责任部分，"了解"和"遵守"属于信息社会中个体在文化修养、道德规范和行为自律等方面应尽的责任，所以将它放在信息知识指标是否不妥？结合三者的意见和观点，将"信息法规与安全知识"放在"信息伦理与道德"中，更名为"信息法规与安全"。

在"乡村信息发展现状适应性"方面，杨专家建议将"乡村信息发展现状适应性"修改为"乡村信息化发展适应性"，本书采纳此建议。

在"乡村信息发展现状创新性"方面，杨专家建议将"乡村信息发展现状创新性"修改为"乡村信息化发展创新性"，本书采纳此建议。

2. 三级构成要素专家意见整理与修订

在"自主学习和终身学习"方面，张专家建议去掉"自主学习和终身学习",因为已被"更新和深化学科知识"和"跨学科学习"涵盖。本书采纳此建议。

在"网络教学""移动教学"方面,张专家认为"网络教学"包含"移动教学",可以整合在一起。本书采纳此建议。

杨专家建议三级指标内容要整齐点,故将"信息社会认知"修改为"信息化社会认知","信息时代教学理念"修改为"信息化教学理念","跨学科的信息意识"修改为"信息化学科融合","多元信息源意识"修改为"信息源获取渠道多元性","获取信息的主动性"修改为"信息获取主动性","有意识地采用多种方法获取信息"修改为"信息获取方法多样性","信息分享与传播意识"修改为"信息分享意识","沟通交流意愿"修改为"信息交流意识","创造性使用信息技术"修改为"创新应用技术意识","生成式人工智能检索技能"修改为"生成式人工智能应用技能","学生在线行为监控与指导"修改为"学生在线行为监控与指导"。本书同意并采纳以上建议。

在"学生在线行为监控与指导"方面,对于新增的这个指标,董专家给出了高度评价:增加的这个指标非常好,现状确实让人触目惊心。就观察到的现象,幼儿园阶段学生沉迷于刷短视频,小学阶段学生玩手游,初高中阶段学生沉迷网游、手游、看网络小说现象普遍。虽然该问题见仁见智,保持"合理"绝对是正确的。

(三) 专家咨询结果可靠性分析

除了考量专家的参与积极性和协调系数,我们还可以通过其他指标来衡量专家咨询结果的可靠性,其中一个关键指标就是专家的权威系数(Cr)。这个权威系数实际上是两个因素的算术平均数:一是专家对所评价内容的判断依据(Ca);二是专家对相关问题的熟悉程度(Cs)。换句话说,权威系数的计算公式为 $Cr=(Ca+Cs)/2$。关于专家对咨询问题的熟悉度以及他们的判断依据,我们已经将其量化,并在表 4.9 和表 4.10 中详细列出。

表 4.9　专家对咨询问题的熟悉程度量化值

熟悉程度	量化值
很熟悉	1
熟悉	0.8
一般熟悉	0.5
不熟悉	0.2
很不熟悉	0

资料来源：作者自制。

表 4.10　专家判断依据及其影响程度赋值

判断依据	对专家判断的影响程度		
	大	中	小
理论分析	0.3	0.2	0.1
工作/实践经验	0.5	0.4	0.3
国内外同行了解	0.1	0.1	0.1
个人直觉	0.1	0.1	0.1

资料来源：作者自制。

通过汇总 21 名专家对问题的熟悉程度和专家的判断依据，计算出专家对农村小学教师信息素养的熟悉程度约为 0.96，判断依据约为 0.95，从而得出专家权威系数为 0.95。说明 21 位专家的权威程度很高，整体上具有很高可靠性。

四、农村小学教师信息素养模型确定

经过德尔菲法三轮专家访谈和咨询后，对农村小学教师信息素养构成要素及其解读进行反复删改和验证，最后得到具有较高的专家意见一致性和可信度的农村小学教师信息素养构成要素体系，即农村小学教师信息素养模型。该模型由 6 项一级指标、21 项二级指标和 66 项三级指标构成，如表 4.11 和图 4.3 所示。

表 4.11　农村小学教师信息素养模型

一级指标名称	二级指标名称	三级指标名称	指标项解释
信息意识（A）	信息观念意识（A1）	信息化社会认知（A11）	了解信息时代的发展趋势，感知信息技术对教育的深远影响
		信息化教学理念（A12）	接受并积极应用信息技术的意愿，将其融入教学，促进学生全面发展
		信息化学科融合（A13）	认识到信息技术在不同学科中的应用，以及信息技术的跨学科性质，促使教师能够将其融入多个学科中
	信息获取意识（A2）	信息源获取渠道多元性（A21）	意识到信息可以从不同的渠道获取，包括图书馆、互联网、实地调研等
		信息获取主动性（A22）	利用信息技术主动获取教学资源的习惯，有意识地、积极地从各种渠道获取信息，包括传统和现代的媒介
		信息获取方法多样性（A23）	有意识采用多种方法获取信息，如搜索、提问、观察等
	信息分析与评价意识（A3）	信息分析意识（A31）	对所获取的信息进行深入理解、评估和整合的能力，以便作出明智的决策和行动
		信息评价意识（A32）	面对各种信息时，能够甄别、理解、评估并判断其质量、可信度和可靠性的意识和能力。
		信息综合意识（A33）	能够有效整合和组织来自不同来源、不同形式的信息，形成有机的整体认识和理解的能力
	信息传播与交流意识（A4）	信息分享意识（A41）	愿意分享和传播有价值的信息，促进信息的流通和知识的传播
		信息交流意识（A42）	具备良好的沟通技巧，愿意通过现代信息技术与学生、同事、家长等有效地交流和传递信息

续表

一级指标名称	二级指标名称	三级指标名称	指标项解释
信息意识（A）	信息安全意识（A5）	隐私保护意识（A51）	具有对个人信息等隐私的重视、保护和管理的认知和态度。包括学生信息的保密性、谨慎使用学生信息、妥善管理电子文件、教育学生隐私保护等
		网络安全意识（A52）	关注网络空间中的信息安全问题，加强学生的网络安全教育
		信息诚信意识（A53）	在信息获取和使用中遵守诚实守信的原则，培养学生的信息诚信意识
		数据安全意识（A54）	在处理学生个人信息和教学数据时注意保护学生隐私和数据安全
	信息创新意识（A6）	对新技术的敏感性（A61）	应对新兴的信息技术有敏感性，能够迅速了解并适应新的技术工具，及时了解其在教学中的应用可能性
		创新思维意识（A62）	有创新思维，能够独立思考，勇于尝试新的教学方法和工具，不拘泥于传统的教学方式，积极寻找更有效的教学手段
		创新应用技术意识（A63）	能够有意识创造性地使用信息技术，将其应用于教学、科研等各个方面，推动乡村教育教学创新和发展
信息知识（B）	学科信息知识（B1）	教学资源（B11）	了解学科相关的数字教学资源，包括国家、省、市教育资源平台，以及学科网站、学科期刊等
		学科前沿（B12）	关注学科前沿动态，提高对学科发展的敏感性。
		跨学科信息技术应用知识（B13）	鼓励教师拓宽信息视野，不仅仅局限于本学科知识，在跨学科教学中运用信息技术
	网络通信协作知识（B2）	远程协作（B21）	掌握使用远程协作工具对学生进行在线问题解答，在线会议、文件共享等
		网络教学平台（B22）	了解和掌握应用网络教学平台，确保教学活动顺利开展

续表

一级指标名称	二级指标名称	三级指标名称	指标项解释
信息技能（C）	基本办公软件使用技能（C1）	文字处理技能（C11）	创建、编辑和格式化文档 使用字体、段落、页眉和页脚等排版功能 掌握插入表格、图表、图片等元素的技能
		数据处理技能（C12）	创建和编辑电子表格 使用基本的数学公式和函数 制作简单的图表和图形
		多媒体课件制作技能（C13）	制作清晰、生动的幻灯片 添加动画、过渡效果，增强演示效果 掌握演示文稿的播放和分享方法 能够提升多媒体课件的交互性和趣味性
		办公软件协同操作技能（C14）	能协同多人在线共同编辑与处理表格、文字、幻灯片
	信息搜索技能（C2）	搜索引擎使用（C21）	使用主流搜索引擎，如百度、必应等 熟悉搜索关键词的技巧，提高检索准确性
		信息筛选（C22）	评估搜索结果的可信度和相关性 过滤垃圾信息，从海量信息中筛选出有用的内容
		高级搜索（C23）	使用高级搜索功能，如语法搜索、时间范围搜索等 利用搜索引擎的高级工具优化搜索结果
		生成式人工智能应用技能（C24）	具备使用生成式人工智能模型进行信息检索和处理的能力，如讯飞星火、文心一言等

续表

一级指标名称	二级指标名称	三级指标名称	指标项解释
信息技能（C）	信息化教学技能（C3）	多媒体教具操作技能（C31）	能使用电子白板、投影仪等多媒体设备 利用多媒体教学设备展示多媒体教学资源
		在线教育平台使用技能（C32）	登录和使用在线教育平台，如国家智慧教育平台等 上传、分享、下载教学资源
		电子化教材使用技能（C33）	使用电子教材进行教学 制订并实施基于电子教材的教学计划
		在线测验和反馈（C34）	利用在线工具创建测验和问卷调查 分析学生反馈，调整教学策略
		学科专用软件使用技能（C35）	掌握学科常见专用软件的基本操作，如数学课程中的几何画板软件
信息应用（D）	信息化教学应用（D1）	多媒体教学（D11）	应用计算机、投影仪、音响设备等多媒体教具进行教学
		网络教学（D12）	应用互联网资源，为学生提供在线课程、移动教学、学习资源、互动交流、测试等全方位的学习支持服务
	信息化教学评价（D2）	教学内容设计评价（D21）	评估教师是否能够将信息化手段有效地融入教学内容中，使教学内容更加生动、形象、有趣，从而提高学生的学习兴趣和积极性
		教学过程评价（D22）	评估教师在信息化环境下的教学过程是否合理、流畅，是否能够有效地利用信息化手段引导学生主动学习、探究学习，以及是否能够有效解决学生在学习中遇到的问题

续表

一级指标名称	二级指标名称	三级指标名称	指标项解释
信息应用（D）	信息化教学评价（D2）	学生学习效果评价（D23）	评估学生在信息化环境下的学习效果，包括学生的知识掌握程度、能力提高情况、情感态度变化等，从而判断信息化教学是否真正发挥了作用
		信息技术应用能力评价（D24）	评估教师是否熟练掌握各种信息化工具、平台的使用方法，是否能够利用信息技术手段进行有效的课堂管理和教学评估等
信息伦理与道德（E）	知识产权保护（E1）	引用规范（E11）	教育学生正确引用他人作品的方式 强调知识产权保护，尊重他人劳动成果
		创新保护（E12）	引导学生尊重和保护自己的创新成果 鼓励创新的自主知识产权，同时加强对知识产权的认知
		侵权行为（E13）	培养学生抵制网络侵权行为的能力 加强对学生进行版权保护和反盗版的教育
	网络行为道德（E2）	信息真实性（E21）	强调传播真实、准确的信息 提倡对网络信息进行事实核查的良好习惯
		网络欺凌（E22）	反对网络欺凌行为，维护网络空间的良好氛围 教育学生遵循网络道德，避免网络暴力
		规范信息获取（E23）	依法依规获取信息，反对采用非法手段获取信息
	信息社会责任（E3）	社会参与（E31）	培养学生参与信息社会建设的责任感 引导学生关注社会问题，通过信息化手段参与社会活动

续表

一级指标名称	二级指标名称	三级指标名称	指标项解释
信息伦理与道德（E）	信息社会责任（E3）	传播正能量（E32）	利用网络，积极参与社会正能量的传播
		学生在线行为监控与指导（E33）	关注学生可能存在的在线行为，引导学生合理使用网络，定期检查和评估留守儿童的在线活动，确保他们不沉迷于网络，保持合理的学习和休闲平衡
	信息法规与安全（E4）	隐私保护法规（E41）	关注数据隐私保护，了解个人信息保护法规和相关政策知识
		信息安全（E42）	了解信息安全基础知识；教师掌握数据保护的基本知识和技能，能够教授学生如何备份和保护个人数据免受丢失或被破坏。学会预防常见的网络攻击，如病毒、恶意软件等
专业发展（F）	知识持续性获取（F1）	更新和深化学科知识（F11）	不断学习和更新自己的学科知识，确保教授的内容与当前的教育标准和要求相符合
		跨学科学习（F12）	注重跨学科的教学，具备一定的跨学科知识和能力。能将不同学科的知识融合到教学中，提高教学效果
	专业能力成长（F2）	信息化教学设计（F21）	学习和应用先进的课程设计理念。不断改进教学设计，提高课堂教学的质量和吸引力。更新教学方法，提升教学效率和促进学生学习
		信息技术支持的评估与反思（F22）	利用信息技术进行教学绩效评估与教学反思以改进和提高自己的教学能力
		信息技术支持的教学研究（F23）	利用信息技术准确、全面获取教育教学数据，及时开展教育教学改革研究

续表

一级指标名称	二级指标名称	三级指标名称	指标项解释
专业发展（F）	专业能力成长（F2）	教师合作与交流（F24）	在信息技术支持下与其他教师进行更广泛的合作与交流学习，从而促进自身专业能力成长
		建立持续性的专业发展机制（F25）	为教师提供多样化的学习资源和培训机会，促进其专业素养的不断提升
	乡村信息化发展适应性（F3）	适应硬件条件（F31）	利用现有资源进行有效教学的能力，如灵活运用投影仪、电脑等设备，或创造性地使用传统教具与信息技术结合进行教学
		适应教学内容（F32）	能够将信息技术与教学内容相结合，充分利用互联网资源，找到适合乡村学生的教学内容和素材，以提高教学效果
		适应学生特点（F33）	了解学生的特点，选择适合他们的教学方法和信息技术工具，以激发学生的学习兴趣和积极性
	乡村信息化发展创新性（F4）	创新教学方法（F41）	在有限的资源条件下，不断尝试新的教学方法，如混合式教学、翻转课堂等，将信息技术与传统教学方法相结合，形成具有乡村特色的教学模式
		创新教学资源（F42）	利用互联网等渠道，寻找和创造出适合乡村学生的教学资源。同时鼓励学生参与教学资源的制作
		创新评价体系（F43）	借助科学的评价体系，利用信息技术工具进行实时、动态的学生评价。例如，利用在线测试、作业提交等功能，及时了解学生的学习情况，并给出反馈和给予指导

资料来源：作者自制。

```
┌─────────────────────────────────────┐  ┌─────────────────────────────────────┐
│            信息意识                  │  │         信息伦理与道德                │
│  信息观念意识   信息获取意识  信息安全意识│  │  知识产权保护      网络行为道德       │
│  信息分析与评价意识 信息传播与交流意识 信息创新意识│  │  信息社会责任      信息法规与安全     │
│              ↓                      │  │              ↕                      │
│            信息知识                  │←→│           信息应用                   │
│    学科信息意识   网络通信协作知识     │  │   信息化教学应用   信息化教学评价     │
│              ↓                      │  │              ↕                      │
│            信息技能                  │  │           专业发展                   │
│  基本办公软件     信息搜索技能        │  │  知识持续性获取    专业能力成长       │
│    使用技能                         │  │  乡村信息化发展适应性 乡村信息化发展创新性│
│         信息化教学技能              │  │                                     │
└─────────────────────────────────────┘  └─────────────────────────────────────┘
```

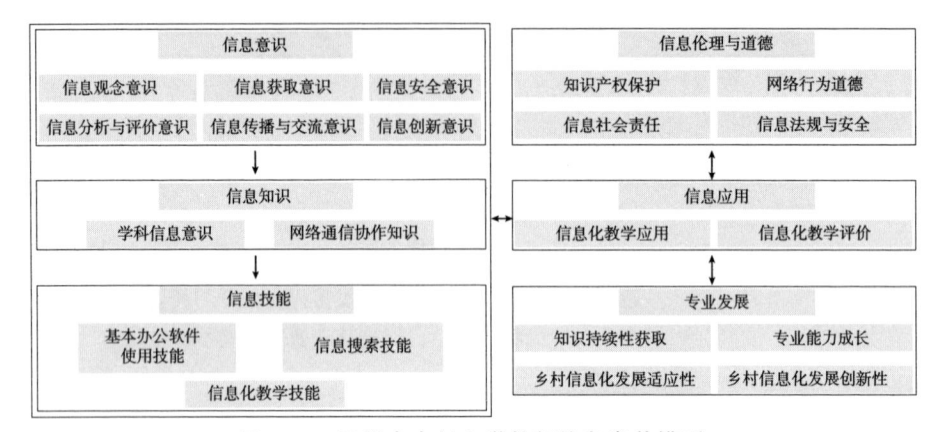

图4.3 四川省农村小学教师信息素养模型

资料来源：作者自制。

（一）信息意识

信息意识是信息素养的起点，能唤醒教师对信息的重要性和价值的认知。信息意识包含信息观念意识、信息获取意识、信息分析与评价意识、信息传播与交流意识、信息安全意识和信息创新意识。

1. 信息观念意识

信息观念意识是指个体对信息本质、价值和作用的理解和认知。它影响个人对信息的态度和使用方式，是信息意识的基础，包括信息化社会认知、信息化教学理念和信息化学科融合3个方面。

2. 信息获取意识

信息获取意识是指个体对信息需求的认知和主动寻找信息的意识。它包含了对各种信息源的识别、选择和利用能力。信息获取意识包括信息源获取渠道多元性、信息获取主动性和信息获取方法多样性3个方面。

3. 信息分析与评价意识

信息分析与评价意识是指个体对获取的信息进行分析、理解和评价的意识。它涉及信息的真实性、可靠性和相关性评估，以及对信息进行有效的整合和应用，包括信息分析意识、信息评价意识和信息综合意识 3 个方面。

4. 信息传播与交流意识

信息传播与交流意识是指个体对信息进行分享和交流的意识，涉及对传播媒介的选择、信息的表达方式以及与他人互动的能力。信息传播与交流意识包括信息分享意识和信息交流意识两个方面。

5. 信息安全意识

信息安全意识是指个体对信息安全和隐私保护的意识。它涵盖了对信息安全威胁的认知，以及采取措施保护信息免受未经授权的访问、修改和破坏。信息安全意识包括隐私保护意识、网络安全意识、信息诚信意识和数据安全意识 4 个方面。

6. 信息创新意识

信息创新意识是指个体在处理信息时的创新思维和能力，涉及通过新方法、新工具和新思路来解决问题和创造价值。信息创新意识包括对新技术的敏感性、创新思维意识和创新应用技术意识 3 个方面。

信息意识构成要素之间的过程关系如下。

①获取的信息需要经过信息分析与评价，才能确定其价值和可靠性。

②分析和评价后的信息可以用于信息传播与交流，与他人共享和讨论。

③在信息传播和交流过程中，必须关注信息安全，确保信息的保密性、完整性和可用性。

④信息创新意识贯穿整个过程，体现在获取、分析、传播和保护信息的各个环节，通过创新提高信息处理的效率和效果。

（二）信息知识

信息知识为教师提供理论基础和方法指导，使他们能够系统地学习和掌握相关知识。信息知识包含学科信息知识和网络通信协作知识。

1. 学科信息知识

学科信息知识指教师在其所教学科领域内所需的专业信息知识。

它包括教学资源知识、学科前沿知识和跨学科信息技术应用知识。

2. 网络通信协作知识

网络通信协作知识指教师利用网络和通信工具进行协作和交流的知识和技能。它包括远程协作知识和网络教学平台知识。

学科信息知识和网络通信协作知识相互依存，共同构成了教师信息知识的重要组成部分。学科信息知识为教学内容提供了专业支持，而网络通信协作知识为教学过程提供了技术手段和平台。两者的有机结合，不仅能够提高教师的教学能力和效果，还能促进教师的专业发展和教育信息化的推进。

（三）信息技能

信息技能是教师将信息意识和信息知识转化为实际操作的能力，是信息素养的核心部分。教师信息技能涵盖了教师在教学和日常工作中利用信息技术的各种能力。基本办公软件使用技能、信息搜索技能和信息化教学技能是其中的三大核心部分，它们之间存在密切的关系，互为基础和补充，共同提升教师的信息素养和教学能力。

1. 基本办公软件使用技能

基本办公软件使用技能指教师对常用办公软件的使用能力。它包括文字处理技能、数据处理技能、多媒体课件制作技能和办公软件协同操作技能。

2. 信息搜索技能

信息搜索技能指教师有效查找、筛选和利用各种信息资源的能力。它包括搜索引擎使用、信息筛选、高级搜索和生成式人工智能应用技能。

3. 信息化教学技能

信息化教学技能指教师利用信息技术工具和资源进行教学设计、实施和评估的能力。它包括多媒体教具操作技能、在线教育平台使用技能、电子化教材使用技能、在线测验和反馈、学科专用软件使用技能。

基本办公软件使用技能、信息搜索技能和信息化教学技能是教师信息技能体系中的3个核心要素。基本办公软件使用技能是基础，信息搜索技能为教学提供资源支持，信息化教学技能是最终的应用和展示。三者之间相互依存、相互促进，共同提升教师的信息素养和教学效果，帮助教师更好地应对现代教育信息化的挑战。

（四）信息应用

信息应用是信息技能在实际教学和管理中的具体运用，体现了信息素养的实践价值。教师信息应用中的信息化教学应用和信息化教学评价是紧密相关的两个方面，它们共同作用于教学全过程，促进教学质量和学生学习效果的提升。

1. 信息化教学应用

信息化教学应用指教师在教学过程中利用信息技术工具和资源进行教学设计、实施和管理的过程。具体包括多媒体教学和网络教学。

2. 信息化教学评价

信息化教学评价指利用信息技术手段对教学过程和教学效果进行评估和分析。具体包括教学内容设计评价、教学过程评价、学生学习效果评价和信息技术应用能力评价。

信息化教学应用为信息化教学评价提供了数据基础和应用场景，而信息化教学评价为信息化教学应用提供了反馈和改进方向。通过二者的有机结合，教师可以实现数据驱动的教学，持续改进教学方法和策略，最终提升教学质量和学生的学习效果。

（五）信息伦理与道德

信息伦理与道德为教师的信息行为提供规范和约束，确保信息使用的合法、合规、合乎道德，是信息素养的保障。教师信息伦理与道德涵盖了在信息化时代教师应遵循的伦理和道德规范，涉及知识产权保护、网络行为道德、信息社会责任和信息法规与安全4个方面。

1. 知识产权保护

知识产权保护指教师在教学和科研活动中尊重和保护他人的知识产权，涉及著作权、专利权和商标权等。它包括注意引用规范、创新保护和杜绝侵权行为。

2. 网络行为道德

网络行为道德指教师在网络空间中的行为应符合道德规范和法律要求。它包括信息真实性、禁止网络欺凌和规范信息获取。

3. 信息社会责任

信息社会责任指教师在信息社会中应承担的社会责任，包括促进信息公平、保护学生权益和推动教育信息化等。它包括社会参与、传播正能量和学生在线行为监控与指导。

4. 信息法规与安全

信息法规与安全指教师应了解和遵守信息相关的法律法规，确保信息使用的合法性和安全性。它包括隐私保护法规和信息安全。

知识产权保护、网络行为道德、信息社会责任和信息法规与安全是教师信息伦理与道德的重要组成部分，它们之间相互依存、相互促进，共同构成了教师在信息化时代应遵循的伦理和道德规范。信息法规与安全是教师信息伦理与道德的法律基础和保障。知识产权保护和网络行为道德相互支撑，共同规范教师在信息化教学和科研活动中的行为。信息社会责任和网络行为道德互为补充，教师在网络行为中应体现出对社会责任的承担。通过遵守这些规范，教师不仅能够提升自身的信息素养，还能够为学生提供良好的信息化教育环境，推动教育的健康和可持续发展。

（六）专业发展

专业发展则贯穿于信息素养的各个方面，推动教师持续提升信息素养水平，使其能够适应不断变化的教育技术和环境。教师专业发展涵盖了知识持续性获取、专业能力成长、乡村信息化发展适应性和乡村信息化发展创新性4个方面。

1. 知识持续性获取

知识持续性获取指教师不断更新和扩展其专业知识和技能的过程，包括更新和深化学科知识与跨学科学习。

2. 专业能力成长

专业能力成长指教师在教学实践中不断提升其教学能力和教育技术的过程。它包括信息化教学设计、信息技术支持的评估与反思、信息技术支持的教学研究、教师合作与交流和建立持续性的专业发展机制。

3. 乡村信息化发展适应性

乡村信息化发展适应性指教师适应和应对乡村地区信息化发展现状和教育环境的能力。它包括适应硬件条件、适应教学内容和适应学生特点。

4. 乡村信息化发展创新性

乡村信息化发展创新性指教师在乡村教育信息化过程中能够进行创新和探索，推动乡村教育信息化发展的能力。它包括创新教学方法、创新教学资源和创新评价体系。

知识持续性获取、专业能力成长、乡村信息化发展适应性和乡村信息化发展创新性四者之间相互依存、相互促进，共同构成了教师专业发展的完整体系。持续的知识获取为专业能力的提升提供了基础，专业能力的成长又使教师更好地适应乡村教育信息化环境并有所创新。适应现状是创新的前提，而创新则是适应适应性发展的高级形态。通过这四个方面的综合发展，教师能够不断提升自身素养，推动乡村教育信息化的持续进步。

综上所述，信息意识能激发教师获取信息知识的动机，信息知识为提升信息技能提供理论支持。信息技能的提升使教师能够在实际教学中有效应用信息技术，信息应用反过来验证和强化信息技能。在信息应用过程中，教师需要遵循信息伦理与道德，确保信息使用的合法性和道德性。专业发展则是通过持续学习和实践，推动信息意识、信息知识、信息技能、信息应用和信息伦理与道德的不断提升和更新。教师信息素养构成要素相互依存、相互促进，共同构成了一个全面的农村小学教师信息素养模型，为教师在信息化时代的教学和专业发展提供了系统的框架和指导。

第三节 四川省农村小学教师信息素养水平调查分析

构建完成四川省农村小学教师信息素养模型后，其是否符合当前四川省农村教师信息素养发展情况还需要进一步检验。本部分将针对此模型编制《四川省农村小学教师信息素养水平调查问卷》，对四川省508名农村小学教师的信息素养水平进行问卷调查和数据分析，从应用实践的视角来检验四川省农村小学教师信息素养模型的合理性和科学性，同时从中了解四川省农村小学教师信息素养水平的现状。

一、调查目的和调查对象

（一）本阶段调查目的

第一，为了进一步从实证应用的视角来检验此模型。
第二，旨在了解现阶段四川省农村小学教师的信息素养水平。
第三，为后续农村小学教师信息素养检测与评估提供参考。

（二）调查对象

本部分采用问卷调查的方法，通过问卷星平台并借助微信、QQ等线上通信工具向四川省农村小学发放问卷。参加此次教师信息素养自评的农村小学教师共计508人，收到有效问卷508份。四川省农村小学信息素养水平调查对象基本信息如表4.12所示，参加调查的农村小学教师所授学科人数分布情况如图4.4所示。

第三章　农村小学教师信息素养模型的构建与应用

表 4.12　调查对象基本信息分布情况

基本信息	类别	样本量	占比
性别	男	362	71.26%
	女	146	28.74%
年龄	30 岁以下	175	34.45%
	30—39 岁	146	28.74%
	40—49 岁	128	25.2%
	50 岁以上	59	11.61%
学校所属类型	市属	1	0.20%
	区/县属小学	37	7.28%
	乡/镇小学	444	87.4%
	村小	20	3.94%
	教学点	6	1.18%

资料来源：作者自制。

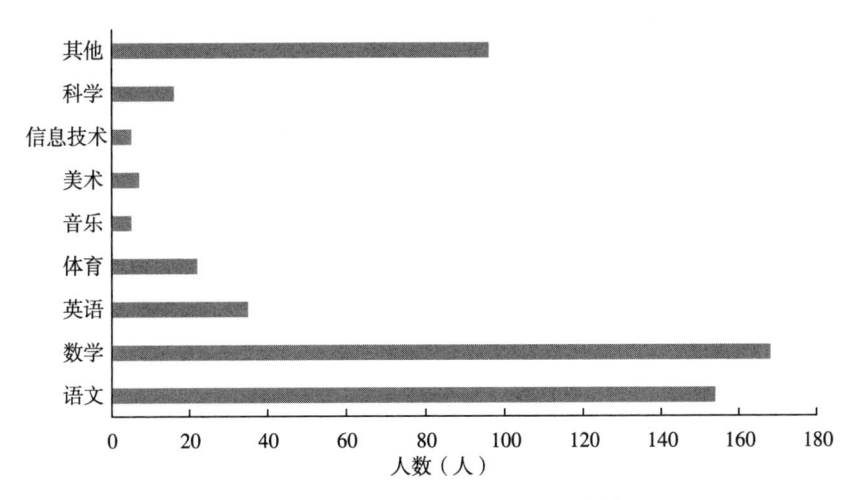

图 4.4　调查对象所授学科人数分布情况

资料来源：作者自制。

二、调查问卷的信效度检验

为了进一步检验《四川省农村小学信息素养水平调查问卷》的稳定性和可靠性，下面对调查问卷进行信效度检验。

（一）信度检验

本部分问卷采用克隆巴赫阿尔法系数进行信度检验。一般认为克隆巴赫阿尔法系数大于0.7，则说明该调查问卷具有较高的稳定性和一致性。使用社会科学统计软件包对问卷进行信度检验，结果如表4.13所示，四川省农村小学信息素养调查问卷的第二部分总体信度为0.990，大于0.9，说明该问卷具有很高的内部稳定性和一致性。

表4.13 调查问卷的信度情况

一级构成要素	克隆巴赫阿尔法系数	题项数
信息意识	0.970	17
信息知识	0.928	6
信息技能	0.962	13
信息应用	0.953	4
信息伦理与道德	0.969	11
专业发展	0.973	11
总体信度	0.990	62

资料来源：作者自制。

（二）效度检验

在本书中，四川省农村小学信息素养构成要素及其解读是根据国内外的相关经验、农村小学教师的需求，以及经过相关领域专家多轮的验证和修订而形成的。以上数据表明，此次所编制的《四川省农村小学信息素养调查问卷》具有良好的内容效度。

三、农村小学教师信息素养整体水平结果分析

(一) 农村小学教师素养水平整体特征

在考察农村小学教师样本数据时,我们发现 508 位农村小学教师的信息素养整体平均值为 4.0,同时,标准差为 0.628,显示出一定的数据分布稳定性。关于农村小学教师信息素养的各个核心组成部分,本书详细计算了它们的平均值($\bar{X}$)、标准差(SD)、偏度(S)和峰度(K),并将这些数据整理在表 4.14 中。从表 4.14 中可以看出,本书收集到的数据偏度值在 -1.325—0.108 的范围内,峰度值则在 0.216—5.886 之间。通常,当偏度的绝对值小于 3,且峰度的绝对值小于 10 时,可以认为样本数据基本上服从正态分布。这一特性对于进行后续的数据分析至关重要。因此,可以确认本书的数据集基本上满足正态分布的要求,适合进行更深入的分析。此外,我们还注意到,这 508 位农村小学教师信息素养的核心要素的平均分都落在 3.94—4.05 的区间内。特别值得一提的是,信息意识和信息伦理与道德这两项的平均分最高($\bar{X}$ = 4.05),紧随其后的是专业发展($\bar{X}$ = 4.01)。这些数据表明,农村小学教师在信息意识和信息伦理与道德方面表现出较为积极的态度,同时,他们的专业发展水平也相对较高。然而,相对而言,他们在信息技能和信息应用方面的能力稍显不足,这也是未来需要重点关注和提升的领域。

表 4.14 农村小学教师信息素养一级构成要素的描述性分析结果

一级构成要素	平均值	标准差	偏度 统计	偏度 标准误	峰度 统计	峰度 标准误
A 信息意识	4.05	0.620	-1.325	0.108	5.886	0.216
B 信息应用	4.00	0.608	-1.088	0.108	4.756	0.216
C 信息知识	3.94	0.679	-1.049	0.108	3.213	0.216
D 信息技能	3.97	0.639	-0.992	0.108	3.580	0.216

续表

一级构成要素	平均值	标准差	偏度统计	偏度标准误	峰度统计	峰度标准误
E 信息伦理与道德	4.05	0.604	-1.116	0.108	4.961	0.216
F 专业发展	4.01	0.620	-0.966	0.108	3.835	0.216

资料来源：作者自制。

在农村小学教师样本数据的总体层面，508名教师的信息素养水平平均分为为4.0，标准差为0.628。其中，高于平均分的教师人数为240人，占42.4%；低于平均分的教师人数为327人，占57.6%。所有教师在教师信息素养一级构成要素方面的平均分、标准差、高于均分的人数、低于均分的人数如表4.15所示。其中，农村小学教师信息意识高于均分的教师比例为60.04%，说明大多数教师在这方面具有较强的信息意识。在信息应用方面，低于均分的教师比例（53.54%）略高于高于均分的教师比例（46.46%），表明虽然农村小学教师普遍具备基本的信息应用能力，但仍有不少教师在实际应用信息技术时可能遇到一些困难或不太熟练。在信息知识方面，信息知识的平均值3.94，低于信息意识、信息伦理与道德等维度，说明农村小学教师整体信息知识掌握程度在各素养维度中处于相对靠后位置，知识储备的广度、深度或系统性可能不足。同时，其标准差（0.679），虽与其他维度差异不大，但结合偏度统计（-1.049）、峰度统计（3.213），反映出教师间信息知识水平有一定差异，且数据分布有左偏、峰度特定情况，意味着部分教师信息知识远低于平均值，可能存在知识掌握不扎实、更新滞后等问题。在信息技能方面，低于均分的教师人数占57.28%，说明大部分教师在信息技能方面较为薄弱，可能在具体操作或运用信息技术时缺乏足够的实践经验或训练。在信息伦理与道德方面，超过一半的教师（52.76%）高于均分，表明教师们在信息技术的伦理和道德使用方面有较高的认识和行为规范意识。这可能与教师职业道德教育和社会责任感的培养有关。在专业发展方面，低于均分的教师比例（52.17%）略高于高于均分的教师比例，这表明在专业发展方面，虽然总体水平尚可，但仍有相当一部分教师在利用信息技术促进自身专业发展方面存在不足，可能需要更多的培训和支持。

表4.15 农村小学教师信息素养整体水平的描述性统计情况

一级构成要素	平均值	标准差	高于均分人数（比例）	低于均分人数（比例）
A 信息意识	4.05	0.620	305（60.04%）	203（39.96%）
B 信息应用	4.00	0.608	236（46.46%）	272（53.54%）
C 信息知识	3.94	0.679	221（43.5%）	287（56.5%）
D 信息技能	3.97	0.639	217（42.72%）	281（57.28%）
E 信息伦理与道德	4.05	0.604	268（52.76%）	240（47.24%）
F 专业发展	4.01	0.620	243（47.83%）	265（52.17%）

资料来源：作者自制。

本书通过高于均值和低于均值的人数来比较农村小学教师在各项能力上的水平，具体数据如图4.5所示。由图4.5可直观地看出，除

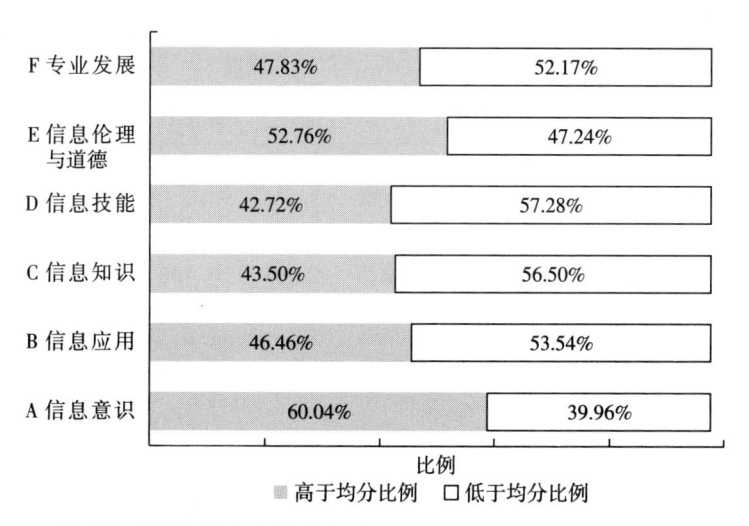

图4.5 农村小学教师信息素养整体水平低于均值和高于均值的人数分布情况

资料来源：作者自制。

了在信息意识和信息伦理与道德两个方面，高于均值的农村小学教师较多之外，其他方面都是低于均值的人数较多，这说明低于均值的人数总体上比高于均值的人数多。从整体上来看，农村小学教师信息素养水平亟待提高。

（二）农村小学教师素养水平的具体特征

农村小学教师信息素养二级构成要素的均值、标准差、偏度和峰度值如表4.16所示。由表4.16可知，本书获得的数据的偏度介于-1.495—0.108之间，峰度介于0.216—7.009之间。因此，本书的数据基本上符合正态分布。另外，508位农村小学教师的信息素养各二级构成要素均值在3.90—4.06之间，其中，信息安全意识的均值最高（$\bar{X}=4.09$），随后是信息获取意识（$\bar{X}=4.08$），表明农村小学教师具有较积极的信息安全意识和信息获取意识，以及较高的网络行为道德。而农村小学教师的信息搜索技能较弱，这表明农村小学教师在有效检索和筛选信息方面的能力有待进一步提升。

表4.16 农村小学教师信息素养二级构成要素的描述性分析结果

二级构成要素	平均值	标准差	偏度 统计	偏度 标准误	峰度 统计	峰度 标准误
信息观念意识（A1）	4.05	0.679	-1.495	0.108	5.597	0.216
信息获取意识（A2）	4.08	0.614	-1.347	0.108	6.061	0.216
信息分析与评价意识（A3）	4.01	0.634	-1.331	0.108	5.583	0.216
信息传播与交流意识（A4）	4.05	0.618	-1.364	0.108	5.846	0.216
信息安全意识（A5）	4.09	0.594	-1.367	0.108	7.009	0.216
信息创新意识（A6）	4.02	0.580	-1.057	0.108	5.208	0.216
学科信息知识（B1）	4.00	0.603	-1.112	0.108	4.955	0.216

续表

二级构成要素	平均值	标准差	偏度统计	偏度标准误	峰度统计	峰度标准误
网络通信协作知识（B2）	4.00	0.613	-1.065	0.108	4.556	0.216
基本办公软件使用技能（C1）	3.94	0.669	-1.037	0.108	3.116	0.216
信息搜索技能（C2）	3.90	0.722	-1.061	0.108	2.749	0.216
信息化教学技能（C3）	3.98	0.652	-1.050	0.108	3.661	0.216
信息化教学应用（D1）	3.998	0.636	-1.106	0.108	4.235	0.216
信息化教学评价（D2）	3.96	0.640	-0.936	0.108	3.253	0.216
知识产权保护（E1）	4.04	0.597	-1.111	0.108	5.219	0.216
网络行为道德（E2）	4.06	0.606	-1.139	0.108	5.013	0.216
信息社会责任（E3）	4.05	0.595	-1.061	0.108	4.904	0.216
信息法规与安全（E4）	4.03	0.623	-1.169	0.108	4.584	0.216
知识持续性获取（F1）	4.03	0.597	-0.964	0.108	4.220	0.216
专业能力成长（F2）	4.02	0.614	-1.020	0.108	4.363	0.216
乡村信息化发展适应性（F3）	4.02	0.615	-1.021	0.108	4.173	0.216
乡村信息化发展创新性（F4）	3.97	0.645	-0.859	0.108	2.714	0.216

资料来源：作者自制。

农村小学教师信息素养三级构成要素的均值、标准差、偏度和峰度值如表 4.17 所示。由表 4.17 可知，本书获得的数据的偏度介于 -1.642—0.108 之间，峰度介于 0.216—8.243 之间。因此，本书的数据基本上符合正态分布。另外，508 位农村小学教师的信息素养各三级构成要素平均值在 3.75—4.10 之间，其中，信息源获取渠道多元性和信息诚信意识的平均值最高（$\bar{X}=4.10$），随后是信息化教学理念、隐私保护意识、网络安全意识（$\bar{X}=4.09$），表明农村小学教师具有较积极的信息源获取渠道多元性和信息诚信意识，以及较高的信息化教学理念、隐私保护意识、网络安全意识。而农村小学教师的生成式人工智能应用技能较弱（$\bar{X}=3.75$），表明在信息素养的现代化技能方面，农村小学教师存在一定的短板，尤其在生成式人工智能等新兴技术的应用上，尚未达到较高的应用水平。因此，要提升农村小学教师信息素养水平，建议加强以下工作。

加强人工智能技能培训。针对农村小学教师信息素养中人工智能应用技能相对较弱的现象，应通过定期的培训与实践操作，提高教师在生成式人工智能工具使用、人工智能辅助教学等方面的能力。可考虑引入线上课程、视频教程等灵活形式，使教师能够在日常工作中逐步掌握人工智能技术。

推动信息化教育资源共享。虽然农村教师在信息资源获取渠道的多元性上已有一定基础，但仍应加强对优质教育资源的共享和利用，特别是在偏远地区，推动信息化教育资源的共享，确保教师能够持续接触到最新的教学理念和方法。

加强网络安全与隐私保护意识。尽管教师在隐私保护和网络安全方面有较高的意识，但随着互联网技术的迅速发展，仍需定期开展相关的专题培训，强化教师对网络安全威胁的应对能力，避免信息泄露等安全问题。

促进跨学科交流与合作。鼓励不同学科的教师间进行信息素养方面的交流与合作，共同探讨如何将信息技术与学科教学进行深度融合，提升教师在教学中的信息化应用水平。

表 4.17 农村小学教师信息素养三级构成要素的描述性分析结果

三级构成要素	平均值	标准差	偏度 统计	偏度 标准误	峰度 统计	峰度 标准误
信息化社会认知（A11）	4.02	0.748	−1.642	0.108	4.962	0.216
信息化教学理念（A12）	4.09	0.637	−1.319	0.108	5.534	0.216
信息化学科融合（A13）	4.06	0.650	−1.523	0.108	6.294	0.216
信息源获取渠道多元性（A21）	4.10	0.616	−1.434	0.108	6.646	0.216
信息获取主动性（A22）	4.08	0.604	−1.223	0.108	5.749	0.216
信息获取方法多样性（A23）	4.06	0.620	−1.384	0.108	5.788	0.216
信息分析意识（A31）	4.02	0.628	−1.452	0.108	6.166	0.216
信息评价意识（A32）	4.02	0.640	−1.289	0.108	5.346	0.216
信息综合意识（A33）	4.00	0.634	−1.254	0.108	5.236	0.216
信息分享意识（A41）	4.06	0.620	−1.239	0.108	5.289	0.216
信息交流意识（A42）	4.03	0.616	−1.490	0.108	6.402	0.216
隐私保护意识（A51）	4.09	0.614	−1.388	0.108	6.479	0.216
网络安全意识（A52）	4.09	0.594	−1.273	0.108	6.305	0.216
信息诚信意识（A53）	4.10	0.575	−1.439	0.108	8.243	0.216
数据安全意识（A54）	4.07	0.612	−1.325	0.108	6.122	0.216
对新技术的敏感性（A61）	4.03	0.593	−1.031	0.108	4.689	0.216
创新思维意识（A62）	4.02	0.545	−0.940	0.108	5.645	0.216
创新应用技术意识（A63）	4.01	0.602	−1.199	0.108	5.291	0.216
教学资源（B11）	4.02	0.599	−1.167	0.108	5.322	0.216
学科前沿（B12）	3.99	0.607	−1.057	0.108	4.589	0.216

续表

三级构成要素	平均值	标准差	偏度 统计	偏度 标准误	峰度 统计	峰度 标准误
跨学科信息技术应用知识（B13）	3.95	0.631	-1.109	0.108	4.321	0.216
远程协作（B21）	3.96	0.650	-1.131	0.108	4.062	0.216
网络教学平台（B22）	4.03	0.575	-0.999	0.108	5.050	0.216
文字处理技能（C11）	3.99	0.640	-1.030	0.108	3.501	0.216
数据处理技能（C12）	3.94	0.671	-0.957	0.108	2.660	0.216
多媒体课件制作技能（C13）	3.94	0.669	-0.997	0.108	3.004	0.216
办公软件协同操作技能（C14）	3.90	0.696	-1.163	0.108	3.299	0.216
搜索引擎使用（C21）	3.99	0.651	-1.027	0.108	3.327	0.216
信息筛选（C22）	3.96	0.680	-1.164	0.108	3.837	0.216
高级搜索（C23）	3.88	0.732	-1.112	0.108	2.610	0.216
生成式人工智能应用技能（C24）	3.75	0.824	-0.943	0.108	1.221	0.216
多媒体教具操作技能（C31）	4.02	0.631	-1.387	0.108	5.591	0.216
在线教育平台使用技能（C32）	4.04	0.604	-0.986	0.108	4.304	0.216
电子化教材使用技能（C33）	4.00	0.637	-0.967	0.108	3.414	0.216
在线测验和反馈（C34）	3.95	0.663	-0.924	0.108	2.701	0.216
学科专用软件使用技能（C35）	3.89	0.723	-0.985	0.108	2.294	0.216
多媒体教学（D11）	4.05	0.609	-1.181	0.108	5.275	0.216
网络教学（D12）	3.94	0.663	-1.031	0.108	3.196	0.216

续表

三级构成要素	平均值	标准差	偏度 统计	偏度 标准误	峰度 统计	峰度 标准误
教学内容设计评价（D21）	3.95	0.648	-0.915	0.108	2.908	0.216
教学过程评价（D22）	3.97	0.641	-1.007	0.108	3.615	0.216
学生学习效果评价（D23）	3.97	0.640	-1.016	0.108	3.677	0.216
信息技术应用能力评价（D24）	3.94	0.632	-0.804	0.108	2.811	0.216
引用规范（E11）	4.05	0.592	-1.042	0.108	4.871	0.216
创新保护（E12）	4.04	0.598	-1.067	0.108	5.108	0.216
侵权行为（E13）	4.05	0.601	-1.225	0.108	5.679	0.216
信息真实性（E21）	4.06	0.569	-0.895	0.108	4.595	0.216
网络欺凌（E22）	4.07	0.619	-1.099	0.108	4.499	0.216
规范信息获取（E23）	4.05	0.629	-1.423	0.108	5.945	0.216
社会参与（E31）	4.04	0.581	-1.033	0.108	4.694	0.216
传播正能量（E32）	4.08	0.569	-0.958	0.108	5.384	0.216
学生在线行为监控与指导（E33）	4.04	0.635	-1.192	0.108	4.632	0.216
隐私保护法规（E41）	4.07	0.591	-0.997	0.108	4.455	0.216
信息安全（E42）	3.99	0.656	-1.341	0.108	4.713	0.216
更新和深化学科知识（F11）	4.04	0.591	-1.104	0.108	5.099	0.216
跨学科学习（F12）	4.02	0.602	-0.824	0.108	3.341	0.216
信息化教学设计（F21）	4.04	0.609	-1.125	0.108	5.046	0.216
信息技术支持的评估与反思（F22）	4.02	0.623	-1.092	0.108	4.478	0.216

续表

三级构成要素	平均值	标准差	偏度 统计	偏度 标准误	峰度 统计	峰度 标准误
信息技术支持的教学研究（F23）	4.00	0.609	−0.844	0.108	3.565	0.216
教师合作与交流（F24）	4.05	0.615	−1.012	0.108	4.321	0.216
建立持续性的专业发展机制（F25）	3.99	0.607	−0.903	0.108	3.631	0.216
适应硬件条件（F31）	4.03	0.627	−1.078	0.108	4.372	0.216
适应教学内容（F32）	4.01	0.620	−1.199	0.108	4.841	0.216
适应学生特点（F32）	4.03	0.599	−0.785	0.108	3.306	0.216
创新教学方法（F41）	3.99	0.628	−0.759	0.108	2.570	0.216
创新教学资源（F42）	3.98	0.629	−0.747	0.108	2.485	0.216
创新评价体系（F43）	3.94	0.678	−1.071	0.108	3.086	0.216

资料来源：作者自制。

四、不同年龄段农村小学教师信息素养水平差异

通过梳理已有研究发现，教师的信息技术应用能力与其年龄之间存在密切联系。例如，马安琪（2018）等人的研究表明，教师的信息技术应用能力与年龄呈显著负相关；[1] 姜凤春和司炳月（2017）的研究指出，年龄对教师在信息化教学资源开发与整合能力方面有一定影响，其中，50岁及以上教师在这一能力上较其他年龄段教师表现较弱。[2] 此外，张菲菲（2015）的研究也发现，在智慧技术支持下的教

---

[1] 马安琪、姜强、赵蔚：《教师ICT应用能力的影响因素及预测研究——基于人·技术·知识的统合视角》，载《现代远距离教育》，2018年第6期，第21—33页。

[2] 姜凤春、司炳月：《信息技术驱动下大学英语教师自主教学能力多维度研究》，载《外语研究》，2017年第34卷第6期，第53—59页。

学技能发展中，青年教师的表现显著优于中年教师。[①] 为探讨农村小学教师信息素养水平与年龄之间的关系，相关调查问卷中特别设计了针对教师年龄段的相关题项。

调查数据发现，在508位农村小学教师中，30岁以下教师有175名，占34.45%；30—39岁的教师有146名，占28.74%；40—49岁的教师有128名，占25.2%；50岁及以上的教师有59名，占11.61%。不同年龄段教师信息素养水平如表4.18所示。

表4.18 不同年龄段教师信息素养水平

一级构成要素	平均值 30岁以下	平均值 30—39岁	平均值 40—49岁	平均值 50岁及以上	标准差 30岁以下	标准差 30—39岁	标准差 40—49岁	标准差 50岁及以上
A 信息意识	4.21	4.07	4.02	4.00	0.588	0.627	0.620	0.645
B 信息应用	4.11	4.02	3.98	3.96	0.586	0.613	0.613	0.620
C 信息知识	4.00	3.99	3.97	3.84	0.642	0.681	0.681	0.713
D 信息技能	4.02	4.00	3.98	3.89	0.626	0.633	0.633	0.665
E 信息伦理与道德	4.18	4.08	4.01	4.01	0.573	0.611	0.611	0.622
F 专业发展	4.13	4.04	3.99	3.96	0.600	0.625	0.605	0.650

资料来源：作者自制。

从表4.18中可以发现，随着农村小学教师年龄的增长，教师信息素养6个一级构成要素的得分在整体上基本呈现出递减的趋势。

（一）平均值趋势

不同年龄段教师在信息素养6个维度上的平均值呈现出随年龄增

[①] 张菲菲：《基于智慧教室的高校教师教学技能提高及有效性研究》，载《现代教育技术》，2015年第25卷第5期，第110—114页。

长逐渐下降的趋势,其中,30 岁以下教师表现最好,50 岁及以上教师表现最弱。这反映了年龄越小的教师,对信息技术的接受能力和使用能力越强。

(二) 标准差趋势

标准差在所有维度上随着年龄增长逐渐增大,说明年长教师在信息素养水平上个体差异较大,而年轻教师的水平个体差异较小。

(三) 重点维度差异

在信息意识、信息伦理与道德、专业发展维度中,年轻教师的优势最为明显,50 岁及以上教师与其他年龄段教师差距最大。在信息知识和信息技能维度中,尽管差距存在,但中年教师(40—49 岁)表现相对接近年轻教师。

(四) 原因分析

年轻教师。受益于现代教育背景和技术培训,对信息技术的掌握较熟练,且对信息化教学的需求和兴趣更高。

中年教师。尽管教学经验丰富,但接受信息技术培训的机会较少,且因教学任务繁重,学习新技术的动力不足。

老年教师。对信息技术接触较少,且对新技术的接受和适应能力较弱,导致信息素养水平较低。

(五) 改进建议

针对性培训。针对中年和老年教师提供基础性和实用性的培训,帮助他们弥补信息技术短板。

技术支持和激励。为老年教师提供更强的技术支持,设计适合他们的技术工具和使用方法,并通过奖励机制提高积极性。

持续专业发展。针对年轻教师,鼓励其在已有基础上进一步提升信息素养；对中年教师，提供信息技术与教学深度融合的学习机会。

资源倾斜。为农村地区提供更多的信息技术硬件和资源，改善信息化教育的基础设施。

五、不同性别农村小学教师信息素养水平差异

在我国基础教育体系中，女性教师的数量显著多于男性，尤其是在小学和幼儿教育领域。受传统观念及部分研究结论的影响，人们普遍认为男女教师在数字技术能力方面存在较大差异。此外，在涉及技术应用的教师岗位招聘中，用人单位通常更倾向于选择男性求职者。① 基于此，本书旨在探讨性别差异对教师信息素养的影响。

调查数据发现，在508位农村小学教师中，女性教师为362名，占71.26%；男性教师146名，占28.74%。男女教师信息素养水平表如表4.19所示。

表4.19 不同性别教师信息素养水平

一级构成要素	平均值 女	平均值 男	标准差 女	标准差 男
A 信息意识	4.05	4.07	0.625	0.615
B 信息应用	4.00	4.02	0.61	0.606
C 信息知识	3.94	3.95	0.68	0.678
D 信息技能	3.96	4.00	0.642	0.636
E 信息伦理与道德	4.03	4.09	0.613	0.595
F 专业发展	4.00	4.03	0.623	0.617

资料来源：作者自制。

---

① 郑旭东：《面向我国中小学教师的数字胜任力模型构建及应用研究》，华东师范大学博士论文，2019年5月，第182页。

（一）均值差异

在所有构成要素中，女教师和男教师的均值差异都非常小。尤其在信息意识、信息应用、信息知识、信息技能等维度，男女教师的得分非常接近。

在信息伦理与道德、专业发展两个维度上，男教师的得分略高于女教师，这反映了男教师在遵守信息技术法律法规、尊重知识产权，以及保护个人隐私方面的意识可能稍微强一些，但差距不大。

（二）标准差差异

在大多数构成要素中，男女教师的标准差都非常接近，表明两组教师在各个维度上的得分分布相似，得分的一致性几乎相同。在信息伦理与道德方面，男教师的标准差略低，意味着男教师在这一领域的得分较为集中，波动较小。

总体来说，女教师和男教师在信息素养各个构成要素上的表现差异非常小。这种差异可能与性别无关，更多的是受教师的教育背景、培训机会、工作经验等因素影响。因此，在评估教师信息素养水平时，性别差异对结果的影响较小，更多的关注点应放在教师的培训需求、教学支持，以及教育资源的可及性等方面。因此，我们可以认为农村男教师和女教师在信息素养方面具有较高的相似性。

六、汉族地区和少数民族地区农村小学教师信息素养水平差异

已有研究发现，教师的信息技术应用能力与其民族特点之间存在密切联系。马安琪和姜强从信息技术应用能力的视角出发，发现少数民族地区教师在信息意识和技术能力上相对薄弱，这与地域性教育资源的不平衡以及少数民族地区教师的学习机会较少有关。[1] 黄佳和陈晓

---

[1] 马安琪、姜强、赵蔚：《教师 ICT 应用能力的影响因素及预测研究——基于人·技术·知识的统合视角》，载《现代远距离教育》，2018 年第 6 期，第 21—33 页。

红重点分析了少数民族地区教师的信息素养现状及其影响因素，研究表明，由于地理位置、语言文化差异等因素，少数民族地区教师的信息技术培训参与率低，信息素养水平整体低于汉族地区教师。[①] 赵颖针对汉族地区与少数民族地区教师的专业发展维度进行研究，结果表明，汉族地区教师在信息素养专业发展方面有更多参与系统性培训的机会，而少数民族地区教师则面临更多的语言和文化障碍，影响了信息素养的提升。[②]

调查数据发现，在508位农村小学教师中，汉族地区教师为345名，占67.91%；少数民族地区教师为163名，占32.09%。汉族地区和少数民族地区教师信息素养水平如表4.20所示。

表4.20 汉族地区和少数民族地区教师信息素养水平

一级构成要素	平均值 少数民族地区教师	平均值 汉族地区教师	标准差 少数民族地区教师	标准差 汉族地区教师
A 信息意识	4.02	4.20	0.630	0.610
B 信息应用	3.97	4.12	0.622	0.594
C 信息知识	3.92	4.04	0.688	0.670
D 信息技能	3.95	4.05	0.650	0.628
E 信息伦理与道德	4.01	4.24	0.619	0.589
F 专业发展	3.97	4.18	0.635	0.605

资料来源：作者自制。

从平均分来看，汉族地区教师在信息素养的各个维度上均表现出较高的得分，尤其是在信息伦理与道德和信息知识方面，得分差异较

---

① 黄佳、陈晓红：《少数民族地区教师信息素养现状及对策》，载《教育信息化研究》，2019年第12卷第4期，第45—50页。
② 赵颖：《少数民族教师专业发展现状与提升路径》，载《教育技术导刊》，2022年第19卷第6期，第25—30页。

为显著。同时，在信息意识、信息应用、信息技能和专业发展等方面，汉族地区教师的得分普遍高于少数民族地区教师，但差距较小。

从标准差来看，在大多数构成要素中，少数民族地区教师的标准差略高于汉族地区教师，表明少数民族地区教师在信息素养的各个维度上得分波动较大，表现出的差异性较强。这可能与少数民族地区的教育资源分配、培训机会、技术支持等方面的差异有关。此外，汉族地区教师在所有维度上的标准差相对较小，意味着其得分较为集中，信息素养水平表现出一定的一致性。

总体来看，汉族地区教师在信息素养的各个方面均表现出较高的水平，尤其在信息伦理与道德和信息知识方面与少数民族地区教师差距较为显著。而少数民族地区教师的得分虽然相对较低，但仍在合理范围内；然而得分波动较大，为了提升少数民族地区教师的信息素养水平，建议采取以下措施。

加强信息技术培训，尤其在信息知识和信息伦理与道德方面，提供更多的学习机会；提供更多的信息技术应用资源，确保所有教师都能在教学中有效应用信息技术；为少数民族地区教师提供更平等的专业发展机会，帮助他们提升综合素养。

第四章 研究结论、局限、建议与展望

通过对农村小学教师信息素养的需求分析、模型构建与模型评估，本书得出以下结论、局限、建议及展望。

第一节 研究结论

第一，教师信息素养的标准具有显著的差异。教师信息素养在教育信息化和社会文化环境中扮演着举足轻重的角色，其特性不仅体现在对新兴技术的快速接纳与应用上，更表现在能够根据不同的教育和社会环境调整教学策略和方法。正因如此，教师信息素养的标准并非一成不变的，而是会随着国家、地域，以及时代的变迁而展现出显著的差异。这种差异性是由多方面因素共同作用的结果。一是不同国家和地区的经济发展水平、教育投入、科技创新能力等都会对教师的信息素养产生深远影响。二是社会文化环境同样是一个不可忽视的影响因素。文化背景深厚的地区可能更强调教师在传承和弘扬本土文化方面的信息素养，而在多元文化交融的城市，教师则可能需要更多地关注如何引导学生理解和尊重不同的文化传统。教师信息素养标准的制定背景、目的和内容框架存在巨大差异，这不仅体现了教育信息化的复杂性和多样性，也要求我们在制定相关标准时，必须充分考虑各种因素的影响，以确保标准的科学性和实用性。本书充分结合四川省农村小学教育的现状，深度挖掘农村小学教师的信息素养需求，经过文献提炼、需求调研、专家访谈和专家咨询，从而制定出比较全面的具有农村特色的农村小学教师信息素养模型。该模型不仅体现了农村特征，而且体现了特定区域小学教师的特征，融合了四川省农村小学教师的教育教学工作特点，指标项的设置更符合农村小学这一地域特征。

第二，在教师信息素养的研究领域，一级指标的设定是衡量教师信息素养水平的关键。以往的研究中，教师信息素养的一级指标通常只包含5个方面，虽然这些指标在一定程度上能够反映教师的信息素养，但仍显得不够全面，无法充分展现教师在信息化时代的综合素质。为了更准确地评估农村小学教师的信息素养，本书在深入分析原有研究的基础之上，进行了指标的优化与拓展。本书将农村小学教师信息素养的一级指标汇总为6个，分别是信息意识、专业发展、信息知识、信息技能、信息伦理与道德、信息应用。这样的设定不仅涵盖了教师对于信息的敏感度与认识，也考虑了教师在专业发展过程中不断学习和提升信息能力的需求。同时，信息知识作为教师掌握信息技术的基础，以及信息技能作为教师运用信息技术的能力，都是不可或缺的重要指标。此外，信息伦理与道德体现了教师在信息活动中的道德规范和职业操守，而信息应用则反映了教师将信息技术融入教学实践中的能力。通过这6个一级指标，我们能够更全面地评估农村小学教师的信息素养，从而为他们提供更有针对性的培训和支持，推动教育信息化在农村地区的深入发展。

第三，本书构建的四川省农村小学教师信息素养模型，不仅为当地教师的信息素养水平测评提供了坚实依据，更为其信息素养的提升和发展注入了新的动力。这一模型详尽而全面，涵盖了信息意识、专业发展、信息知识、信息技能、信息伦理与道德及信息应用多个层面，为农村小学教师们提供了一个清晰、系统的参照标准。借助此模型，四川省的农村小学教师可以更加准确地评估自身的信息素养水平，找到自身的优势与不足，从而有针对性地制定提升计划。这不仅有助于教师们在日常教学中更加熟练地运用信息技术，提高教学效率和质量，还能推动他们在专业成长的道路上更进一步。同时，该模型对广大农村小学教师的信息素养测评工作具有深远的借鉴和指导意义，细致入微的指标体系和科学合理的测评方法，可以为其他地区提供有益的参考，推动整个教师群体信息素养的全面提升。总的来说，这一模型的建立不仅为四川省农村小学教师的信息素养测评提供了有力支撑，更为全国范围内农村小学教师信息素养的提升贡献了智慧和力量。我们期待，在这一模型的引领下，农村小学教师的信息素养能够得到实质性的提高，进而推动教育信息化的深入发展，惠及更多的农村学子。

第二节　研究局限

本书虽然在构建农村小学教师信息素养模型方面取得了一定的成果，但仍存在一些不足和困难，可能会对研究结果及其推广应用带来一定的局限。下面将详细阐述这些潜在的问题和挑战。

第一，关于农村小学教师信息素养调查的广度和样本量的问题，本书确实存在不足之处。由于四川省地域辽阔，农村小学教师分布不均，这给问卷的发放和收集过程造成了很大的困难。在农村小学教师信息素养需求问卷中，甘孜藏族自治州的样本较多，而阿坝藏族羌族自治州的样本则相对较少。这种地域间样本的不均衡可能导致调查结果存在一定的偏差，无法全面、准确地反映四川省农村小学教师的信息素养整体状况。

第二，样本的抽样比例也存在不均衡的问题。不同学校、不同学科、不同经济背景的教师未能实现均衡抽样，这也可能对调查结果的准确性和代表性产生影响。因此，在后续的研究中，需要进一步扩大样本量，提高抽样的均衡性，以确保研究结果的可靠性和广泛适用性。

第三，本书主要关注农村小学教师的信息素养，而未涵盖中学或大学的教师，也未涉及特定学科领域的教师。这使得研究结果的应用范围受到一定的限制，无法直接用于评价中学和大学教师的信息素养水平，也不能反映不同学科教师信息素养的差异。为了更全面地了解教师的信息素养状况，未来的研究可以考虑将范围扩展到不同教育阶段和学科领域的教师。

第四，在验证农村小学教师信息素养模型时，本书虽然在一定程度上考虑到了地域和文化差异，以及发达城市和欠发达城市的差异，但四川省地域辽阔，不同地区之间的经济、文化、教育水平存在较大差异。这种差异可能导致教师们在理解和接受信息素养模型时存在差异，从而影响模型的构建和应用效果。为了解决这个问题，可以进一步深入研究不同地区教师的信息素养需求和特点，以便更精准地构建和应用信息素养模型。

第五，数据收集方面也存在一定的困难。在农村地区，信息基础设施相对落后，这增加了数据收集的难度。同时，一些教师可能出于种种原因，如自身原因或学校规定，无法提供真实、完整的数据，这也会对研究的准确性产生影响。为了提高数据收集的准确性和完整性，可以加强与教师的沟通，争取他们的支持和配合，同时，改进数据收集方法和工具，以提高数据的质量和可靠性。

第六，农村小学信息素养模型在农村地区小学教师中推广应用也是一个挑战。由于农村地区的教育资源有限，教师可能缺乏必要的培训和支持，无法充分理解和应用该模型。此外，一些传统的教学观念和方法可能也会阻碍模型的应用。为了解决这个问题，可以加强与教育部门和学校的合作，为教师提供必要的培训和支持，帮助他们更好地理解和应用信息素养模型。同时，也可以积极推广先进的教学观念和方法，以促进教师信息素养的提升和发展。

本书在多个方面可能存在一定的不足，这可能会对研究结果及其推广应用带来一定的局限。但可以通过对这些问题和挑战进行深入分析，找到相应的解决方案和改进措施，以推动教师信息素养研究的深入发展。

第三节 对策建议

农村小学教师信息素养模型的构建，为全面、客观地了解教师信息素养现状提供了有力工具。通过这一模型，可以更加明确地掌握农村小学教师在信息意识、信息知识、信息能力等方面的实际情况，从而为制定针对性的提升策略提供科学依据。同时，该模型还有助于明确教师信息素养的发展方向，引导教师不断提升自身在信息技术的应用、整合和创新方面的能力。

然而，模型构建只是第一步，如何确保农村小学教师信息素养模型在实施过程中取得更好的效果才是关键。为此，提出以下建议。

第一，注重理论与实践相结合。在推广和应用农村小学教师信息素养模型的过程中，必须注重理论知识与实践应用的紧密结合。理论知识是教师信息素养提升的基础，而实践应用则是检验和提升教师信息素养的有效途径。因此，应该鼓励农村小学教师在掌握信息知识的基础上，积极将所学知识应用于实际教学工作中。

第二，注重动态发展与时俱进。信息素养是一个动态发展的概念，它会随着信息技术的更迭而不断演变。因此，农村小学教师信息素养模型也需要不断地进行修订和完善，以适应时代发展的需要。应该密切关注信息技术的发展趋势，及时调整模型中的指标体系和评价标准，确保模型始终能够反映教师信息素养的最新要求。同时，还要鼓励教师积极关注和学习新兴信息技术，不断提升自身的信息素养水平。

第三，加强农村小学教师信息素养培训。为了全面提升农村小学教师的信息素养，需要定期开展针对性的培训活动。这些培训活动应该围绕信息知识的普及、信息技术应用能力的提升，以及信息化教学设计的优化等方面展开。通过培训，可以帮助教师更好地掌握信息技术的基本知识和操作技能，提高他们的信息获取、分析和应用能力，还可以为教师提供一个交流和学习的平台，促进他们之间的经验分享和合作成长。

第四，加强政策支持与投入。政府在教育信息化进程中扮演着举足轻重的角色。为了推动农村小学教师信息素养的提升，政府应该出台相关政策，提供有力的支持和保障。这包括提供培训资金、制定详细的培训计划，以及建立有效的激励机制等。通过政府的引导和支持，可以为农村小学教师创造一个更加良好的信息素养提升环境，激发他们的学习热情和创新精神。

第五，建立科学的评价体系与反馈机制。为了确保农村小学教师信息素养模型的有效实施，还需要建立一套科学的评价体系。这套体系应该包括明确的评价标准、合理的评价方法和定期的评价周期。通过评价，可以及时了解教师在信息素养方面的优势和不足，为他们提供有针对性的指导和帮助。同时，还可以为教师提供一个展示和交流的平台，激发他们的竞争意识和学习动力。

除了上述建议外，还需要注意以下几点。一是要充分认识到信息素养提升是一个长期的过程，需要持续性地努力和投入。二是要注重教师的个体差异和多样化需求，提供个性化的学习资源和支持。三是要加强与教育技术专家的合作与交流，及时引进和推广先进的信息技术和教学理念。

总的来说，农村小学教师信息素养模型的构建与实施是一个系统工程，需要政府、学校、教师和社会各界的共同努力。只有通过全面的政策支持、科学的培训体系、动态的发展观念和有效的评价机制等多方面的配合与协作，才能真正提升农村小学教师的信息素养水平，推动教育信息化的深入发展。

第四节　研究展望

本书构建的农村小学教师的信息素养评价模型，不仅为农村小学

第四章　研究结论、局限、建议与展望

教师的信息素养教育和个人发展提供了有力的参考，同时也为未来相关领域的研究开辟了更多的可能性。然而，研究之路永无止境，对于农村小学教师信息素养的探究，我们还有很长的路要走。在后续的研究中，可以从以下两个方面进行深入延伸。

第一，充分利用笔者所在学校的团队资源和研究优势，进一步扩大农村小学教师样本的来源地和数量。通过涵盖更广泛的地区和教师群体，能够收集到更加全面、具有代表性的数据。在这一过程中，我们还将注重均衡各个基础信息的样本比例，确保数据的科学性和准确性。通过开展更大范围的调查分析，期望能够更深入地探究教育信息化发展水平对小学教师信息素养水平的影响。这不仅有助于更全面地了解当前农村小学教师的信息素养现状，还能为制定差异化和针对性的教师培训计划提供有力的数据支持和相关建议。

为了实现这一目标，我们将设计更为精细的问卷和访谈提纲，以深入了解农村小学教师在信息素养方面的需求和挑战。同时，我们还将积极与教育部门、学校管理层，以及一线教师进行沟通和合作，确保数据的真实性和有效性。通过这些努力，期望能够为农村小学教师的信息素养提升提供更加精准和有效的支持。

第二，在现有研究的基础上，我们计划将此信息素养模型应用于实际的农村小学教育中。通过在实际教学环境中应用该模型，能够更直观地了解模型的有效性和实用性。在这一过程中，我们将密切关注模型应用中可能出现的问题和挑战，并及时进行调整和优化。我们期望通过实际应用来不断细化与完善农村小学教师信息素养模型，使其更加符合农村小学教师的实际需求和教学环境。

为了确保模型在实际应用中的效果，我们将采取多种方式进行验证和改进。例如，可以选取具有代表性的农村小学进行试点应用，通过定期的反馈和评估来不断优化模型。同时，我们还将积极与一线教师进行交流与合作，收集他们的意见和建议，以确保模型能够更好地服务于实际教学工作。

我们期望通过这一系列的研究和应用工作，能够真正提升农村小学教师的信息素养水平，推动农村小学教育的发展。我们相信，随着教师信息素养的提升，农村小学的教学质量也将得到显著提高，从而为农村地区的孩子们提供更优质的教育资源和学习环境。

第三，我们还将关注该模型在不同地域、不同经济条件，以及不同文化背景下的适用性问题。农村地区的教育环境具有多样性和复杂性，因此，需要确保所构建的模型能够在多种情境下发挥应有的作用。为了实现这一目标，我们将对不同地区的农村小学进行深入调研，了解他们的实际需求和挑战，以便对模型进行针对性的调整和优化。

第四，我们也将重视与其他研究机构和专家的交流与合作。通过分享研究成果和经验，共同推动农村小学教师信息素养研究的深入发展。我们相信，只有通过不断的努力和创新，才能为农村小学教师的信息素养提升和农村小学教育的发展作出更大的贡献。

综上所述，本书所构建的农村小学教师信息素养模型不仅具有理论价值，更具有实践意义。在后续的研究中，我们将从扩大样本范围、深化实际应用等方面入手，不断完善和优化该模型，以期为推动农村小学教育的全面发展贡献一份力量。

附　录

附录1　四川省农村小学教师信息素养需求调查问卷

亲爱的老师：

您好！首先感谢您在百忙之中抽时间完成本问卷。

为了加强农村小学教师信息素养培养的针对性，特编制了本问卷，调查数据仅为本人毕业论文研究使用，对您和贵校不带有任何评价意义，也不会对您和贵校产生任何不良影响。请尽量客观真实、独立填答。

您的回答对我的成长非常重要，衷心希望能够得到您的支持与帮助。谢谢合作！

2024 年 2 月

1. 您的性别：[单选题]

A. 女

B. 男

2. 您所在的地区是：[单选题]

成都市

绵阳市

自贡市

攀枝花市

泸州市

德阳市

广元市

遂宁市

内江市

乐山市

资阳市

宜宾市

南充市

达州市

雅安市

阿坝藏族羌族自治州

甘孜藏族自治州

凉山彝族自治州

广安市

巴中市

眉山市

3. 您的年龄段是：[单选题]

A. 30 岁以下

B. 30—39 岁

C. 40—49 岁

D. 50 岁及以上

4. 您的学历是：［单选题］

A. 高中及以下

B. 大专

C. 本科

D. 硕士及以上

5. 您的教龄是：［单选题］

A. 5 年以下

B. 6—15 年

C. 16—25 年

D. 26 年及以上

6. 您所在学校的性质是：［单选题］

A. 公立小学

B. 私立小学

7. 您所在学校的类型是：［单选题］

A. 市属小学

B. 区/县属小学

C. 乡/镇小学

D. 村小

E. 教学点

8. 目前您所主要教授的学科是：［单选题］

A. 语文

B. 数学

C. 英语

D. 体育

E. 音乐

F. 美术

G. 信息技术

H. 科学

I. 其他（请注明_____）

9. 信息观念意识：教师对信息的态度和认知，包括他们对信息的价值、重要性和作用的理解。您需要该意识吗？［单选题］

    A. 非常需要

    B. 需要

    C. 无所谓

    D. 不需要

    E. 完全不需要

10. 信息获取意识：教师获取所需信息的能力，包括有效地使用各种信息资源和工具。您需要该意识吗？［单选题］

    A. 非常需要

    B. 需要

    C. 无所谓

    D. 不需要

    E. 完全不需要

11. 信息分析与评价意识：教师对所获得的信息进行批判性思考和评估的能力，以确定信息的质量和可信度。您需要该意识吗？［单选题］

    A. 非常需要

    B. 需要

    C. 无所谓

D. 不需要

E. 完全不需要

12. 信息传播与交流意识：教师与同事、学生家长和社区分享信息的能力，以促进合作和教育目标的实现。您需要该意识吗？[单选题]

A. 非常需要

B. 需要

C. 无所谓

D. 不需要

E. 完全不需要

13. 信息安全意识：教师对于信息安全的认知、理解以及在日常活动中对信息安全问题的关注和行为表现。您需要该意识吗？[单选题]

A. 非常需要

B. 需要

C. 无所谓

D. 不需要

E. 完全不需要

14. 信息创新意识：教师在信息社会中对于创新和技术发展的敏感性、主动性，以及对信息科技变革的积极态度。您需要该意识吗？[单选题]

A. 非常需要

B. 需要

C. 无所谓

D. 不需要

E. 完全不需要

15. 信息技术常识：教师对于基本的信息技术概念、原理和应用的

一般了解和认知。您需要该知识吗？[单选题]

    A. 非常需要

    B. 需要

    C. 无所谓

    D. 不需要

    E. 完全不需要

16. 信息安全知识：教师在处理、传递和管理信息时，了解和应用有关信息安全的基本原则和措施的专业知识。您需要该知识吗？[单选题]

    A. 非常需要

    B. 需要

    C. 无所谓

    D. 不需要

    E. 完全不需要

17. 学科信息知识：教师在特定学科领域内获取、理解和应用信息的能力和知识。您需要该知识吗？[单选题]

    A. 非常需要

    B. 需要

    C. 无所谓

    D. 不需要

    E. 完全不需要

18. 网络通信知识：教师对网络通信领域知识的了解和应用能力。您需要该知识吗？[单选题]

    A. 非常需要

    B. 需要

C. 无所谓

D. 不需要

E. 完全不需要

19. 信息法律政策知识：教师在教学和与学生、家长、同事互动的过程中，理解并遵守与信息和技术使用相关的法律法规、政策和规定的专业知识。您需要该知识吗？[单选题]

A. 非常需要

B. 需要

C. 无所谓

D. 不需要

E. 完全不需要

20. 基本办公软件使用技能：教师在教学和管理工作中，熟练运用各类基本办公软件进行文件处理、信息管理、沟通和教学设计等任务的技能。您需要该技能吗？[单选题]

A. 非常需要

B. 需要

C. 无所谓

D. 不需要

E. 完全不需要

21. 网络搜索技能：教师能够有效、精准地使用网络搜索引擎进行信息检索和获取所需信息的能力。您需要该技能吗？[单选题]

A. 非常需要

B. 需要

C. 无所谓

D. 不需要

E. 完全不需要

22. 信息化教学技能：教师在教育教学过程中，合理运用信息技术工具和数字化资源，借助互联网等技术手段，促进教学创新、提高教学效果的能力。您需要该技能吗？[单选题]

A. 非常需要

B. 需要

C. 无所谓

D. 不需要

E. 完全不需要

23. 信息处理技能：教师在处理和管理教育教学信息时，能够有效地获取、分析、组织、存储和传递信息的能力。您需要该技能吗？[单选题]

A. 非常需要

B. 需要

C. 无所谓

D. 不需要

E. 完全不需要

24. 信息表达技能：教师有效地传达、呈现和表达教育教学信息的能力。您需要该技能吗？[单选题]

A. 非常需要

B. 需要

C. 无所谓

D. 不需要

E. 完全不需要

25. 课程资源开发与利用技能：教师在教学过程中，通过各种方式

和工具积极地创建、收集、整理和应用教学资源，以支持课程的设计和实施。您需要该技能吗？［单选题］

A. 非常需要

B. 需要

C. 无所谓

D. 不需要

E. 完全不需要

26. 信息技术与课程整合技能：教师在教学中充分利用信息技术，将其有机地融入课程设计、实施和评估过程中，以提升教学效果、促进学生主动学习和培养 21 世纪技能的做法。您需要该技能吗？［单选题］

A. 非常需要

B. 需要

C. 无所谓

D. 不需要

E. 完全不需要

27. 远程教育应用技能：教师通过信息技术，利用互联网等远程通信工具，进行远程教学、教育管理和学科支持的活动。您需要该技能吗？［单选题］

A. 非常需要

B. 需要

C. 无所谓

D. 不需要

E. 完全不需要

28. 知识产权保护：保护教师在教育领域中所创造、拥有的知识产权，确保其合法权益和对创造性成果的享有。您认为该项重要吗？［单

选题]

 A. 非常重要

 B. 比较重要

 C. 一般重要

 D. 不重要

 E. 完全不重要

29. 网络道德：教师在使用互联网和相关技术时应遵循的一套伦理和道德准则。您认为该项重要吗？［单选题］

 A. 非常重要

 B. 比较重要

 C. 一般重要

 D. 不重要

 E. 完全不重要

30. 信息社会责任：教师在信息社会中应承担的一系列道德和社会责任，以确保他们在教育过程中正确、负责任地使用和传播信息技术。您认为该项重要吗？［单选题］

 A. 非常重要

 B. 比较重要

 C. 一般重要

 D. 不重要

 E. 完全不重要

31. 知识持续性获取：教师在职业生涯中通过不断学习、研究和参与专业发展活动，以保持和更新自己的专业知识和技能。您认为该项重要吗？［单选题］

 A. 非常重要

B. 比较重要

C. 一般重要

D. 不重要

E. 完全不重要

32. 专业能力成长：教师在其职业生涯中，通过不断学习、反思和实践，逐步提升和完善自己的专业素养、知识、技能并积累经验的过程。您认为该项重要吗？[单选题]

A. 非常重要

B. 比较重要

C. 一般重要

D. 不重要

E. 完全不重要

附录2　农村小学教师信息素养需求教师访谈提纲

1. 对您这样的农村小学教师来说，您认为信息素养对于您的教育教学工作重要吗？为什么？

2. 如果把信息素养分成信息意识、信息知识、信息技能、信息伦理与道德、专业发展，您认为您最需要的是哪一个组成部分？为什么？

3. 就信息技能而言，哪些方面的技能对您的教育教学工作有很好的帮助作用？

4. 您认为贵校在教育信息化进程中，阻碍因素有哪些？

5. 您认为如何提升农村小学教师信息素养才更有效？

附录3 农村小学教师信息素养需求教师访谈纪要

教师 A

1. 对您这样的农村小学教师来说，您认为信息素养对于您的教育教学工作重要吗？为什么？

重要。因为它能提高教学质量、更新教学方法、提升教师的专业发展水平、增强学生的信息素养、促进城乡教育均衡发展。

2. 如果把信息素养分成信息意识、信息知识、信息技能、信息伦理与道德、专业发展，您认为您最需要的是哪一个组成部分？为什么？

对农村小学教师来说，各个信息素养的组成部分都具有重要性，但如果要强调其中一个，我可能会强调信息技能。因为它可以提高教学效果、拓宽教学资源、培养学生实际应用能力、适应教育技术的发展。

3. 就信息技能而言，哪些方面的技能对您的教育教学工作有很好的帮助作用？

多媒体教学技能、网络技能、数字化资源制作技能、课堂管理技能、评价与反思技能、学科专业技能、沟通与合作技能。

4. 您认为贵校在教育信息化进程中，阻碍因素有哪些？

在农村小学教育信息化进程中，可能面临一些阻碍因素，如基础设施不足、师资力量不足、经济资源有限、学生家庭条件困难、文化观念和认知障碍等。

5. 您认为如何提升农村小学教师信息素养才更有效？

提升农村小学教师信息素养需要多方面的努力和措施，包括增加资金投入、组织多元化培训、建立评价体系、鼓励教师参与竞赛和活动以及加强学校管理者的意识等。只有通过这些措施，才能有效地提高农村小学教师的信息素养水平，更好地服务于教育教学工作。

教师 B

1. 对您这样的农村小学教师来说，您认为信息素养对于您的教育教学工作重要吗？为什么？

  重要。农村小学教师能够利用信息技术手段获取、处理、整合和应用各类教学资源，丰富教学内容，提高教学质量。信息素养能够帮助农村小学教师掌握现代教学方法，如情境教学、探究教学、协作教学等，从而改变传统以讲授为主的课堂教学模式，使课堂教学更加生动、有趣。

  2. 如果把信息素养分成信息意识、信息知识、信息技能、信息伦理与道德、专业发展，您认为您最需要的是哪一个组成部分？为什么？

  信息技能最需要。具备信息技能的教师能够熟练运用教学科技工具，设计并实施更富有创意和互动性的课程，从而更好地吸引学生的注意力，提高教学效果。信息技能可以帮助教师更灵活地利用互联网和数字资源，获取更多、更丰富的教学资料，为农村小学教学提供更广泛的资源支持。

  3. 就信息技能而言，哪些方面的技能对您的教育教学工作有很好的帮助作用？

  掌握多媒体技术制作课件、教案和演示文稿等，可以更好地进行课堂教学和互动；利用互联网获取和分享教学资源、与学生和家长进行交流沟通等，提高教学效率和家校沟通能力。

  4. 您认为贵校在教育信息化进程中，阻碍因素有哪些？

  有些因素的存在可能会影响信息化的推进和发展，其中一些常见的阻碍因素包括内容和语言适应问题、政策和管理问题、网络安全和隐私问题。

  5. 您认为如何提升农村小学教师信息素养才更有效？

  增加资金投入，建设基本的硬件、软件环境：政府应增加对农村小学教育信息化的投入，为学校提供必要的硬件设备和软件资源，如计算机、投影仪、电子白板、教学软件等。同时，也可以设立专项资金，鼓励社会力量参与农村小学教育信息化建设。

教师 C

1. 对您这样的农村小学教师来说，您认为信息素养对于您的教育教学工作重要吗？为什么？

重要。信息素养的培养有助于农村小学教师掌握专业发展所需的信息技术知识和技能，提高教师的信息技术应用能力和信息化教学水平，从而更好地服务于教育教学工作。农村小学教师通过自身的信息素养示范和引导，可以帮助学生培养信息意识、提高信息获取和利用能力，为学生未来的学习和生活打下坚实的基础。农村小学教师可以获取更多的优质教育资源，提升自身的教学水平，缩小城乡教育差距，促进城乡教育均衡发展。

2. 如果把信息素养分成信息意识、信息知识、信息技能、信息伦理与道德、专业发展，您认为您最需要的是哪一个组成部分？为什么？

最需要信息技能。通过信息技能的传授，教师可以帮助学生掌握基本的信息处理、搜索和分析技能，培养他们在信息化社会中解决问题的实际应用能力。信息技能使教师能够更好地适应不断发展的教育技术，更好地整合新的教学工具和平台，保持教学方法的先进性。

3. 就信息技能而言，哪些方面的技能对您的教育教学工作有很好的帮助作用？

掌握如何制作数字化教学资源，例如微课程、教学视频等，可以更好地满足学生的学习需求。掌握信息化教学技能，能够有效地管理课堂纪律、调动学生积极性、促进课堂互动等，提高课堂教学效果。

4. 您认为贵校在教育信息化进程中，阻碍因素有哪些？

农村地区可能存在网络覆盖不全、电力不稳定、计算机设备不足等基础设施问题，这会限制信息化教育的推广。缺乏熟练掌握信息技术的教师，导致教育信息化的推进受到限制。培训农村小学教师以提高其信息素养水平是一个长期的任务。

5. 您认为如何提升农村小学教师信息素养才更有效？

组织多元化的培训形式，针对农村小学教师信息素养较低的问题，可以组织多元化的培训形式，包括线上培训、线下培训、集中培训、分散培训等。培训内容应注重计算机基础、教育教学软件应用、数字化教学资源制作等方面，同时，培训方式应该根据教师的实际需求进行设计，这样才能具有较强的针对性和实用性。

教师 D

1. 对您这样的农村小学教师来说，您认为信息素养对于您的教育教学工作重要吗？为什么？

重要。在信息化社会中，信息素养对于农村小学教师的教育教学工作具有重要作用，信息素养已成为教师必备的基本素质之一。

2. 如果把信息素养分成信息意识、信息知识、信息技能、信息伦理与道德、专业发展，您认为您最需要的是哪一个组成部分？为什么？

对农村小学教师来说，信息技能可能是最需要的组成部分之一。信息技能是指教师掌握运用信息技术工具、利用网络资源进行教学的能力。在农村小学教学中，由于资源相对匮乏，教师可能面临着更大的挑战，需要更加灵活地运用信息技术来弥补资源不足的困境。

3. 就信息技能而言，哪些方面的技能对您的教育教学工作有很好的帮助作用？

掌握如何进行评价和反思，及时调整教学策略和方法，提高教学质量。对于所教授的学科有深入的了解和掌握，能够更好地传授知识给学生，提高学生的学业成绩。与学生、家长、同事等多方进行有效沟通合作，共同促进学生的成长和发展。

4. 您认为贵校在教育信息化进程中，阻碍因素有哪些？

农村小学可能面临经济资源有限的问题，难以购置和更新教育技术设备，以及提供相关的培训和支持。学生的家庭条件可能导致一些学生缺乏接触和使用信息技术的机会，影响其信息素养的培养。

5. 您认为如何提升农村小学教师信息素养才更有效？

建立有效的教师信息素养评价体系。为了保障教师信息素养提升的效果，应建立一套完整的、科学的教师信息素养评价体系。该评价体系应包括评价标准、评价方式、评价过程等方面，同时，评价结果应与教师的晋升、奖惩等方面挂钩，以激励教师主动提升自身的信息素养。

教师 E

1. 对您这样的农村小学教师来说，您认为信息素养对于您的教育教学工作重要吗？为什么？

重要。比如说可以提高教学质量、增强教学能力、促进教师专业发展、拓宽学生的视野、提高教师的教育信息化水平。

2. 如果把信息素养分成信息意识、信息知识、信息技能、信息伦理与道德、专业发展，您认为您最需要的是哪一个组成部分？为什么？

可能是信息技能。具备良好的信息技能能够帮助教师更好地利用现有资源，通过网络获取更多教学资料，借助多媒体技术丰富教学内容，提高课堂教学的生动性和趣味性。信息技能的提升还能够帮助教师更高效地管理教学过程，节约时间和精力，提高教学效率。

3. 就信息技能而言，哪些方面的技能对您的教育教学工作有很好的帮助作用？

数字化资源获取与整合技能、多媒体制作技能、网络应用技能、数据分析与处理技能、信息技术与课程整合技能。

4. 您认为贵校在教育信息化进程中，阻碍因素有哪些？

一些农村地区可能对信息技术比较陌生，存在抵触心理，家长和学生的文化观念可能阻碍信息技术在教育中的应用。由于农村地区特殊的文化和语境，现有的教育信息化内容可能不够贴近学生的实际需求，需要进行本土化和定制化。

5. 您认为如何提升农村小学教师信息素养才更有效？

鼓励教师参与信息素养相关的竞赛和活动，由此，教师可以进一步提高自身的信息素养水平，同时，也可以通过与其他教师的交流和学习，获取更多的经验和知识。

教师 F

1. 对您这样的农村小学教师来说，您认为信息素养对于您的教育教学工作重要吗？为什么？

重要。信息素养能够帮助教师掌握更多的信息和知识，从而更好地备课和教学。教师可以使用信息技术手段制作生动的课件、视频等教学资源，提高学生的学习兴趣和积极性，从而提高教学质量。信息素养可以让教师更好地掌握各种教学软件和工具，例如多媒体制作软件、在线教育平台等。这些工具可以帮助教师更好地管理教学资源和教学过程，提高教学效率，同时也可以增强教师的教学能力。

2. 如果把信息素养分成信息意识、信息知识、信息技能、信息伦理与道德、专业发展，您认为您最需要的是哪一个组成部分？为什么？

应该是信息技能。当然，其他组成部分也同样重要，但对农村小学的教师来说，信息技能可能更加紧迫和实用，能够更直接地提升教学水平和质量。

3. 就信息技能而言，哪些方面的技能对您的教育教学工作有很好的帮助作用？

农村小学教师能够利用互联网和其他数字化渠道获取和整合各种教学资源，例如课件、教案、教学视频、图片等，以满足教学需求。这可以帮助教师丰富教学内容和形式，提高教学效果。

4. 您认为贵校在教育信息化进程中，阻碍因素有哪些？

政策的不明确或者管理层面的问题可能阻碍信息技术在农村小学的有效应用。政府和学校管理部门需要采取措施来支持和推动信息化的发展。在信息化过程中，网络安全和隐私问题可能成为一项重要的考虑因素。不完善的网络安全机制可能威胁学生和教师的信息安全。

5. 您认为如何提升农村小学教师信息素养才更有效？

加强学校管理者的信息素养意识，学校管理者应加强对信息素养的认识和重视，积极引导和鼓励教师提升自身的信息素养。同时，学校管理者也应加强自身的信息素养学习，为教师树立良好的榜样。

教师 G

1. 对您这样的农村小学教师来说，您认为信息素养对于您的教育教学工作重要吗？为什么？

重要。信息素养可以帮助教师了解最新的教育理念和教学方法，从而更好地促进教师的专业发展。教师可以通过网络等渠道获取各种教学资源和学习资源，提高自己的专业知识和技能水平。信息素养可以让教师更好地掌握各种信息和知识，从而更好地引导学生发现和探索新的知识和领域。教师可以通过网络等渠道向学生传递各种有用的信息和知识，帮助学生更好地了解世界和未来的发展趋势。

2. 如果把信息素养分成信息意识、信息知识、信息技能、信息伦理与道德、专业发展，您认为您最需要的是哪一个组成部分？为什么？

我认为是信息知识，因为信息知识有助于提升教学内容的丰富性、教育手段的多样性，促进信息素养的提升和个人专业发展，推动学校信息化建设。

3. 就信息技能而言，哪些方面的技能对您的教育教学工作有很好的帮助作用？

掌握如何使用多媒体制作工具制作课件、演示文稿、动画等多媒体教学资源。这可以让教师更好地呈现知识，增强学生的学习兴趣和积极性。

4. 您认为贵校在教育信息化进程中，阻碍因素有哪些？

农村小学在信息化教育管理方面可能存在管理机制不健全、管理人员专业素养不足等问题，导致信息化教育的推进受到一定影响。家长对于信息化教育的理解和支持程度也会影响到农村小学教育信息化的推进，如果家长对信息化教育持保留态度或者缺乏支持，将会给推进工作带来困难。

5. 您认为如何提升农村小学教师信息素养才更有效？

加强政策引导和资金投入，政府和相关教育部门应该加强对农村小学教育信息化的政策引导，增加资金投入，完善硬件设施和软件资源建设，为提升教师信息素养创造良好的条件。

教师 H

1. 对您这样的农村小学教师来说，您认为信息素养对于您的教育教学工作重要吗？为什么？

重要。信息素养是教育信息化的基础，只有具备较高的信息素养水平，教师才能更好地应对教育信息化的挑战。通过提高教师的信息素养水平，可以推动农村小学教育信息化的进程，促进教育公平和优质发展。

2. 如果把信息素养分成信息意识、信息知识、信息技能、信息伦理与道德、专业发展，您认为您最需要的是哪一个组成部分？为什么？

信息知识最重要。因为具备信息知识的教师能够更广泛地获取各类教育资源，包括数字化教材、网络课程、在线学习资源等，从而能够为学生提供更加丰富、多样化的教学内容，满足不同学生的学习需求。

3. 就信息技能而言，哪些方面的技能对您的教育教学工作有很好的帮助作用？

能够利用网络进行教育教学活动，如在线授课、远程辅导、在线评价等。这可以帮助教师突破地域和时间的限制，提高教学效率和学生的学习效果。

4. 您认为贵校在教育信息化进程中，阻碍因素有哪些？

在农村小学教育信息化进程中，可能会遇到基础设施不足、资金投入不足、师资力量不足、教育观念传统、网络安全存在问题等多种阻碍因素。

5. 您认为如何提升农村小学教师信息素养才更有效？

组织多元化的培训。针对农村小学教师信息素养水平参差不齐的情况，应该组织多元化的培训，包括集中培训、校本培训、在线培训等，以满足不同教师的需求。培训内容应该注重实用性和针对性，帮助教师掌握必要的信息技能和知识。

教师 I

1. 对您这样的农村小学教师来说，您认为信息素养对于您的教育教学工作重要吗？为什么？

重要。信息素养对于农村小学教师的教育教学工作具有重要作用。教师应该注重提高自己的信息素养水平，以更好地适应教育信息化和现代化的发展趋势，提高教育教学质量，培养出更具有创新精神和实践能力的学生。

2. 如果把信息素养分成信息意识、信息知识、信息技能、信息伦理与道德、专业发展，您认为您最需要的是哪一个组成部分？为什么？

我认为是信息知识。因为信息知识可以使教师了解并熟练运用各种信息技术工具，包括电子白板、多媒体教学软件、在线教育平台等。通过这些工具，教师可以创造更生动、互动性更强的教学环境，提高学生的学习兴趣和参与度。

3. 就信息技能而言，哪些方面的技能对您的教育教学工作有很好的帮助作用？

掌握如何利用数字化工具进行数据收集、处理、分析和呈现，如利用电子表格等工具进行成绩分析、学生信息管理、教学质量评估等。这可以帮助教师更好地了解学生的学习状况和需求，优化教学策略和方法。

4. 您认为贵校在教育信息化进程中，阻碍因素有哪些？

可能会遇到缺乏教育内容和资源、管理机制不健全、家长支持不足等几类阻碍因素。

5. 您认为如何提升农村小学教师信息素养才更有效？

建立有效的激励机制。建立有效的激励机制可以激发教师提升信息素养的积极性和主动性。例如，可以制订信息素养奖励计划，对在信息素养方面表现突出的教师进行表彰和奖励；还可以将信息素养纳入教师职称评定和绩效考核体系，以鼓励教师不断提升自己的信息素养。

教师 J

1. 对您这样的农村小学教师来说，您认为信息素养对于您的教育教学工作重要吗？为什么？

重要。信息素养对于农村小学教师的教育教学工作具有重要作用，可以提高教学质量、优化教学方法、丰富教学资源、促进教师专业发展、拓宽学生视野。

2. 如果把信息素养分成信息意识、信息知识、信息技能、信息伦理与道德、专业发展，您认为您最需要的是哪一个组成部分？为什么？

信息知识更重要。因为信息知识有助于提高教师的信息素养水平，使其更好地理解和应用信息，有能力评估和筛选信息，培养学生具备正确的信息获取、分析和利用能力，提高整个教育体系的质量。

3. 就信息技能而言，哪些方面的技能对您的教育教学工作有很好的帮助作用？

能够将信息技术与课程有效地进行整合，如利用信息技术创设虚拟实验、制作互动游戏等，以增强学生的学习体验和提高教学效果。

4. 您认为贵校在教育信息化进程中，阻碍因素有哪些？

农村地区的基础设施相对滞后，包括电力、网络覆盖等，这会影响到教育信息化设备的部署和使用。农村小学教育信息化需要大量的资金投入，包括购置电脑、网络设备、软件等，而农村小学的经济实力有限，缺乏足够的资金支持。

5. 您认为如何提升农村小学教师信息素养才更有效？

营造信息化教学氛围。学校应该积极营造信息化教学氛围，鼓励教师在课堂教学中应用信息技术，开展信息化教学实践。同时，可以组织教师分享信息化教学经验，促进教师之间的交流和合作。

教师 K

1. 对您这样的农村小学教师来说，您认为信息素养对于您的教育教学工作重要吗？为什么？

重要。通过培养教师的信息素养，农村小学教师可以掌握更多的信息技术和数字化教学资源，将这些应用于教学中，能够提高学生的学习兴趣和积极性，增强学生对知识的理解和掌握能力，从而提高教学质量。信息素养可以帮助农村小学教师掌握现代化的教学方法，例如翻转课堂、混合式教学等，这些教学方法能够更好地满足学生的学习需求，提高教学效果。

2. 如果把信息素养分成信息意识、信息知识、信息技能、信息伦理与道德、专业发展，您认为您最需要的是哪一个组成部分？为什么？

其实这几个都很重要，如果一定要选择一个的话，我选择信息知识。因为具备信息知识的教师更容易促进个人专业发展，不断学习新的教学理念、方法和工具，适应教育领域的变革和发展，提升自身竞争力，更好地教育、指导学生。

3. 就信息技能而言，哪些方面的技能对您的教育教学工作有很好的帮助作用？

信息技能对于农村小学教师的教育教学工作具有重要意义，可以帮助教师更好地适应现代化的教育教学环境，提高教学效果和学生的学习效果。因此，农村小学教师应该注重信息技能的培养和提高，以更好地服务于教育教学工作。

4. 您认为贵校在教育信息化进程中，阻碍因素有哪些？

农村地区教师整体水平可能相对较低，教师在信息化教育方面的技能和意识也有待提升，这会直接影响信息化教学手段的有效利用。农村地区的教育观念可能较为传统，当地教师对于信息化教育的认识和接受程度相对较低，存在一定的抵触情绪。

5. 您认为如何提升农村小学教师信息素养才更有效？

我认为是引入优质的教学资源。引入优质的教学资源可以帮助教师更好地开展信息化教学。例如，可以引入优秀的电子教材、教学软件、数字图书等，为教师提供丰富多样的教学资源，提高教学效果和学生的学习体验。

教师 L

1. 对您这样的农村小学教师来说，您认为信息素养对于您的教育教学工作重要吗？为什么？

重要。信息素养可以让农村小学教师更好地利用互联网上的数字化教学资源，例如网络课程、教育软件、数字图书馆等，从而丰富教学内容和形式，提高学生的综合素质；帮助农村小学教师提高自身的专业素质和教育教学能力，增强教师的职业竞争力，促进教师的专业发展。

2. 如果把信息素养分成信息意识、信息知识、信息技能、信息伦理与道德、专业发展，您认为您最需要的是哪一个组成部分？为什么？

信息意识更重要。因为从意识上认识到信息意识的重要性后，能让大家更加重视教师信息素养。

3. 就信息技能而言，哪些方面的技能对您的教育教学工作有很好的帮助作用？

电子教具运用、多媒体教学设计、网络资源利用、在线学习平台应用、教学管理系统运用、在线沟通技能。

4. 您认为贵校在教育信息化进程中，阻碍因素有哪些？

农村地区的网络环境可能不够安全，容易受到网络攻击和病毒感染，这会直接影响教育信息系统的正常运行和数据安全。农村地区教育资源相对匮乏，教育信息化过程中可能缺乏优质的教育内容和资源，无法满足学生的学习需求。

5. 您认为如何提升农村小学教师信息素养才更有效？

提升农村小学教师信息素养需要综合考虑培训、资源支持、激励机制等方面。可以提供有针对性的信息技术培训，包括基础的电脑操作、办公软件使用、网络技能等。培训内容可以根据教师的实际需求和水平制定，使其逐步提高信息技术应用水平。

教师 M

1. 对您这样的农村小学教师来说，您认为信息素养对于您的教育教学工作重要吗？为什么？

重要。农村小学教师可以引导学生更好地了解世界各地的信息和知识，拓宽学生的视野，培养学生的综合素质和创新能力。

2. 如果把信息素养分成信息意识、信息知识、信息技能、信息伦理与道德、专业发展，您认为您最需要的是哪一个组成部分？为什么？

在农村小学教师的信息素养中，最需要的是信息技能。因为对于农村教师而言，信息技能是实现教育信息化的基础，也是促进教师专业发展的重要手段。

3. 就信息技能而言，哪些方面的技能对您的教育教学工作有很好的帮助作用？

掌握使用电子白板、投影仪、计算机等电子教学工具，能够将教学内容以图像、动画等形式呈现，提高课堂互动性和吸引力。利用多媒体软件设计和制作教学资料，如制作幻灯片、视频、音频等，以更生动的形式呈现教学内容，激发学生学习兴趣。

4. 您认为贵校在教育信息化进程中，阻碍因素有哪些？

农村小学在信息化教育管理方面可能存在管理机制不健全、管理人员专业素养不足等问题，导致信息化教育的推进受到一定影响。家长对于信息化教育的理解和支持程度也会影响到农村小学教育信息化的推进，如果家长对信息化教育持保留态度或者缺乏支持，将会给推进工作带来困难。

5. 您认为如何提升农村小学教师信息素养才更有效？

提升农村小学教师信息素养需要综合考虑培训、资源支持、激励机制等方面。可以在专业化定期培训、教育资源支持、示范与分享、学科整合方面作出调整。

教师 N

1. 对您这样的农村小学教师来说，您认为信息素养对于您的教育教学工作重要吗？为什么？

重要。信息素养对于农村小学教师的教育教学工作具有重要意义，可以提高教师的教学质量、优化教学方法、丰富教学资源、促进教师专业发展和拓宽学生视野。

2. 如果把信息素养分成信息意识、信息知识、信息技能、信息伦理与道德、专业发展，您认为您最需要的是哪一个组成部分？为什么？

我认为专业发展更重要。因为这与我们的职业关系最为密切，提升信息素养的目的是促进专业成长与发展。

3. 就信息技能而言，哪些方面的技能对您的教育教学工作有很好的帮助作用？

有效利用互联网，搜索、筛选、整理相关的教育资源，包括在线教材、教育视频、学科网站等，为学生提供更丰富的学习材料。熟练使用在线学习平台，布置作业、在线测验、管理学生学习进度，提高教学效果和管理效率。

4. 您认为贵校在教育信息化进程中，阻碍因素有哪些？

农村小学教育信息化进程中存在的阻碍因素较多，需要政府、教育部门、学校和社会多方共同努力，加大投入和支持力度，提升农村小学教育信息化水平，促进教育公平和优质发展。

5. 您认为如何提升农村小学教师信息素养才更有效？

可以利用网络学习平台，加强学校信息化建设，出台激励机制，与企业、社会资源合作，引导家长参与。

教师O

1. 对您这样的农村小学教师来说，您认为信息素养对于您的教育教学工作重要吗？为什么？

不太重要。因为我们这里根本没有这样的条件来使用信息技术。我当然认为信息素养很重要，但是条件就是这样，我们也没有办法。

2. 如果把信息素养分成信息意识、信息知识、信息技能、信息伦理与道德、专业发展，您认为您最需要的是哪一个组成部分？为什么？

信息技能更重要。因此，农村小学教师应该注重信息技能的培养和提升，不断学习和掌握新的信息技术和教学方法，提高自身的信息素养和教育教学能力。

3. 就信息技能而言，哪些方面的技能对您的教育教学工作有很好的帮助作用？

能够有效运用电子邮件、即时通信工具等与学生、家长、同事在线沟通，促进教育资源共享和信息交流。

4. 您认为贵校在教育信息化进程中，阻碍因素有哪些？

主要的因素有硬件设施不足、资金短缺、教师信息素养不高、教育教学资源不足、教育信息化观念淡薄。

5. 您认为如何提升农村小学教师信息素养才更有效？

提供有针对性的信息技术培训，包括基础的电脑操作、办公软件使用、网络技能等。培训内容可以根据教师的实际需求和水平制定，使其逐步提高信息技术应用水平。提供丰富、高质量的教育信息资源，包括数字化教材、网络课程、教学视频等。这有助于激发教师的兴趣，促使他们更主动地运用信息技术进行教学。

教师 P

1. 对您这样的农村小学教师来说，您认为信息素养对于您的教育教学工作重要吗？为什么？

重要。信息素养对农村小学教师的教育教学工作有着重要的作用，如获取和更新信息、丰富教学资源、个性化教学、创新教学方式、教育管理和沟通、提高教师专业发展水平。

2. 如果把信息素养分成信息意识、信息知识、信息技能、信息伦理与道德、专业发展，您认为您最需要的是哪一个组成部分？为什么？

信息技能最重要。因为信息技能是指教师利用信息技术和数字化教学资源进行教育教学活动的能力，包括数字化资源的获取、处理、加工、整合、评价等方面的技能。

3. 就信息技能而言，哪些方面的技能对您的教育教学工作有很好的帮助作用？

多媒体教学技能、网络资源利用技能、电子教学设计与制作技能、信息搜索与评估技能、数字化评估与反馈技能、网络交流与合作技能。

4. 您认为贵校在教育信息化进程中，阻碍因素有哪些？

农村小学在硬件设备方面普遍较为欠缺，例如计算机、投影仪、网络设备等无法满足大规模的教育信息化需求，制约了信息化教学的发展。农村小学资金普遍较为紧张，难以承担教育信息化所需的大量投入，包括设备购置、维护更新、软件购买等方面的费用。

5. 您认为如何提升农村小学教师信息素养才更有效？

安排有经验的教师示范和分享信息技术应用的成功案例。通过互相交流学习，教师可以借鉴他人的成功经验，提高信息技术应用的积极性。将信息技术与学科知识相结合，培养教师在具体学科中更好地运用信息技术的能力。这可以通过学科整合的培训和项目来实现。

教师 Q

1. 对您这样的农村小学教师来说，您认为信息素养对于您的教育教学工作重要吗？为什么？

重要。信息素养使教师能够灵活运用各种信息工具，更容易获取和更新教育领域的最新信息。这有助于教师了解最新的教学方法、教材和教育政策，以更好地满足学生的学习需求。信息素养使教师能够充分利用互联网和数字技术，寻找、筛选和使用各种教学资源，包括在线教材、教学视频、互动软件等，从而丰富课堂教学内容，提高教学的多样性和吸引力。

2. 如果把信息素养分成信息意识、信息知识、信息技能、信息伦理与道德、专业发展，您认为您最需要的是哪一个组成部分？为什么？

在农村小学教师的教育教学工作中，信息素养的各个组成部分都是非常重要的，但是根据目前的教育教学环境和教师职业发展的需要，可以认为农村小学教师最需要的是信息技能这一部分。

3. 就信息技能而言，哪些方面的技能对您的教育教学工作有很好的帮助作用？

教师可以利用多媒体技术（如电子白板、投影仪等）将文字、图片、视频等多种形式的教学内容结合起来，使课堂更加生动有趣，提高学生的学习积极性和主动性。教师可以利用互联网资源获取各种教学资料、课件、教学视频等，丰富课堂教学内容，为学生提供更多元化的学习资源。

4. 您认为贵校在教育信息化进程中，阻碍因素有哪些？

农村小学教师队伍整体信息素养水平较低，部分教师缺乏信息技术的基本知识和技能，难以有效地应用信息技术进行教学。农村小学教育教学资源相对较少，缺乏优质的数字化教学资源，例如优秀的课件、教案、教学视频等，制约了教学质量和效果的提升。

5. 您认为如何提升农村小学教师信息素养才更有效？

教育部门可以定期组织信息技术培训，使教师不断更新自己的知识和技能，适应快速发展的信息技术环境。提供方便灵活的在线学习平台，让教师可以根据自己的时间和兴趣选择适合的培训课程，提高信息素养。

教师 R

1. 对您这样的农村小学教师来说，您认为信息素养对于您的教育教学工作重要吗？为什么？

重要。信息素养有助于教师更好地了解学生的个性化学习需求。通过分析学生的学习数据和反馈信息，教师可以采用更灵活的教学方法，更好地满足不同学生的学习水平和兴趣。信息素养培养了教师对于新技术和教学方法的接受能力，使其更愿意尝试新的教学方式。这有助于激发学生的学习兴趣，提高教学效果。

2. 如果把信息素养分成信息意识、信息知识、信息技能、信息伦理与道德、专业发展，您认为您最需要的是哪一个组成部分？为什么？

我想应该是信息技术。在信息化社会中，数字化教学资源已经成为教师教学的重要手段，掌握信息技能可以让农村小学教师更好地适应现代化的教育教学环境，提高教学效果和学生的学习效果。

3. 就信息技能而言，哪些方面的技能对您的教育教学工作有很好的帮助作用？

掌握电子教学设计与制作技能，设计制作符合教学需求的电子教学课件、教学视频等，可以提高教学效果；良好的信息搜索和评估能力，能够准确快速地查找到符合教学需求的优质信息资源，并对其进行评估，确保信息的准确性和可靠性。

4. 您认为贵校在教育信息化进程中，阻碍因素有哪些？

农村地区对教育信息化的认识和重视程度相对较低，部分教师、学生和家长对信息技术在教育教学中的作用和价值认识不足，缺乏积极参与和推动教育信息化的意愿和动力。

5. 您认为如何提升农村小学教师信息素养才更有效？

在农村小学营造信息化教育环境，提供必要的硬件设施和网络支持，为教师提供更好的信息化工作条件。设立奖励机制，鼓励教师积极参与信息技术培训和应用，通过表彰先进个人或团队，激发教师的参与热情。

教师 S

1. 对您这样的农村小学教师来说，您认为信息素养对于您的教育教学工作重要吗？为什么？

重要。信息素养有助于教师更好地进行教育管理工作，包括学生档案管理、课程安排等。同时，教师也能更便捷地与学生家长进行沟通，及时传递学生学习情况和学校相关信息。具备信息素养的教师更容易参与专业培训和学术交流，从而不断提高自己的专业水平，为更好地服务农村小学教育作出贡献。

2. 如果把信息素养分成信息意识、信息知识、信息技能、信息伦理与道德、专业发展，您认为您最需要的是哪一个组成部分？为什么？

其实这几个都很重要，但是我更想强调的是信息道德。因为现在网络上的信息可能不准确，有的人喜欢道听途说，甚至传播虚假信息。

3. 就信息技能而言，哪些方面的技能对您的教育教学工作有很好的帮助作用？

教师可以利用数字化评估工具对学生进行评估和反馈，及时了解学生的学习情况，制订个性化的教学计划，帮助学生提高学习效果。教师可以利用网络平台进行教学经验交流和合作，与其他教师共同探讨教学方法和经验，提高教学质量和效率。

4. 您认为贵校在教育信息化进程中，阻碍因素有哪些？

要推进农村小学教育信息化进程，需要克服多个阻碍因素，包括硬件设施匮乏、教师信息素养偏低、教学资源短缺、资金投入不足以及管理和培训缺位等方面的问题。

5. 您认为如何提升农村小学教师信息素养才更有效？

我认为有两个层面：一是与企业、社会组织合作，引入更多外部资源，提供更多实践机会，帮助教师更好地应用信息技术；二是家长参与，鼓励家长了解和支持学校的信息化教育工作，形成学校、教师、家长共同促进信息素养提升的合力。

教师 T

1. 对您这样的农村小学教师来说，您认为信息素养对于您的教育教学工作重要吗？为什么呢？

重要。总体来说，信息素养为农村小学教师提供了更广阔的教育视野，使其能够更好地适应信息化时代的教育环境，提高教学质量，促进学生全面发展。

2. 如果把信息素养分成信息意识、信息知识、信息技能、信息伦理与道德、专业发展，您认为您最需要的是哪一个组成部分？为什么？

应该是信息技能更重要。当然，信息意识、信息伦理与道德、专业发展等方面也非常重要，它们共同构成了教师的信息素养体系，教师在教育教学工作中需要注重对这些方面的培养和提升。

3. 就信息技能而言，哪些方面的技能对您的教育教学工作有很好的帮助作用？

电子教学工具应用、多媒体教学设计、在线资源利用、网络课程设计、数字化教材制作、在线沟通和协作、数据分析、移动设备应用等技能。

4. 您认为贵校在教育信息化进程中，阻碍因素有哪些？

农村地区经济发展相对滞后，学校硬件设施配备不足，导致信息化教育难以开展。例如，电脑和其他必要的信息化设备数量不足，网络覆盖也不完善，影响信息化教学的推进。农村小学教师普遍存在信息素养较低的问题，很多教师缺乏必要的计算机知识和技能，无法有效地运用信息技术进行教学。同时，部分教师对信息化教学的认识不足，缺乏主动性和创新性。

5. 您认为如何提升农村小学教师信息素养才更有效？

提升农村小学教师信息素养的有效途径包括培训和学习、示范和指导、资源共享和交流、学习社区建设、实践和反思、政策支持和资源保障、持续跟进和评估。

教师 U

1. 对您这样的农村小学教师来说，您认为信息素养对于您的教育教学工作重要吗？为什么？

重要。信息素养对于农村小学教师的教育教学工作具有重要作用，主要体现在提高教学效率和质量、拓宽教学资源渠道、促进教师自身的专业发展、增强教师团队协作能力、引领学生适应信息化社会等方面。

2. 如果把信息素养分成信息意识、信息知识、信息技能、信息伦理与道德、专业发展，您认为您最需要的是哪一个组成部分？为什么？

我认为信息意识最重要，因为意识是先决条件，是其他方面的前提和基础。

3. 就信息技能而言，哪些方面的技能对您的教育教学工作有很好的帮助作用？

熟练使用电子教学工具，如电子白板、投影仪等，能够使教学更生动，提高学生对知识的理解和兴趣。具备多媒体教学设计的技能，可以通过图像、音频、视频等多种方式呈现教学内容，丰富课堂教学手段，提高学习效果。了解如何查找、评估和利用在线教育资源，能够为教学提供更丰富的素材和案例，满足不同学生的学习需求。

4. 您认为贵校在教育信息化进程中，阻碍因素有哪些？

农村地区的教育教学资源相对匮乏，很多学校缺乏优质的信息化教学资源，如电子教材、教学软件、数字图书馆等。这导致教师缺乏足够的教学资源支持，无法有效地开展信息化教学。农村地区的教育经费相对较少，而信息化教育需要大量的资金投入，包括硬件设备、软件资源、培训等费用。资金投入不足限制了农村小学教育信息化的推进。

5. 您认为如何提升农村小学教师信息素养才更有效？

提供系统的信息技术培训和学习机会，建立示范校和信息化教育示范班，邀请专家和有经验的教师进行指导和示范，分享成功的教学案例和经验，激发教师的学习兴趣和动力。创建教师资源共享平台和教学经验交流平台，让教师之间能够分享教学资源、经验和方法，相互学习和借鉴，共同进步。

附录4　21位专家基本信息

附表1　21位专家基本信息

序号	姓名	性别	职称	工龄	研究领域	对问题的熟悉程度
1	魏专家	女	副高级	11—20年	教育技术学	很熟悉
2	余专家	男	正高级	11—20年	教育技术学	很熟悉
3	张专家	男	中级	21—30年	教育技术学	很熟悉
4	周专家	男	副高级	21—30年	教育技术学	很熟悉
5	张专家	男	副高级	11—20年	教育技术学	很熟悉
6	杨专家	女	正高级	11—20年	教育信息化	很熟悉

续表

序号	姓名	性别	职称	工龄	研究领域	对问题的熟悉程度
7	陈专家	男	副高级	21—30 年	科学、技术、工程和数字课程建设、信息化应用研究	很熟悉
8	赵专家	女	副高级	21—30 年	教育信息化	很熟悉
9	郑专家	男	副高级	21—30 年	教育信息化	很熟悉
10	夏专家	男	中级	11—20 年	教育信息化	很熟悉
11	李专家	女	副高级	21—30 年	教育信息化	很熟悉
12	唐专家	男	正高级	21—30 年	教育信息化	很熟悉
13	门专家	男	正高级	21—30 年	现代教育技术	很熟悉
14	王专家	男	副高级	21—30 年	信息技术、多媒体技术	很熟悉
15	田专家	女	中级	21—30 年	教育信息化	很熟悉
16	付专家	女	中级	21—30 年	教育信息化	很熟悉
17	袁专家	男	中级	10 年及以下	教育信息化	很熟悉
18	杨专家	男	副高级	30 年及以上	教育技术学	很熟悉
19	师专家	男	副高级	21—30 年	信息技术	很熟悉
20	师专家	男	正高级	21—30 年	学习投入	很熟悉
21	董专家	男	中级	21—30 年	教育装备管理和教育信息化管理	很熟悉

资料来源：作者自制。

附录5 农村小学教师信息素养的构成要素专家访谈提纲

第一部分 专家基本信息

1. 您的姓名？
2. 您的工作单位？
3. 您的工龄？
4. 您的专业技术职称？
5. 您的最高学历？
6. 您的研究领域？
7. 您对问题的熟悉程度？

第二部分 农村小学教师信息素养的构成要素讨论

1. 本次约谈主要目的在于评估"农村小学教师信息素养"模型的合理度，我将农村小学教师信息素养结构内涵界定为信息意识、信息知识、信息技能、信息应用、信息伦理与道德、专业发展6个一级维度，您觉得合理吗？

2. 我想用信息素养的这6个一级维度和其相关的二级维度构建一个教师信息素养模型，您觉得可行吗？

3. 我将教师信息素养分为信息意识、信息知识、信息技能、信息应用、信息伦理与道德、专业发展6个一级维度和20个二级维度，其中，信息意识包括信息观念、信息获取、信息分析与评价、信息传播与交流；信息知识包括计算机基础知识、网络通信知识、信息安全知识；信息技能包括基本办公软件使用、网络搜索技巧、数字教学资源应用；信息应用包括课堂教学应用、课程资源开发与利用、信息技术与课程整合、远程教育应用；信息伦理与道德包括信息安全意识、知识产权保护、网络道德、信息社会责任；专业发展包括知识持续性获取、专业能力成长。对此您有什么意见和建议？

4. 对这20个二级维度进行进一步细分，您有什么意见和建议？

5. 您认为还可以通过什么方式提升农村小学教师的信息素养水平？

附录6　农村小学教师信息素养的构成要素专家访谈纪要

专家1

1. 您认为农村小学教师信息素养可以由哪些方面组成？它们之间的关系如何？

就信息素养构成而言，在不同的时期，官方和学界都有不同的版本。一般来说，早期的提法中是用"信息技术"这个术语，"信息素养"是后来涉及学科素养或核心素养的时候才改用的。信息技术一般包括信息意识、信息知识、信息技能、信息应用4个一级维度。信息意识主要是指对信息及其重要程度的认识，也包括对信息获得或者习得的意愿程度。这个维度是其他几个维度的先决条件，所以我认为应该把这个维度放在最前面，因为这是其他几个维度的出发点和基础。信息知识主要是关于信息方面的基础理论、基本知识，这些原理性的知识是后面两个维度的基础，没有基础知识的铺垫，小学教师也难以在后面两个维度中有良好的表现。信息技能主要是指一些操作方面的技能，比如常用的信息化教学设备的使用、常用的教学软件使用。信息应用是指教师把信息知识转化成信息技能，再把信息技能应用到自己的日常教育教学活动中的过程。

2. 您认为农村小学教师在从事教学过程中，应该具备哪些方面的信息素养？

对于教师来说，应该掌握官方相关文件中规定的所有内容，比如我刚才提到的4个一级维度。但是我认为对于农村小学教师来说，要求他们把所有提到的内容都掌握是很困难的。我认为他们需要更加注重对后两个维度——信息技能和信息应用的掌握。不管是对于课堂教学中的常用教学媒体的操作技能，还是在教学准备过程中的数字化教学资源的收集、整理和修改，对于他们来说都是必需的技能。只有具备这些方面的良好技能，才能在最终的课堂教学中提升其教育教学能力和水平。

3. 根据您对农村小学教师的了解，您认为他们比较欠缺的信息素养是哪些方面？

就我们西部地区而言，学校的教育信息化水平和层次普遍偏低，这也在一定程度上限制和制约了教师的信息技能。更具体来说，农村小学教师对于上述提到的4个一级维度都比较欠缺。如果要排序的话，他们最欠缺的是信息知识，由此带来信息技术的缺乏，最终也难以在教育教学中应用这些信息技术。只有弥补了这方面的知识，才可以通过这些知识获得相应的技能，或者把他们的知识转化成技能和能力，并且也容易教育教学活动中应用习得的技能，最终提升其教育教学的成效。

4. 您认为农村小学教师应该从哪些方面关注信息技术的发展？

对农村小学教师而言，应该在远程教育和个性化学习技术等方面倾注更多的关注，尤其是在民族地区，远程教育技术和学生的个性化学习技术都大有可为。

5. 您认为农村小学教师在教育教学过程中，应如何应用信息技术以更好地提升教学绩效？

一般来说，提高教学绩效可以从学生、教师、环境等方面来考虑，就教师这个要素而言，可以从课前、课堂和课后等不同时间段考虑信息技术的应用。课前，教师可以通过一些常用的社交媒体平台如腾讯QQ、微信、钉钉等，发布学习准备的任务，包括自学的资料、预习的内容、自学效果的习题。课堂上教师利用教室里面的教学设备设施展示、分享教学内容，比如利用投影、电子白板提升师生之间的互动性，有条件的学校可以实时采集课堂数据，教师根据采集到的数据实时修正、调整自己的教学内容、进度、速度，以提升教学的绩效。课后，教师也可以通过社交媒体平台发布作业任务；通过社交媒体软件点对点地布置作业任务，实现分层次、分类别为学生布置适当的任务，让不同层次的学生都能学有所获、学有所得。

专家 2

1. 您认为农村小学教师信息素养可以由哪些方面组成？它们之间的关系如何？

信息意识。信息意识是教师对信息的敏感度和认知水平，包括对信息的感知、获取、评价和利用等方面的意识。

信息能力。信息能力是教师利用信息技术解决实际问题的能力，包括信息技术的操作、应用、开发、评价等方面的能力。

信息知识。信息知识是教师对信息技术的了解和掌握程度，包括信息技术的基本概念、原理、方法等方面的知识。

信息伦理。信息伦理是教师在利用信息技术过程中应遵循的道德规范和行为准则，包括尊重知识产权、保护隐私等方面的要求。

它们之间是相互联系、相互依存的统一整体。信息意识是先导，它决定了教师对信息技术的认知水平和敏感度；信息知识是基础，它决定了教师对信息技术的了解和掌握程度；信息能力是核心，它决定了教师利用信息技术解决实际问题的能力和水平；信息伦理是保证，它决定了教师在利用信息技术过程中应遵循的道德规范和行为准则。这4个方面相互促进、相互制约，共同构成了农村小学教师的信息素养。

2. 您认为农村小学教师在从事教学过程中，应该具备哪些方面的信息素养？

获取和筛选信息的能力、信息技术应用能力、数字化教学资源开发能力、信息技术与学科融合的能力、信息伦理与信息安全意识。

3. 根据您对农村小学教师的了解，您认为他们比较欠缺的信息素养是哪些方面？

缺乏对先进教育技术（如人工智能、虚拟现实等）的了解和应用。对于一些新兴的教学工具和平台，可能缺乏使用经验和技能。在课程设计中，可能较少融入数字化元素，如多媒体资源、在线教学平台等。缺乏利用信息技术提升教学效果的实际经验。对于网络安全的理解不足，可能在网络使用中存在不够谨慎的情况。缺乏保护学生隐私和个人信息的有效手段。学科知识和信息技术的整合程度可能相对较低，导致在教学中无法充分发挥信息技术的优势。缺乏将信息技术融入学科知识的创新能力。可能存在对于教学过程的反思不够深入的情况，缺乏对教学策略的不断调整和优化。自主学习的积极性可能相对较低，对新知识的获取相对被动。缺乏与其他学科教师进行深度合作的经验，可能导致难以实现跨学科教学。与家长和社区的合作机会相对较少，沟通和协作能力有待提升。缺少相关培训机会，使得教师难以及时获取新的信息技术知识；学校可能缺少提供信息技术支持和资源的条件，限制了教师的信息素养发展。

4. 您认为农村小学教师应该从哪些方面关注信息技术的发展？

教育政策与动态、信息技术工具与资源、信息技术与课程整合、信息安全与伦理、教师专业发展、学生信息素养培养。

5. 您认为农村小学教师在教育教学过程中，应如何应用信息技术以更好地提升教学绩效？

农村小学教师在教育教学过程中，可以通过合理应用信息技术来提升教学绩效。可以在数字化教学设计、多媒体教学、在线学习平台、教学辅助工具、虚拟实验和模拟、个性化学习支持上作出调整。

专家 3

1. 您认为农村小学教师信息素养可以由哪些方面组成？它们之间的关系如何？

我认为包括信息意识、信息能力、信息知识、信息道德。首先，在农村小学教师中，信息意识强调教师对农村教育信息化发展的认识，对信息技术的需求和认可程度，以及对教育教学信息资源的探索和利用意识。其次，在农村小学教师中，信息知识强调教师对农村教育信息化设施、设备、软件等方面的了解和掌握程度，以及信息技术在教育教学中的应用方式和效果等方面的知识。再次，在农村小学教师中，信息能力强调教师利用信息技术优化教育教学过程、促进农村教育信息化发展的能力，以及利用信息技术开展教育科学研究、提高教育教学的质量和效益的能力。最后，在农村小学教师中，信息伦理强调教师对农村学生和家长信息的尊重和保护，遵守农村教育信息化发展的规范和要求，以及积极参与农村教育信息化发展的建设和管理等方面的责任和义务。

2. 您认为农村小学教师在从事教学过程中，应该具备哪些方面的信息素养？

教师需要能够从各种信息源中获取和筛选出有价值的信息，包括互联网、教育资源平台、学术数据库等。同时，教师还需要了解如何使用搜索引擎、学术数据库等工具来快速准确地获取所需信息。教师需要掌握一些基本的信息技术工具和软件，如办公软件、多媒体教学软件、学科专用软件等。这些工具和软件能够帮助教师提高教学效果和效率，更好地满足学生的学习需求。教师需要了解数字化教学资源的概念、特点和优势，掌握数字化教学资源的开发方法和技术。这包括数字化教学素材的制作、课件的开发、网络课程的制作等，以便更好地服务于学生的学习和个性化发展。教师需要了解信息技术与学科融合的意义和作用，掌握信息技术与学科融合的方法和策略。教师需要了解信息伦理和信息安全的基本知识，具备信息安全的意识。在实际工作中，教师需要遵循一定的信息伦理规范，尊重他人的知识产权和个人隐私，保护学生的个人信息和数据安全。

3. 根据您对农村小学教师的了解，您认为他们比较欠缺的信息素养是哪些方面？

农村小学教师在一些信息素养方面可能相对欠缺，这主要源于地区、学校、教师个体的差异。在高级技术应用不足、数字化课程设计不足、信息安全意识薄弱、学科知识与信息技术融合不足、教学反思和自主学习不足、跨学科合作能力不足、缺乏信息素养培训机会等方面。改善这些情况需要系统性的支持和培训，包括提供先进技术的培训、建设数字化教育资源、鼓励教师参与信息技术社群等。

4. 您认为农村小学教师应该从哪些方面关注信息技术的发展？

农村小学教师应该从以下几个方面关注信息技术的发展：一是关注国家和地方教育部门发布的教育信息化政策、规划，以及相关动态，了解信息技术在教育领域的最新发展和应用趋势；二是关注新的信息技术工具和资源，如教学平台、互动工具、学科软件、在线课程等；三是关注如何将信息技术与学科课程进行有效整合，以实现教学目标的最优化。随着信息技术的普及，信息安全和伦理问题日益突出。信息技术的发展对教师的专业素养提出了更高的要求；四是关注对学生信息素养的培养。

5. 您认为农村小学教师在教育教学过程中，应如何应用信息技术以更好地提升教学绩效？

可以通过培训和应用在线交流与合作、网络研修与教学分享、教学资源开发、学科整合等信息技术来实现提高教学绩效。这些措施有助于提高农村小学教师的教学效果，促进学生的综合素养发展，使教学更具活力和针对性。在实际操作中，教师可以根据学科、学段和学生特点，有针对性地选择合适的信息技术工具和方法。

专家4

1. 您认为农村小学教师信息素养可以由哪些方面组成？它们之间的关系如何？

信息意识。指教师对信息、信息化、信息社会的敏感度和认知度，包括对信息的获取、判断、应用和有效传递等方面的意识。

信息知识。指教师对信息技术的原理、方法、技能等方面的了解和掌握，包括信息技术的基本概念、原理、操作等方面的知识。

信息能力。指教师利用信息技术解决实际问题的能力，包括信息检索、信息处理、信息分析、信息呈现等方面的能力。

信息伦理。指教师在信息活动中应遵循的道德规范和行为准则，包括尊重他人权益、保护信息安全、遵守法律法规等方面的意识。

信息意识是先导，它引导教师对信息有正确的认知和敏感度，从而产生获取和利用信息的动力；信息知识是基础，它为教师提供信息技术方面的基本原理和操作技能，是教师进行信息活动的前提条件；信息能力是核心，它使教师能够有效地利用信息技术解决实际问题，提高教育教学效率；信息伦理是保证，它规范教师的信息行为，保障信息安全和权益。

2. 您认为农村小学教师在从事教学过程中，应该具备哪些方面的信息素养？

信息技术能力、信息处理能力、信息化教学设计能力、评估与反思能力、信息素养道德。

3. 根据您对农村小学教师的了解，您认为他们比较欠缺的信息素养是哪些方面？

农村小学教师可能比较欠缺的信息素养包括以下几方面：一是缺乏数字化教学设计能力，无法有效地整合信息技术资源进行课堂教学；对多媒体教学工具运用不熟练，无法有效地利用多媒体资源进行教学。二是不擅长利用互联网和其他数字资源获取教学相关信息；对于信息的评估能力较弱，难以判断信息的可信性和适用性。三是缺乏解决实际教学问题的能力，对于教学方法的创新意识不强；对于利用信息技术进行创新教学的思路不够清晰，无法有效地激发学生的创造力和合作精神。四是对于教育技术的理论基础了解不够深入，无法将其有效地融入教学实践中；学科知识掌握不够扎实，无法将信息技术与学科知识有机结合。五是对于网络安全和个人信息保护意识薄弱，缺乏网络安全防范意识；对知识产权意识不足，缺乏对于版权和知识产权的理解和尊重。六是缺乏持续学习的意识和能力，对于新技术和新方法的学习积极性不高；缺乏教学反思和自我提升的能力，无法及时调整教学方法和策略。

4. 您认为农村小学教师应该从哪些方面关注信息技术的发展？

他们应该关注以下几方面。一是教育政策与动态。有助于教师把握教育信息化的方向，明确自身在信息化教学中的角色和定位。二是信息技术工具与资源。了解这些工具和资源的特点、功能及适用场景，可以帮助教师丰富教学手段，提高教学效果。三是信息技术与课程整合。了解信息技术在学科教学中的应用案例、模式和策略，可以为教师提供借鉴和参考。四是信息安全与伦理。教师需要关注如何在使用信息技术的过程中保护学生的隐私和数据安全，遵循教育伦理规范，为学生营造一个安全、健康的信息化学习环境。五是教师专业发展。教师需要关注自身在信息技术应用能力、课程整合能力、创新能力等方面的提升，积极参加相关培训和学习活动，以适应教育信息化的发展要求。六是学生信息素养培养。了解学生在信息时代的学习需求、兴趣特点和发展规律，有针对性地开展信息素养教育，帮助学生掌握信息时代所需的知识、技能和素养。

5. 您认为农村小学教师在教育教学过程中，应如何应用信息技术以更好地提升教学绩效？

制定数字化教学计划，结合课程内容和学生水平，设计使用数字教育资源的教学方案；利用多媒体资源，如图表、音频、视频等，丰富课堂教学内容，提高学生的学习兴趣；利用在线学习平台发布教学资料、作业，进行在线测试，评估学生学习情况，实现教学资源的共享和管理；使用教学辅助工具，如电子白板、投影仪等，使教学内容更生动，提高互动性；利用虚拟实验和模拟软件，进行实践性教学，尤其在实验资源匮乏的情况下，提供更广泛的学科体验；借助教育技术，提供个性化的学习支持，适应不同学生的学习节奏和风格。

专家5

1. 您认为农村小学教师信息素养可以由哪些方面组成？它们之间的关系如何？

信息意识。信息意识是教师对信息的敏感度和认知水平，包括对信息的识别、获取和利用的能力。

信息知识。信息知识是指教师对信息技术的原理、理论和方法等方面的了解和掌握。

信息能力。信息能力是指教师在信息化环境下获取、处理、应用和创造信息的能力,包括信息检索、信息处理、信息交流和信息创新能力等。

信息伦理。信息伦理是指教师在信息利用和传播过程中应遵循的道德规范和行为准则,包括尊重知识产权、保护隐私权、抵制不良信息等方面。

它们之间是相互依存的关系。在农村小学教师信息素养构成中,各要素之间相互联系、相互依存,共同构成教师的信息素养。只有全面提高教师的信息意识、信息知识、信息能力和信息伦理水平,才能更好地服务于农村小学教育教学工作,促进农村教育的信息化发展。

2. 您认为农村小学教师在从事教学过程中,应该具备哪些方面的信息素养?

教师需要掌握基本的计算机和互联网技术,以及基本的网络搜索、电子邮件等网络应用技能。同时,教师还应该具备一些学科特定的信息技术能力,例如数学教师需要掌握数学软件的用法,语文教师需要掌握数字图书和文学资料的使用等。教师需要具备将教学内容与信息技术进行有机结合的能力,能够运用信息技术手段对教学内容进行整合、处理和呈现。例如,运用多媒体技术制作课件、使用数字教材进行授课等。教师需要了解信息化教学设计的理念和方法,能够运用信息技术手段设计出符合学生需求的教学方案。例如,运用网络资源和数字技术设计互动式的教学活动,利用数据分析调整教学策略等。教师需要掌握一定的评估和反思方法,能够对自身的教学过程和效果进行评估和反思,及时发现问题并进行改进。教师需要遵守信息使用的道德规范和法律法规,尊重他人的知识产权和个人隐私,避免出现信息侵权和违法行为。同时,教师还应该引导学生树立正确的信息道德观念,培养学生的信息素养道德意识。

3. 根据您对农村小学教师的了解,您认为他们比较欠缺的信息素养是哪些方面?

教育技术应用能力不足、信息获取和评估能力不足、创新思维不足、信息理论知识不足、信息伦理与法律意识不足、自主学习能力不足。这些欠缺的信息素养可能会影响农村小学教师的教学效果和教学质量，因此需要加强相关培训，不断提高信息素养水平，适应信息化时代的教育需求。

4. 您认为农村小学教师应该从哪些方面关注信息技术的发展？

农村小学教师应该从基础信息技术、教育信息化、学科融合、农村教育信息化、信息安全等方面关注信息技术的发展。

5. 您认为农村小学教师在教育教学过程中，应如何应用信息技术以更好地提升教学绩效？

利用社交媒体或在线平台促进学生之间的交流与合作，营造良好的学习氛围；利用在线工具进行实时的教学反馈，帮助教师了解学生的学习进展，及时调整教学策略；参与网络研修，了解最新的教育技术发展，与其他教师进行教学经验分享，促进共同进步；制作和分享教学资源，如教学视频、课件等，以丰富课程内容，促进资源的共建与共享；探索不同学科之间的信息技术整合，促进跨学科的教学实践；参与信息素养培训，提升自身的信息技术水平，不断更新教育技术知识。

专家6

1. 您认为农村小学教师信息素养可以由哪些方面组成？它们之间的关系如何？

信息意识。信息意识是指教师对信息、信息化、信息社会的敏感度和认知度，包括对信息的获取、判断、利用和创新能力。在农村小学教育中，教师需要具备强烈的信息意识，积极寻找、整合和利用各类信息资源，以更好地服务于教育教学工作。

信息知识。信息知识是教师对信息技术的了解和掌握程度，包括信息技术的基本概念、原理、方法等方面的知识。农村小学教师需要了解和掌握信息技术的基本知识和技能，如计算机技术、网络技术、多媒体技术等，以便更好地应用信息技术辅助教学。

信息能力。信息能力是教师在信息技术方面的实际操作能力，包括信息检索、信息处理、信息创新等方面的能力。在农村小学教育中，教师需要具备较高的信息能力，能够有效地利用信息技术手段获取、处理和应用各类信息资源，以提高教学质量和效果。农村小学教师需要具备基本的信息技术操作能力，如办公软件操作、网络搜索、多媒体制作等，能够利用信息技术手段解决实际教学问题。

信息道德。信息道德是教师在使用信息技术过程中所应遵循的伦理规范和法律法规，包括保护知识产权、尊重个人隐私等方面的内容。农村小学教师需要了解和遵守信息道德规范，避免在信息技术应用过程中出现违规行为，树立正确的信息道德观念，以身作则，为学生树立良好的榜样。

2. 您认为农村小学教师在从事教学过程中，应该具备哪些方面的信息素养？

教师需要掌握基本的计算机操作技能，包括办公软件的使用，以及多媒体设备的使用等。此外，教师还应该了解网络资源的基本知识，能够利用网络获取、整理和分享信息。

教师需要具备将信息技术与学科教学进行整合的能力，能够根据学科特点和教学内容，选择合适的信息技术手段辅助教学，提高教学效果。

教师需要具备一定的创新能力，能够根据学生的实际情况和学科特点，创新性地运用信息技术手段，设计出有趣、生动的教学活动，激发学生的学习兴趣。

教师需要具备信息道德素养，能够正确处理和利用信息，尊重他人的知识产权和个人隐私，遵守信息安全法规和道德规范。

3. 根据您对农村小学教师的了解，您认为他们比较欠缺的信息素养是哪些方面？

数字化教学设计能力不足、网络资源利用能力差、多媒体教学技能不足、信息评估能力欠缺、缺乏创新思维和问题解决能力、对教育技术理论了解不够深入、缺乏信息安全意识。这些欠缺的信息素养可能会对农村小学教师的教学效果产生一定的影响，因此需要有针对性地进行培训和支持，以提高他们在信息化教学中的能力和水平。

4. 您认为农村小学教师应该从哪些方面关注信息技术的发展？

了解和掌握基础的信息技术知识和技能；关注教育信息化的最新动态和趋势，了解信息技术在教育教学中的应用；关注信息技术与学科教学的整合，了解如何将信息技术融入学科教学中，提高教学效果；关注农村教育信息化的特殊需求和发展状况，了解针对农村地区的教育信息化政策和措施；关注信息安全方面的知识和技能，了解如何保护学生的个人信息安全。

5. 您认为农村小学教师在教育教学过程中，应如何应用信息技术以更好地提升教学绩效？

农村小学教师可以通过数字化教学设计、多媒体教学、个性化教学、在线学习平台、实践教学、互动教学、课外拓展等方式应用信息技术以更好地提升教学绩效。通过合理利用信息技术，农村小学教师能够更有效地组织和实施教学活动，提升学生的学习效果和教学绩效。

专家7

1. 您认为农村小学教师信息素养可以由哪些方面组成？它们之间的关系如何？

我认为包括信息意识、信息知识、信息能力、信息道德。信息意识是先导，是教师对信息素养的认识和重视程度，能够激发教师的积极性和主动性，能够指导教师在教学中发现和利用信息；信息知识是基础，能够使教师了解和掌握信息技术的基本原理和方法，是教师应用信息技术辅助教学的前提条件；信息能力是核心，能够使教师有效地运用信息技术手段辅助教学，是教师在信息化环境下提高教学质量和效果的关键因素；信息道德是保障，能够规范教师的信息技术应用行为，使其符合伦理规范和法律法规的要求，是教师正确应用信息技术、保护信息安全的重要保障。

2. 您认为农村小学教师在从事教学过程中，应该具备哪些方面的信息素养？

农村小学教师在从事教学过程中，应该具备信息技术能力、学科整合能力、创新能力、终身学习能力、信息道德等方面的素养。

3. 根据您对农村小学教师的了解，您认为他们比较欠缺的信息素养是哪些方面？

缺乏运用信息技术进行教学设计的能力，导致课堂教学难以融入现代教育技术。对于有效利用互联网获取教学相关信息的能力不足，可能导致无法充分利用丰富的在线教育资源。对于多媒体教学工具的应用了解不深，可能导致课堂呈现单一，缺乏足够的吸引力和互动性。缺乏对网络信息进行评估的能力，可能容易受到不准确或不可靠信息的影响。对于运用信息技术解决实际教学问题和激发学生创新思维的能力不足，可能导致在面对新挑战时无法灵活应对。对于教育技术的理论基础了解不深入，可能使得教师在运用技术进行教学时缺乏系统性的指导。对网络安全的认识较低，可能存在泄露个人信息或学生信息的风险。缺乏持续学习的意识，可能导致教师难以跟上信息技术的发展，也较少进行教学反思。缺乏与其他学科教师和家长进行有效合作的能力，可能限制了跨学科教学和综合素养的发展。

4. 您认为农村小学教师应该从哪些方面关注信息技术的发展？

计算机操作、办公软件应用、网络使用等；在线教育、混合式教学、翻转课堂等新兴教学模式，以及人工智能、大数据等技术在教育领域的应用前景；利用信息技术手段进行探究性学习、项目式学习等；农村地区的教育资源共享、教师培训等方面的需求和措施；防范网络攻击、保护学生隐私等。

5. 您认为农村小学教师在教育教学过程中，应如何应用信息技术以更好地提升教学绩效？

我认为可以从教学评估、资源共享与合作、专业发展等方面应用信息技术。

专家 8

1. 您认为农村小学教师信息素养可以由哪些方面组成？它们之间的关系如何？

信息意识。这是对信息的敏感度和认知水平的体现，包括对信息来源的察觉、对信息价值的判断，以及对信息变化的预测等方面的能力。对于农村小学教师来说，信息意识能够促使他们主动寻找和利用信息技术来提升教学效果，更好地满足学生的学习需求。

信息知识。这主要是指对信息技术的了解和掌握程度，包括信息技术的基本概念、原理、方法，以及各种信息技术的应用等方面的知识。对于农村小学教师来说，信息知识能够为他们的教育教学工作提供更多的工具和手段，帮助他们更好地开展教学工作。

信息能力。这是指在信息环境中开展学习、教学、科研和管理等工作的综合能力，包括信息获取、信息处理、信息交流、信息管理等方面的能力。对于农村小学教师来说，信息能力能够帮助他们更好地处理和利用信息资源，提高教学效果和科研水平。

信息道德。这是指在信息活动中应该遵循的道德规范和行为准则，包括尊重他人知识产权、遵守信息安全法规、保护个人隐私等方面的内容。对于农村小学教师来说，信息道德能够促使他们规范自己的行为，避免出现不良的信息行为。

这4个方面相互联系、相互依存，构成了一个统一的整体。其中，信息意识是先导，信息知识是基础，信息能力是核心，信息道德是保证。只有全面提高农村小学教师的信息素养，才能更好地推进农村教育的信息化进程。

2. 您认为农村小学教师在从事教学过程中，应该具备哪些方面的信息素养？

农村小学教师在从事教学过程中，应该具备以下方面的信息素养。一是掌握基本的计算机操作技能。二是了解网络资源的基本知识，能够利用网络获取、整理和分享信息。三是具备将信息技术与学科教学进行整合的能力，能够根据学科特点和教学内容，选择合适的信息技术手段辅助教学，提高教学效果。四是具备一定的创新能力，能够根据学生的实际情况和学科特点，创新性地运用信息技术手段，设计出有趣、生动的教学活动，激发学生的学习兴趣。五是树立终身学习的观念，不断学习新的教育理念、教学方法和技术手段，提高自身的信息素养和教育教学能力。六是具备信息道德素养，能够正确处理和利用信息，尊重他人的知识产权和个人隐私，遵守信息安全法规和道德规范。

3. 根据您对农村小学教师的了解，您认为他们比较欠缺的信息素养是哪些方面？

数字化教学设计能力不足、网络资源利用能力差、多媒体教学技能不足、信息评估能力欠缺、缺乏创新思维和问题解决能力、对教育技术理论了解不够深入、缺乏网络安全意识、缺乏定期自主学习和反思的习惯、缺乏跨学科合作能力。

4. 您认为农村小学教师应该从哪些方面关注信息技术的发展？

农村小学教师应该从教育教学软件、数字化教育资源、人工智能技术、网络教育平台、教育信息化发展趋势等方面关注信息技术的发展。

5. 您认为农村小学教师在教育教学过程中，应如何应用信息技术以更好地提升教学绩效？

利用电子教案、课件等数字化工具，设计具有吸引力和互动性的教学内容，以提升学生学习的积极性和效果；利用多媒体资源，如教学视频、动画、音频等，丰富课堂教学内容，使学生更易理解和记忆；利用信息技术提供个性化的学习资源和评估方式，根据学生的不同特点和学习水平，进行针对性的教学，提高学生的学习效果；利用在线学习平台进行课堂延伸和辅助教学，提供在线作业、讨论、资源共享等功能，促进学生自主学习和合作学习。

专家 9

1. 您认为农村小学教师信息素养可以由哪些方面组成？它们之间的关系如何？

主要包括信息意识、信息知识、信息能力和信息道德。信息意识是先导，它决定了教师对信息的敏感度和认知水平，能够激发教师主动寻找和利用信息技术来提升教学效果。信息知识是基础，只有了解了信息技术的概念、原理和方法，才能更好地应用信息技术来开展教学工作。信息能力是核心，它能够帮助教师在实际工作中提高教学效果和科研水平。信息道德是保证，它能够促使教师遵循一定的道德规范和行为准则，避免出现不良的信息行为。

2. 您认为农村小学教师在从事教学过程中，应该具备哪些方面的信息素养？

能够敏锐地察觉信息的来源，对信息价值作出正确的判断，并能预测信息的变化。这可以帮助教师更好地理解学生的学习需求，并找到满足这些需求的有效方法。

了解和掌握信息技术的相关知识，包括基本概念、原理、方法，以及各种信息技术的应用。这能为教师的教学工作提供更多的工具和手段，使他们在教学中更具创新性。

在信息环境中开展学习、教学、科研和管理等工作的综合能力，包括信息获取、信息处理、信息交流、信息管理等方面的能力。这能够帮助教师更好地处理和利用信息资源，提高教学效果和科研水平。

在信息活动中遵循一定的道德规范和行为准则，尊重他人的知识产权，遵守信息安全法规，保护个人隐私等。这能够促使教师规范自己的行为，避免出现不良的信息行为。

教师应具备将信息技术与学科课程进行整合的能力，将信息技术有机地融入学科教学过程中，以提高教学质量。

教师应该积极参与信息技术培训和交流活动，不断提高自己的信息素养水平，与其他教师分享经验，共同进步。

教师应树立终身学习的意识，不断学习最新的教育教学思想和理论，学习多媒体网络知识，探索信息技术与课程整合的方法与模式。

3. 根据您对农村小学教师的了解，您认为他们比较欠缺的信息素养是哪些方面？

基本信息技术素养不足、教育技术应用能力不足、信息获取和评估能力不足、信息素养与创新思维不足、教育理论知识欠缺、教育伦理与法律意识薄弱、跨学科合作能力不足、自主学习与反思不足。为了提升农村小学教师的信息素养，教育部门和学校可以提供相关培训和支持，制定专门的培训计划，激发教师的学习兴趣，帮助其更好地应对信息技术发展带来的教学挑战。

4. 您认为农村小学教师应该从哪些方面关注信息技术的发展？

农村小学教师应该关注各类教育教学软件的特点和优势，了解其在教学中的应用场景和效果；关注数字化教育资源的建设和应用情况；关注人工智能技术的发展情况，了解其在教学中的应用前景和优势；关注网络教育平台的建设和应用情况；关注教育信息化的发展趋势，了解信息技术在教育教学中的最新应用和发展方向。

5. 您认为农村小学教师在教育教学过程中，应如何应用信息技术以更好地提升教学绩效？

利用教育应用软件、在线平台等工具，进行课堂互动和即时反馈，提高学生参与度和课堂效率；利用网络资源和在线课程，为学生提供课外拓展和延伸学习的机会，丰富学生的知识和视野；利用信息技术工具进行教学评估和反馈，包括在线测验、作业评分、学习记录等，帮助教师及时调整教学策略，提高教学效果；利用网络平台和社交媒体，与其他教师进行资源共享和教学经验交流，借鉴他人的优秀教学实践，提升自身的教学水平；利用网络资源和在线课程，不断学习和掌握新的信息技术知识，提高自身的教学水平和信息素养。

专家 10

1. 您认为农村小学教师信息素养可以由哪些方面组成？它们之间

的关系如何？

基础信息技术素养。熟练使用计算机、网络、办公软件等基本信息技术工具。了解并能够应用基本的数字化工具，如电子邮件、文档处理等。

信息获取与处理能力。能够有效地获取各类信息资源，包括书籍、网络资源、多媒体资料等。具备对获取的信息进行筛选、分析、整合和评估的能力。

信息传递与表达能力。能够清晰、准确地传达自己的观点，并使用多种媒体形式进行信息呈现。具备在教学中有效运用多媒体工具进行知识传递的能力。

信息创新能力。具备在教学实践中运用信息技术进行创新的能力，能够设计和开发符合教学需求的教育资源。拥有解决问题和应对挑战的创新思维。

网络安全与信息伦理素养。了解网络安全基本知识，能够保障自己和学生在网络环境中的信息安全。具备信息伦理意识，引导学生正确使用信息，防范信息风险。

这些方面之间存在密切的关系，具体如下：基础信息技术素养为其他方面提供了基础支持，是整个信息素养的基石；信息获取与处理能力直接影响教师对各类信息的把握和利用，为教学提供了有效的支持；信息传递与表达能力是教师与学生、家长交流的桥梁，也是有效传递知识的手段；信息创新能力推动了教育教学的不断发展，使教师能够更好地适应和引导学生面对未来的信息社会；网络安全与信息伦理素养则是在信息化时代中，教师在信息活动中必须具备的道德和安全观念，能够保障信息的正确使用和共享。

2. 您认为农村小学教师在从事教学过程中，应该具备哪些方面的信息素养？

农村小学教师在从事教学过程中，应该具备以下方面的信息素养：良好的信息意识、充足的信息知识、强大的信息能力、良好的信息道德、课程整合能力、终身学习的观念和能力。

3. 根据您对农村小学教师的了解，您认为他们比较欠缺的信息素养是哪些方面？

一是缺乏熟练操作计算机和基础软件的技能，对于文件管理和维护不够熟悉。二是缺乏数字化教学设计的能力，对于整合信息技术到课堂教学的认识不深；对多媒体教学资源的利用较为生疏。三是不善于利用网络资源获取教学相关信息；缺乏对信息可信性的判断和筛选的能力。四是对于问题解决和创新思维的培养有待加强；对于信息技术的创新运用较为保守。五是对于教育技术的理论基础认识不足，应用不够灵活；对学科知识与信息技术的整合理解不深。六是缺乏对网络安全的重视，对于保护学生和个人信息的法规理解不够深刻；对知识产权的认知较为模糊。七是缺乏与其他学科教师合作的机会和经验；与家长的沟通合作较为有限。八是对于持续学习的动力和机会不足，缺乏主动更新信息技术知识的意识；教学反思和优化的机制较为薄弱。

4. 您认为农村小学教师应该从哪些方面关注信息技术的发展？

农村小学教师应该尝试将软件应用到实际教学中，以提高教学效果，积极开发和应用适合自己的数字化教育资源，了解其在教学中的应用前景和优势，积极探索和应用人工智能技术提高教学效果，积极探索和应用网络教育平台进行远程教育和互动教学，积极探索和实践教育信息化的发展成果。

5. 您认为农村小学教师在教育教学过程中，应如何应用信息技术以更好地提升教学绩效？

农村小学教师在教育教学过程中应该在这些方面应用信息技术以提升教学绩效：数字化教学设计、多媒体教学、在线学习平台、电子作业和评估、远程教学。

专家11

1. 您认为农村小学教师信息素养可以由哪些方面组成？它们之间的关系如何？

基本信息技术能力。包括操作计算机、使用办公软件、浏览互联网等基本技能。

信息获取能力。教师需要具备获取信息的能力，包括有效地利用图书馆、网络、教育资源中心等途径获取相关信息。

信息评估能力。能够对所获取的信息进行分析和评估，判断信息的可信度、准确性以及适用性，以避免误导学生。

信息组织和管理能力。教师需要能够有效地组织和管理所获得的信息，使其能够被学生理解和利用。

信息传递和沟通能力。教师应具备清晰表达信息的能力，能够将所获得的信息传递给学生，并与学生进行有效沟通。

信息创新能力。教师需要具备利用信息进行创新的能力，设计出符合教学需求的新方法和新手段。

信息安全意识。教师应当了解信息安全的重要性，保护个人和学生的信息安全。

总体而言，这些方面相互交织，相辅相成，构成了一个完整的信息素养体系，使农村小学教师能够更好地应对信息化时代的教育挑战。

2. 您认为农村小学教师在从事教学过程中，应该具备哪些方面的信息素养？

教师需要掌握基本的计算机和网络技术，包括办公软件的操作，以及网络资源的搜索和利用等。此外，教师还应该具备一些多媒体技术的运用能力，例如音频、视频的剪辑和制作等。

教师需要将信息技术与学科课程进行有效的整合，以实现教学效果的提升。具体来说，教师需要了解如何使用信息技术来辅助课堂教学，如何利用网络资源来丰富教学内容，如何利用信息技术来提升学生的学习效果等。

在信息爆炸的时代，教师需要具备快速获取和筛选有效信息的能力。这需要教师能够熟练地使用各种搜索引擎和学术数据库，能够根据教学需求快速获取相关的学术论文、新闻资讯、图片、视频等素材。

由于网络上的信息质量参差不齐，教师需要对获取的信息进行客观的评价和鉴别，去伪存真，筛选出真实、准确、有价值的信息。

3. 根据您对农村小学教师的了解，您认为他们比较欠缺的信息素养是哪些方面？

农村小学教师比较欠缺的信息素养主要有以下几个方面：信息意识、信息知识、信息能力、信息道德、信息技术与学科整合能力。

4. 您认为农村小学教师应该从哪些方面关注信息技术的发展？

农村小学教师应该从教育教学软件、数字化教育资源、人工智能技术、网络教育平台，以及教育信息化发展趋势等方面关注信息技术的发展情况，并积极探索和应用信息技术提高教学效果和学生的信息素养水平。

5. 您认为农村小学教师在教育教学过程中，应如何应用信息技术以更好地提升教学绩效？

虚拟实验、个性化学习、在线资源分享、信息技术培训、家校互动平台、教学反思。

专家 12

1. 您认为农村小学教师信息素养可以由哪些方面组成？它们之间的关系如何？

基础信息技术能力。教师需要具备基本的计算机和网络操作能力，包括文件管理、网络浏览等基本技能。

教育技术应用。教师应了解并能熟练运用教育技术工具，如电子白板、教育软件、在线学习平台等，以提高教学效果。

数字素养。包括信息搜集、分析和整合的能力，以及对数字资源的评估和利用能力。这有助于教师更好地利用互联网资源进行教学。

创新能力。教师需要具备在教学中灵活运用信息技术的创新能力，促使学生积极参与学习，培养创新思维。

教育理念与伦理。了解信息时代教育理念，明确在信息化背景下的教育伦理，引导学生正确使用信息技术。

学科知识结合。教师需要将信息技术融入学科知识中,使之更好地服务于学科教学,提高学科知识的深度和广度。

这些方面之间存在紧密的关系。例如,基础信息技术能力是其他素养的基础,数字素养与教育技术应用相辅相成,而创新能力和教育理念与伦理则需要在这些基础上展现出来。学科知识结合则是整体信息素养与学科教学的有效结合。

2. 您认为农村小学教师在从事教学过程中,应该具备哪些方面的信息素养?

农村小学教师在教学过程中需要具备一定的信息素养,包括信息技术能力、课程整合能力、信息获取和筛选能力、信息评价和鉴别能力、信息交流和表达能力,以及信息创新和利用能力等。这些素养能够帮助教师更好地适应信息化时代的教学需求,提高教学效果和学生的信息素养水平。

3. 根据您对农村小学教师的了解,您认为他们比较欠缺的信息素养是哪些方面?

部分农村小学教师对信息技术的重视程度不够,缺乏主动学习和应用信息技术的意识,难以将信息技术融入日常教学中。由于缺乏系统的信息技术培训,部分农村小学教师对信息技术的知识储备不足,对于一些先进的信息技术和教学方法了解不够。一些农村小学教师虽然具备基本的计算机操作能力,但在信息检索、教学软件应用、多媒体资源制作等方面的能力仍有待提高。部分农村小学教师的信息道德和信息安全意识较为薄弱,容易在教学过程中出现不当的信息行为。一些农村小学教师虽然了解信息技术的基本知识,但难以将信息技术与学科教学进行有效的整合,无法充分发挥信息技术在提高教学效果中的作用。

4. 您认为农村小学教师应该从哪些方面关注信息技术的发展?

数字教育平台和资源、在线教学工具和应用、教育游戏和模拟学习、人工智能教育工具、信息素养和网络安全、移动学习和移动应用、在线社交和合作工具、技术整合与交叉学科教学。

5. 您认为农村小学教师在教育教学过程中，应如何应用信息技术以更好地提升教学绩效？

利用计算机和软件设计数字化的教学材料，包括课件、教学视频、图表等，以提高教学内容的多样性和吸引力；使用多媒体资源，如图像、音频和视频，使教学更生动有趣；利用在线学习平台进行课外拓展或辅助教学，帮助学生更好地理解和巩固所学知识；将信息技术与教学游戏化相结合，设计有趣的教育游戏，提高学生学习的积极性和参与度；使用电子方式布置作业和进行评估，利用在线工具收集学生的作业，便于及时反馈和评估学生的学习情况；利用视频会议工具进行远程教学，特别是在无法面对面授课的情况下，以保持教学的连续性。

专家 13

1. 您认为农村小学教师信息素养可以由哪些方面组成？它们之间的关系如何？

基本信息技术操作能力。使用计算机、互联网和其他数字工具的基本操作能力。

信息获取和处理能力。能够有效地搜索、筛选和评估信息，从各种渠道获取所需的教育资源。

多媒体教学能力。运用多媒体技术，设计和开展富有创意和吸引力的教学活动。

数字识别和评价能力。了解数字信息的可信度，能够对在线资源进行评价和选择。

教育技术整合能力。将信息技术融入课堂教学中，提高教学效果。

问题解决和创新思维。具备解决教育问题的能力，鼓励创新思维，不断改进教学方法。

信息伦理和法律素养。了解并遵守与信息使用相关的法律和伦理规范，引导学生正确使用信息。

团队合作和沟通能力。能够与同事、学生家长及其他相关人员有效地合作和沟通，分享信息和经验。

自我学习和更新能力。具备自主学习的能力，能够不断更新自己的知识和技能，适应快速变化的信息技术环境。

2. 您认为农村小学教师在从事教学过程中，应该具备哪些方面的信息素养？

信息交流和表达能力。教师需要利用信息技术手段与学生、家长和其他人员进行有效的沟通交流，及时反馈学生的学习情况，解答家长的疑问，促进家校合作。同时，教师还需要具备一定的文字表达和口头表达能力，能够清晰地表达自己的思想和观点。

信息创新和利用能力。教师需要了解信息技术的发展趋势，掌握最新的教育技术手段，并能够将其应用到实际教学中。同时，教师还需要具备一定的创新精神，能够探索新的教学方法和模式，提高教学效果。

3. 根据您对农村小学教师的了解，您认为他们比较欠缺的信息素养是哪些方面？

信息意识、信息知识、信息能力、学科整合能力、信息道德素养。

4. 您认为农村小学教师应该从哪些方面关注信息技术的发展？

一是了解和熟悉数字教育平台，如在线教学平台、教育资源库等；掌握数字化教育资源的获取、使用和评估方法。二是关注在线课堂工具、教学应用程序，了解其功能和使用方法；学会利用视频会议、在线测验等工具进行远程教学。三是了解教育游戏和模拟学习的理念，寻找适合学科和年级的资源；探索如何将游戏和模拟学习融入课程中，提高学生的学习兴趣。四是了解人工智能在教育领域的应用，如智能辅助教学、个性化学习等；掌握一些基本的人工智能工具，帮助提高教学效果。五是加强个人信息素养，包括信息检索、信息评估和创新思维等方面的能力；提高网络安全意识，学会保护学生和个人信息的安全。六是关注移动学习的发展趋势，了解移动应用在教学中的应用；

学会使用移动设备和应用，推动移动学习在教育中的实际应用。七是掌握在线社交和合作工具，促进学生间的合作与交流；利用在线平台建立教师之间的专业交流和合作网络。八是学会整合技术在各个学科中的应用，提高跨学科教学的水平。

5. 您认为农村小学教师在教育教学过程中，应如何应用信息技术以更好地提升教学绩效？

利用虚拟实验软件进行实验教学，尤其是在农村学校可能缺乏实验设备的情况下，以增强实践体验；利用信息技术支持个性化学习，根据学生的兴趣和水平差异提供定制化的教学内容和资源；利用互联网与其他教师分享教学资源和经验，促进共同进步和教学策略的交流；参加信息技术培训，不断提升信息技术水平，学习新的教学工具和方法；利用互联网建立家校互动平台，方便与家长沟通，分享学生的学习进展和教育资源；利用信息技术进行教学反思，通过记录和分析教学过程，不断改进和优化教学策略。

专家 14

1. 您认为农村小学教师信息素养可以由哪些方面组成？它们之间的关系如何？

基础信息技术素养。数字化操作能力、软件应用。

信息管理与组织。课程设计与教学资源管理、学生数据管理

信息检索与评估。网络搜索能力、信息评估能力。

在线教学与沟通。远程教学技能、与家长和同事的沟通能力。

创新与创意。教学方法创新、教育科技融合。

信息伦理与安全。网络安全意识、保护知识产权和遵守道德。

基础信息技术素养为其他方面提供了技术支持，而信息管理与组织又需要基于信息技术素养进行。创新与创意、在线教学与沟通相互促进，共同推动教师信息素养的提升。总体而言，这些方面共同构成了农村小学教师全面的信息素养体系。

2. 您认为农村小学教师在从事教学过程中，应该具备哪些方面的

信息素养?

　　基本信息技术素养、教育技术应用、信息获取和评估、课程设计与教学策略、学科知识与跨学科融合、创新思维与问题解决、教育伦理与法律知识、沟通与合作等方面。

　　3. 根据您对农村小学教师的了解,您认为他们比较欠缺的信息素养是哪些方面?

　　许多农村小学教师可能没有充分认识到信息技术对教育教学的潜在影响,缺乏主动利用信息技术改进教学方法、提高教学质量的意识。部分农村小学教师可能对信息技术的了解不够深入,缺乏对信息技术基本概念、原理和方法的了解,这会影响他们在教学过程中有效应用信息技术。一些农村小学教师可能没有熟练掌握常用的信息技术工具和软件。在农村地区,硬件设施和网络条件的限制,以及教师之间的信息素养水平差异较大,导致缺乏良好的信息素养文化氛围,这不利于教师信息素养的提升。将信息技术与学科教学进行有效整合是提高教学效果的重要途径,但部分农村小学教师可能缺乏这方面的能力,无法充分利用信息技术改进课堂教学。在信息活动中遵守道德规范和行为准则对于教师的信息素养也很重要,但一些农村小学教师可能对信息道德方面的知识了解不足。

　　4. 您认为农村小学教师应该从哪些方面关注信息技术的发展?

　　农村小学教师应该从以下方面关注信息技术的发展:教育技术趋势、教学资源平台、网络安全与隐私保护、教学软件与应用、在线教育与远程教学、个性化教育与智能化辅助、数字素养与信息素养、教育政策与标准。

　　5. 您认为农村小学教师在教育教学过程中,应如何应用信息技术以更好地提升教学绩效?

　　利用信息技术创设教学情境,开展互动式教学、个性化教学,拓展教学资源,整合学科课程,开展家校合作。

专家 15

1. 您认为农村小学教师信息素养可以由哪些方面组成？它们之间的关系如何？

教师需要掌握基本的电脑操作和网络使用技能；熟练使用教学所需的软件工具，如办公软件、教学资源搜索工具等；有效地组织和管理教学资源，包括数字化课程设计和在线教学资源的管理；了解学生信息系统，能够有效地管理学生档案和成绩；具备有效的网络搜索技能，以便获取相关的教学资源和信息；能够判断信息的可靠性和适用性，引导学生进行批判性思考；具备在线教学的技能，能够有效地利用网络平台进行教学；利用社交媒体等工具与家长和同事进行有效沟通；运用技术手段创新教学方法，激发学生学习兴趣；将信息技术融入不同学科的教学中，提升教学效果；了解网络安全问题，保护学生和个人信息的安全；引导学生正确使用网络资源，遵循知识产权和伦理规范。

2. 您认为农村小学教师在从事教学过程中，应该具备哪些方面的信息素养？

农村小学教师应该具备如下技能：计算机基本操作、文件管理、多媒体教学、创建虚拟教学环境、有效搜索、信息评估和整合技术、个性化教学、搜索和应用学科专业知识、跨学科融合、创新教学方法、自主学习、隐私保护、知识产权保护、数字沟通与协作等能力。这样的素养将有助于提高教学效果，激发学生学习兴趣，促进教育的可持续发展。

3. 根据您对农村小学教师的了解，您认为他们比较欠缺的信息素养是哪些方面？

一些农村小学教师可能还没有充分认识到信息技术对教育教学的巨大潜力，缺乏主动运用信息技术的意识和动力；对信息技术的基本知识和理论掌握不够，缺乏对信息技术的深入了解和掌握；可能没有熟练掌握信息技术的运用技能，例如教学软件的使用、多媒体课件的制作等，这限制了他们运用信息技术辅助教学的能力；可能没有充分认识到信息道德和信息安全的重要性，缺乏对网络行为的规范和约束，以及对个人隐私和安全的保护意识。

4. 您认为农村小学教师应该从哪些方面关注信息技术的发展？

关注教育技术的最新趋势和发展动向，了解新兴技术如人工智能、虚拟现实、增强现实等在教育领域的应用，以及对教学模式和方法的影响。关注各种在线教学资源平台和数字化学习工具，了解如何有效地利用这些平台和工具进行课堂教学和学科教学辅助。关注网络安全和隐私保护的相关知识和技能，了解如何保护个人和学生的隐私信息，防范网络攻击和侵权行为。关注各类教学软件和应用程序的发展和更新，了解如何选择和使用这些软件，以提高课堂教学的效率和质量。关注在线教育和远程教学的发展模式和技术手段，了解如何利用网络平台和视频会议等工具进行远程教学和学习。关注个性化教育和智能化辅助技术的发展，了解如何利用数据分析和个性化学习系统等工具，满足学生个性化学习需求。关注数字素养和信息素养的培养方法和实践经验，了解如何帮助学生提高信息获取、评估和利用的能力，以及如何引导他们正确使用网络信息资源。关注国家和地方教育政策、教学标准和课程改革等方面的最新动态，了解教育体制改革对信息技术教育的要求和推动作用。

5. 您认为农村小学教师在教育教学过程中，应如何应用信息技术以更好地提升教学绩效？

教师可以利用信息技术手段，如多媒体课件、数字图像、音频和视频等，创设生动、形象的教学情境，帮助学生更好地理解知识，提高学习兴趣和积极性；通过信息技术手段，如电子白板、在线课堂等，与学生进行互动式教学，引导学生积极参与课堂活动，提高学习效果；通过信息技术手段，如大数据分析、人工智能等，了解学生的学习情况和个人特点，为每个学生制定个性化的教学计划，提高教学效果；利用信息技术手段，如互联网、数字图书馆等，收集和整理丰富的教学资源，为学生提供更多学习机会，拓宽学生的学习视野；利用信息技术手段，将不同学科的知识进行整合，帮助学生构建完整的知识体系，提高学习效果；利用信息技术手段，如微信、QQ等，与家长进行沟通和合作，共同关注学生的学习情况，促进家校合作。

专家 16

1. 您认为农村小学教师信息素养可以由哪些方面组成？它们之间的关系如何？

基础信息技术知识。了解计算机基础知识、操作系统、网络基础等。

信息获取与处理能力。教师应具备获取、评估和处理信息的能力，包括从不同来源获取信息、筛选有效信息、整合信息等。

教学技术应用。教师要能够有效地将信息技术融入教学实践中，包括使用教育软件、多媒体教具等。

创新与解决问题能力。教师需要具备利用信息技术进行创新和解决问题的能力，以推动教学模式和方法的创新。

学科知识。教师需要对所教授的学科有深刻的理解，以便更好地整合信息技术与学科知识，提升教学质量。

信息伦理与法律意识。教师应了解信息使用的伦理和法律规定，保护学生的隐私和安全。

合作与沟通能力。教师需要与同事、学生及家长等各方有效沟通，共同推动信息技术在教育中的应用。

持续学习意识。由于科技在不断发展，教师需要具备自主学习的能力，随时更新信息技术知识。

教学技术应用和学科知识的结合可以提高教学效果，而创新与解决问题的能力则可以激发教师在教学中更灵活地运用信息技术。信息伦理与法律意识则为教师提供了在信息技术使用过程中的指导和规范。综合这些方面，教师可以更好地应对信息时代的教育需求，提高教育质量。

2. 您认为农村小学教师在从事教学过程中，应该具备哪些方面的信息素养？

农村小学教师在从事教学过程中应该具备多方面的信息素养，一是能熟练操作计算机硬件和软件，能够有效地管理、组织和保存教学资源；二是能够利用多媒体资源进行教学，提高学生的学习兴趣，可以借助在线教学平台等开展远程教学；三是能够利用互联网搜索有关教学内容的信息，具备判断信息可信度和适用性的能力；四是能够将信息技术融入教学设计中，提高课堂效果，利用技术支持差异化、个性化的教学策略；五是具备扎实的学科知识，可以为整合技术与学科提供基础，能够将信息技术与其他学科知识有机结合，创造跨学科教学场景；六是能够通过信息技术加强对学生创新思维和问题解决能力的培养，具备主动学习的态度，及时掌握新技术和教育理念，了解和遵守学生隐私保护的法规，尊重和保护教育资源的知识产权；七是能够运用数字工具进行教师之间、教师与家长之间的有效沟通，并能与同事合作，共同利用信息技术资源改进教学。

3. 根据您对农村小学教师的了解，您认为他们比较欠缺的信息素养是哪些方面？

农村小学教师比较欠缺的信息素养主要包括以下几个方面：信息意识较弱、信息知识储备不足、信息能力有限、信息道德和信息安全意识不够。这些欠缺的信息素养可能会影响农村小学教师在教育教学中的表现和效果，因此需要加强培训和引导，提高他们的信息素养水平，以更好地适应信息化时代的教学需求。

4. 您认为农村小学教师应该从哪些方面关注信息技术的发展？

最新的教育技术趋势、数字化教学工具、在线资源和平台、信息安全与隐私保护、教育数据分析、在线协作与沟通工具、信息技术与学科的整合、专业社交网络、在线学习和自主教育等。

5. 您认为农村小学教师在教育教学过程中，应如何应用信息技术以更好地提升教学绩效？

农村小学教师在教育教学过程中，应该积极探索和应用信息技术手段，提高教学效果和学生的学习绩效。同时，教师还应该不断更新教育观念和教学方法，注重培养学生的创新能力和实践能力，为学生的全面发展打下坚实的基础。

专家17

1. 您认为农村小学教师信息素养可以由哪些方面组成？它们之间的关系如何？

基础技能。信息获取和评估能力。信息处理能力。教育技术应用。创新意识和实践。信息伦理和安全意识。

2. 您认为农村小学教师在从事教学过程中，应该具备哪些方面的信息素养？

能够熟练操作计算机，使用常见的办公软件，如文字处理软件、电子表格软件等。

具备基本的网络知识，能够使用互联网搜索相关教学资源，获取教学资料；熟悉教育相关网站和平台，如教育资源网站、教学管理系统等，能够灵活运用这些平台进行教学活动。

能够将信息技术有效地融入教学过程中，设计并实施多媒体教学方案，提高课堂教学效果；熟悉教学软件和教学工具的使用，如电子白板、教学录制软件等，能够利用这些工具进行教学。

能够有效地搜索和筛选教学资源，评估其质量和适用性，确保所使用的教学内容和资料具有可靠性和有效性。

具备创新意识，能够灵活运用信息技术解决教学中遇到的问题，提出创新的教学方法和策略，提高教学效果。

具备教育伦理和法律意识，遵守相关的教育法规和道德规范，在利用信息技术进行教学时保护学生隐私和权益，避免侵犯他人的知识产权。

具备自主学习的能力，能够不断学习和掌握新的信息技术知识和教学方法，提高自身的信息素养水平，不断提升教学质量和效果。

3. 根据您对农村小学教师的了解，您认为他们比较欠缺的信息素养是哪些方面？

农村小学教师比较欠缺的信息素养主要包括以下几个方面：信息意识、信息知识、信息能力。学校和教育部门应该加强对农村小学教师的信息技术培训，提高他们的信息素养水平，以适应信息化时代的教育教学需求。

4. 您认为农村小学教师应该从哪些方面关注信息技术的发展？

关注教育技术领域的最新趋势，了解新兴技术如人工智能、虚拟现实等在教育中的应用。掌握和关注各种数字化教学工具，包括教育应用、在线课程平台、交互式白板等。持续关注网络上的教育资源，了解各类在线学习平台，掌握如何从中获取高质量的教学资源。关注网络安全问题，学习如何保护学生和个人信息，防范网络安全威胁。了解教育数据分析的方法和工具，以便更好地理解学生的学习需求并作出有针对性的教学决策。学习使用在线协作工具，促进教师之间的沟通与合作，以及与家长之间的联系。关注信息技术如何与学科知识整合，了解如何通过技术手段提升学科教学的效果。参与教育领域的专业社交网络，与其他教师分享经验、教学资源和参与专业讨论。积极参与在线学习，了解新的教学方法和技术，自主学习并提升个人教学水平。定期反思自己的教学实践，评估信息技术在教学中的实际应用效果，不断优化教学方法。

5. 您认为农村小学教师在教育教学过程中，应如何应用信息技术以更好地提升教学绩效？

农村小学教师在教育教学过程中，应从以下几个方面应用信息技术以更好地提升教学绩效：创设生动的学习情境、促进师生互动交流、个性化教学、拓展教学资源、培养学生自主学习能力。

专家18

1. 您认为农村小学教师信息素养可以由哪些方面组成？它们之间的关系如何？

一是教师需要掌握基本的计算机硬件和软件操作技能，包括操作系统、办公软件等。二是能够合理使用互联网资源，开展网络教学和教育信息检索。三是具备对信息进行评估和整合、分析的能力，能够辨别信息的真实性和可信度，将从不同来源获取的信息进行整合，并从数据中提取有用的信息。四是熟练运用与教学相关的教育软件，能够在教学中融入多媒体资源。五是具备在线教学的基本技能，能够运用网络平台进行教学活动。六是能够设计基于信息技术的创新教学方案。七是具备利用信息技术解决实际教学问题的能力。八是了解并遵守知识产权相关法规，尊重他人的知识产权。九是具备基本的网络安全意识，能够保护个人和学生的信息安全。

良好的计算机操作能力是信息获取和处理的基础，而信息处理能力则直接影响到教育技术应用的水平。创新意识和实践则需要建立在基础技能和信息处理能力的基础之上。整体而言，这些方面相互支撑，共同构成了一个教师在信息素养方面的完整体系。

2. 您认为农村小学教师在从事教学过程中，应该具备哪些方面的信息素养？

农村小学教师应该具备以下方面的信息素养：基本信息技术操作能力、网络应用能力、教育技术应用能力、信息搜索与评估能力、创新思维和问题解决能力、教育伦理和法律意识、自主学习和持续进步的意识。这些方面的信息素养能够帮助农村小学教师更好地应对信息化时代的教学挑战，提升教学水平，为学生提供更加优质的教育服务。

3. 根据您对农村小学教师的了解，您认为他们比较欠缺的信息素养是哪些方面？

部分农村小学教师可能还没有充分认识到信息技术对教育教学的重要性，缺乏主动利用信息技术提高教学效果的意识。一些农村小学教师可能对信息技术的了解不够深入，缺乏对信息技术基本概念、原理和方法的了解，这会影响他们在实际教学中应用信息技术的能力。部分农村小学教师可能不太熟悉现代信息技术工具，例如电子白板、数字教育平台等，缺乏利用信息技术进行教学的能力。由于缺乏相关培训和学习机会，一些农村小学教师的信息素养水平可能无法得到有效提高，影响了他们在实际教学中的表现。

4. 您认为农村小学教师应该从哪些方面关注信息技术的发展？

农村小学教师在关注信息技术的发展时，可以从以下方面入手：数字化教学工具、在线教学平台、信息素养培训、教育技术研究、在线资源和开放教育资源、信息安全和隐私保护、移动学习和应用等方面。

5. 您认为农村小学教师在教育教学过程中，应如何应用信息技术以更好地提升教学绩效？

农村小学教师在教育教学过程中应积极应用信息技术手段，从创设生动的学习情境、促进师生互动交流、个性化教学、拓展教学资源以及培养学生自主学习能力等方面入手，提升教学绩效和学生的信息素养水平。同时，教师也需要不断学习和探索新的信息技术手段和教学方法，不断提升自身的信息素养和能力。

专家 19

1. 您认为农村小学教师信息素养可以由哪些方面组成？它们之间的关系如何？

学科知识素养。深厚的学科知识是教师的基础，能够确保教师准确地传授知识给学生。

教育技术素养。包括运用教育技术工具进行教学，灵活运用多媒体、网络资源等技术手段提高教学效果。

信息获取与评估素养。能够迅速、准确地获取和评估信息，包括利用图书馆、互联网等资源获取信息，以及对信息的鉴别和评估能力。

创新与创意素养。教师在教学中应具备创新思维，能够设计富有创意的教学方法，提高学生的学习兴趣和主动性。

沟通与协作素养。良好的沟通与协作能力有助于教师与学生、家长、同事等各方建立良好关系，促进教学效果。

问题解决与批判性思维素养。教师需要具备解决问题的能力，培养学生批判性思维，引导他们主动学习和独立思考。

伦理与社会责任素养。教师应当具备良好的伦理道德素养，关注学生的全面发展，具有对社会的责任感。

2. 您认为农村小学教师在从事教学过程中，应该具备哪些方面的信息素养？

农村小学教师在从事教学过程中应该具备以下方面的信息素养：基本信息技术素养、教育技术应用能力、信息获取和评估能力、信息素养与创新思维、跨学科合作能力、自主学习与反思能力。这些信息素养方面相互交织，共同构成了农村小学教师在信息化时代从事教学过程中所需的综合素养，有助于提高教学效果，培养学生综合素养。

3. 根据您对农村小学教师的了解，您认为他们比较欠缺的信息素养是哪些方面？

农村小学教师在信息素养方面可能存在的问题包括：信息意识较弱、信息知识储备不足、信息能力不强、信息道德素养较低。应该根据实际情况对农村小学教师的信息素养进行全面、客观的分析和评价，并采取有效的措施提升他们的信息素养水平。

4. 您认为农村小学教师应该从哪些方面关注信息技术的发展？

关注新的数字教育工具，了解如何利用这些工具提升教学效果；关注在线教学平台的发展，学习如何使用这些平台进行远程教学和在线资源共享；参与信息素养培训，学习如何更好地利用信息技术进行教学设计和管理；关注教育技术的研究成果，了解最新的教学方法和工具；积极寻找和利用在线教育资源，如开放教材、课程视频等；了解信息安全的基本知识，学会保护学生和个人信息的安全；关注科学、技术、工程和数学教育的发展趋势；了解移动学习的新趋势，学会运用移动设备和应用进行教学。

5. 您认为农村小学教师在教育教学过程中，应如何应用信息技术以更好地提升教学绩效？

一是利用信息技术手段，如多媒体课件、教学视频等，创设生动、有趣的学习情境，吸引学生的注意力，激发学生的学习兴趣。通过信息技术手段，教师可以让学生更加直观地理解抽象的概念和知识，提高学生的学习效果。二是利用信息技术手段帮助教师与学生进行更加便捷、有效的互动交流。教师可以通过网络平台、社交媒体等渠道与学生进行实时交流，及时了解学生的学习情况，解答学生的疑问，促进学生的学习进步。三是利用信息技术手段，更好地实现个性化教学。教师可以通过数据分析、学习评估等方式，了解学生的学习特点和需求，根据学生的个性差异进行教学设计，提高学生的学习效果。四是利用信息技术手段帮助教师获取更多的教学资源，如网络上的教学视频、学习软件等。这些资源可以丰富教师的教学内容，提高教学效果。同时，教师也可以利用这些资源进行自我学习和提升，提高自身的教学水平。五是利用信息技术手段帮助学生更好地培养自主学习能力。学生可以通过信息技术手段进行自我学习、自我探索、自我评价等，提高自主学习的意识和能力。同时，教师也可以利用信息技术手段引导学生进行合作学习、探究学习等，促进学生综合素质的发展。

专家20

1. 您认为农村小学教师信息素养可以由哪些方面组成？它们之间的关系如何？

农村小学教师的信息素养构成涉及多个方面，包括基本信息技术素质、教育技术应用能力、信息获取和评估能力、信息素养与创新思维、教育理论知识、教育伦理与法律。

2. 您认为农村小学教师在从事教学过程中，应该具备哪些方面的信息素养？

农村小学教师应该具备以下信息素养：计算机操作技能、文件管理、数字化教学设计、多媒体教学、网络资源利用、信息评估、问题解决能力、创新思维、教育技术理论、网络安全意识、知识产权保护、持续学习、教学反思等方面。

3. 根据您对农村小学教师的了解，您认为他们比较欠缺的信息素养是哪些方面？

一些农村小学教师可能还没有充分认识到信息技术在教育教学中的重要作用，缺乏主动利用信息技术提高教学效果的意识，对信息技术的了解不够深入，缺乏必要的信息基础知识；信息能力可能还有待提高。

4. 您认为农村小学教师应该从哪些方面关注信息技术的发展？

掌握一些基本的教学软件，以增强课堂互动和学生参与；掌握在线评估和作业管理工具，提高教学效率；参与教育技术研讨会和会议，与同行交流经验和分享教学创新方法；学会评估在线资源的质量和适用性，为课堂教学提供支持；遵守相关法律法规，提高保护知识产权的意识；学习将科学、技术、工程和数学元素融入教学中，培养学生的创新和问题解决能力；探索利用移动学习提高学生学习兴趣和参与度的方法。

5. 您认为农村小学教师在教育教学过程中，应如何应用信息技术以更好地提升教学绩效？

创设教学情境、优化教学方式、注重个性化教学、拓展教学资源、加强实时反馈与互动、推动家校合作、关注自我发展。

专家 21

1. 您认为农村小学教师信息素养可以由哪些方面组成？它们之间的关系如何？

数字化基础技能。掌握计算机操作软件、处理文件等基本技能。

网络应用。熟练使用互联网搜索信息，与他人进行沟通和合作。

教学设计。教师能够结合信息技术设计教学方案，提高教学效果。

多媒体教学。运用多媒体资源进行教学，增强学生的学习体验。

有效搜索。利用网络资源，高效地检索、筛选和获取教学信息。

信息评估。对所获取的信息进行评估，判断其可信度和适用性。

问题解决。运用信息素养解决实际教学问题，培养学生的创新思维。

自主学习。教师能够主动学习和适应新技术，保持不断进步的态度。

教育技术理论。理解教育技术的理论基础，将其融入实际教学中。

学科知识。教师需在自己的专业领域内具备扎实的学科知识，以更好地整合技术与学科知识。

网络安全。了解网络安全知识，保护学生和个人信息的安全。

知识产权。遵守相关法律法规，尊重和保护知识产权。

2. 您认为农村小学教师在从事教学过程中，应该具备哪些方面的信息素养？

能够熟练操作计算机硬件和软件，能够有效地管理和组织教学资源文件；能够设计并整合信息技术，提高课堂教学效果，能够运用多媒体资源进行生动而有趣的教学；能够有效利用互联网获取教学相关信息，能够判断信息的可信度，筛选合适的教育资源；具备解决实际教学问题的能力，鼓励学生通过信息技术进行创新和合作；了解教育技术的理论基础，将其融入具体教学实践中，具备扎实的学科知识，能够将信息技术与学科知识相结合；了解并遵循网络安全规范，保护学生和个人信息的安全，遵守相关法律法规，尊重和保护知识产权；能够与其他学科教师共同合作，推动跨学科教学，与家长积极合作，促进学生综合素养的提升；具备自主学习的能力，不断跟踪和掌握新的教育技术知识，能够定期对教学过程进行反思，不断优化教学策略。

3. 根据您对农村小学教师的了解，您认为他们比较欠缺的信息素养是哪些方面？

一些教师可能更习惯于传统的教学方式，对于新的信息技术持有一种观望或者抵触的态度。这使得他们在利用信息技术进行教学时可能会遇到一些困难。他们可能不知道如何有效地利用信息技术手段获取、整理和呈现信息，从而影响教学效果。一些教师的信息道德素养可能还有待提高，他们可能不太清楚如何在信息活动中保护学生的权益，这可能会对学生的信息安全造成潜在的威胁。

4. 您认为农村小学教师应该从哪些方面关注信息技术的发展？

教育技术趋势、数字教育资源、在线学习平台、互联网安全、创新教育实践、社交媒体教学、教育法规与政策、学科整合。

5. 您认为农村小学教师在教育教学过程中，应如何应用信息技术以更好地提升教学绩效？

农村小学教师在教育教学过程中，应从以下几个方面应用信息技术以更好地提升教学绩效：利用信息技术手段，如多媒体课件、数字影像等，创设生动、形象的教学情境，激发学生的学习兴趣和探究欲望，提高学生的学习效果。利用信息技术手段，如网络资源、在线课程等，开展多种形式的教学活动，如小组合作、探究学习等，培养学生的自主学习和协作学习能力，提升学生的学习质量。通过信息技术的手段，如学习管理系统、智能教学系统等，针对学生的个性化需求和学习特点，提供定制化的学习资源和辅导方案，促进学生的个性化发展。利用信息技术手段，如互联网、数字图书馆等，拓展教学资源的获取途径，丰富教学内容，开阔学生的视野。通过信息技术手段，如在线作业系统、实时讨论工具等，实现教师与学生之间的实时反馈和互动，及时解决学生的学习问题，提高学生的学习效果。利用信息技术手段，如家长微信群、学校网站等，加强与家长的沟通和合作，共同关注学生的学习和发展，促进家校共育。农村小学教师还应该通过信息技术手段，如在线培训课程、教育技术论坛等，不断提升自身的信息素养和教育教学能力，以更好地适应信息化时代的教学需求。

附录7 农村小学教师信息素养的构成要素专家咨询问卷（一）

尊敬的专家：

您好！非常感谢您拨冗为该项研究填写关于"农村小学教师信息素养的构成要素"的专家咨询问卷，填写本表大约需要8分钟。您的意见对我的研究十分重要，再次感谢您的帮助！此次专家咨询仅用于本次学术研究，对于问卷的信息和评估结果我们将严格保密。

本研究通过对国内外文献的梳理，基于联合国教科文组织、美国、英国、澳大利亚、欧洲、中国等先进国家和组织所制定的小学教师信息素养标准，初步构建了农村小学教师信息素养的构成要素指标，包括信息意识、信息知识、信息技能、信息应用、信息伦理与道德、专业发展6个一级要素指标，24个二级要素指标和73个三级要素指标。

本问卷主要由两部分组成：第一部分是关于您的基本信息；第二部分是关于农村小学教师信息素养一级、二级和三级要素指标的评议和修改意见。

第一部分 专家基本情况

请您在对应题目的横线上或括号中选择符合您情况的选项：

1. 您的姓名：_____。

2. 您的工作单位：_____。

3. 您的工龄是（   ）。

A. 10年及以下　B. 11—20年　C. 21—30年　D. 30年及以上

4. 您的专业技术职称为（   ）。

A. 初级　B. 中级　C. 副高级　D 正高级

5. 您的最高学历为（   ）。

A. 本科　B. 硕士　C. 博士

6. 您的研究领域：_____。

7. 您对问题的熟悉程度为（   ）。

A. 很熟悉　B. 熟悉　C. 一般熟悉　D. 不熟悉　E. 很不熟悉

第二部分 农村小学教师信息素养构成要素指标的评议

请您对该指标体系的各个维度及其所包含的各个指标打分并提出修改意见。其中，数字1、2、3、4、5代表该指标在此维度中的重要程度，1代表特别不重要，2代表不重要，3代表一般重要，4代表比较重要，5代表非常重要，请在您认为的分值下方划"√"。

附表2　一级构成要素指标评议（6个）

序号	指标名称	描述	5	4	3	2	1	修改意见
1	信息意识（A）	教师对于信息的价值、作用和影响的认知和理解程度						
2	信息知识（B）	教师在信息技术和信息资源领域的知识体系						
3	信息技能（C）	教师在信息获取、评估、处理、应用以及沟通方面的能力						
4	信息应用（D）	教师将获取到的信息技术和信息资源应用于实际教学和学习活动中，以提升教学效果和学生学习成果的能力						
5	信息伦理与道德（E）	教师在使用、传播和处理信息时遵循的道德和社会价值准则						
6	专业发展（F）	教师在教学职业中不断提高自己的知识、技能、态度和教育素养的过程						

资料来源：作者自制。

附表3　二级构成要素指标评议（24个）

序号	指标名称	描述	5 4 3 2 1	修改意见
1	信息观念意识（A1）	教师对信息的态度和认知，包括他们对信息的价值、重要性和作用的理解		
2	信息获取意识（A2）	教师获取所需信息的能力，包括有效地使用各种信息资源和工具		
3	信息分析与评价意识（A3）	教师对所获得的信息进行批判性思考和评估的能力，以确定信息的质量和可信度		
4	信息传播与交流意识（A4）	教师与同事、学生家长和社区分享信息的能力，以促进合作和教育目标的实现		
5	信息安全意识（A5）	教师对于信息安全的认知、理解以及在日常活动中对信息安全问题的关注和行为表现		
6	信息创新意识（A6）	教师在信息社会中对于创新和技术发展的敏感性、主动性以及对信息科技变革的积极态度		
7	信息技术常识（B1）	教师对于基本的信息技术概念、原理和应用的一般了解和认知		

续表

序号	指标名称	描述	5	4	3	2	1	修改意见
8	信息安全知识（B2）	教师在处理、传递和管理信息时，了解和应用有关信息安全的基本原则和措施的专业知识						
9	学科信息知识（B3）	教师在特定学科领域内获取、理解和应用信息的能力和知识						
10	网络通信知识（B4）	教师对网络通信领域知识的了解和应用能力						
11	信息法律政策知识（B5）	教师在教学和与学生、家长、同事互动的过程中，理解并遵守与信息和技术使用相关的法律法规、政策和规定						
12	基本办公软件使用技能（C1）	教师在教学和管理工作中，熟练运用各类基本办公软件进行文件处理、信息管理、沟通和教学设计等任务的技能						
13	网络搜索技能（C2）	教师能够有效、精准地使用网络搜索引擎进行信息检索和获取所需信息的能力						
14	信息化教学技能（C3）	教师在教育教学过程中，合理运用信息技术工具和数字化资源，借助互联网等技术手段，促进教学创新、提高教学效果的能力						

续表

序号	指标名称	描述	5 4 3 2 1	修改意见
15	信息处理技能（C4）	教师在处理和管理教育教学信息时，能够有效地获取、分析、组织、存储和传递信息的能力		
16	信息表达技能（C5）	教师有效地传达、呈现和表达教育教学信息的能力		
17	课程资源开发与利用技能（D1）	教师在教学过程中，通过各种方式和工具积极地创建、收集、整理和应用教学资源，以支持课程的设计和实施		
18	信息技术与课程整合技能（D2）	教师在教学中充分利用信息技术，将其有机地融入课程设计、实施和评估过程中，以提升教学效果、促进学生主动学习和培养21世纪技能的做法		
19	远程教育应用技能（D3）	教师通过信息技术，利用互联网等远程通信工具，进行远程教学、教育管理和学科支持的活动		
20	知识产权保护（E1）	保护教师在教育领域中所创造、拥有的知识产权，确保其合法权益和对创造性成果的享有		

续表

序号	指标名称	描述	5 4 3 2 1	修改意见
21	网络道德（E2）	教师在使用互联网和相关技术时应遵循的一套伦理和道德准则		
22	信息社会责任（E3）	教师在信息社会中应承担的一系列道德和社会责任，以确保他们在教育过程中正确、负责任地使用和传播信息技术		
23	知识持续性获取（F1）	教师在职业生涯中通过不断学习、研究和参与专业发展活动，以保持和更新自己的专业知识和技能		
24	专业能力成长（F2）	教师在其职业生涯中，通过不断学习、反思和实践，逐步提升和完善自己的专业素养、知识、技能和教育经验的过程		

资料来源：作者自制。

附表4 三级构成要素指标评议（73个）

序号	指标名称	描述	5 4 3 2 1	修改意见
1	信息社会认知（A11）	了解并接受信息时代的发展趋势，认识到信息对教育的深远影响		
2	信息学科重要性（A12）	意识到信息学科对学生综合素养的培养和发展的重要性		

续表

序号	指标名称	描述	5	4	3	2	1	修改意见
3	信息时代教学理念（A13）	接受并积极应用信息技术，将其融入教学中，促进学生全面发展						
4	多元信息源意识（A21）	意识到信息可以从不同的渠道获取，包括图书馆、互联网、实地调研等						
5	获取信息的主动性（A22）	有意识地、积极地从各种渠道获取信息，包括传统和现代的媒介						
6	有意识地采用多种方法获取信息（A23）	通过搜索、提问、观察等方法获取信息						
7	信息筛选能力（A31）	具备辨别信息真实性、准确性、可信度的能力，能筛选出对教学有价值的信息						
8	批判性思维（A32）	发展对信息进行分析和评价的批判性思维，不盲目接受信息，提高对信息的利用效果						
9	学科适应性（A33）	意识到信息对各个学科的适用性，能够将不同学科的信息进行结合运用						
10	信息分享与传播（A41）	愿意分享和传播有价值的信息，促进信息的流通和知识的传播						

续表

序号	指标名称	描述	5	4	3	2	1	修改意见
11	有效沟通与交流（A42）	具备良好的沟通技巧，能够与学生、同事、家长等有效地交流和传递信息						
12	隐私保护（A51）	了解并且重视学生和家庭的隐私，确保在信息使用中不泄露个人隐私						
13	网络安全（A52）	关注网络空间中的信息安全问题，加强对学生的网络安全教育						
14	信息诚信（A53）	在信息获取和使用中遵守诚实守信的原则，培养学生信息诚信意识						
15	创造性使用信息（A61）	能够有意识创造性地使用信息，将其应用于教学、科研等各个方面，推动创新和发展						
16	对新技术的敏感性（A62）	对新兴的信息技术有敏感性，能够迅速了解并适应新的技术工具，及时掌握最新的信息技术发展趋势						
17	创新思维（A63）	有创新思维，能够独立思考，勇于尝试新的教学方法和工具，不拘泥于传统的教学方式，积极寻找更有效的教学手段						
18	信息技术的概念与原理（B11）	了解信息与信息技术的基本概念与原理						

续表

序号	指标名称	描述	5	4	3	2	1	修改意见
19	信息安全知识（B12）	了解信息安全基础知识						
20	信息产权知识（B13）	了解信息产权基础知识						
21	信息应用现状（B14）	了解信息应用现状						
22	网络安全（B21）	理解网络安全的基本原理，包括防火墙、加密技术等						
23	数据保护（B22）	关注数据隐私保护，了解个人信息保护法规和相关政策						
24	网络攻击防范（B23）	学会预防常见的网络攻击，如病毒、恶意软件等						
25	教学资源（B31）	了解学科相关的教学资源，包括学科网站、学科期刊等						
26	学科前沿（B32）	关注学科前沿动态，提高对学科发展的敏感性						
27	网络基础概念（B41）	了解网络通信的基础概念，如互联网协议地址等						
28	远程协作（B42）	掌握使用远程协作工具进行在线会议、文件共享等						
29	网络教学平台（B43）	了解和掌握应用网络教学平台，确保教学活动顺利开展						

续表

序号	指标名称	描述	5 4 3 2 1	修改意见
30	知识产权法（B51）	了解知识产权相关法律，尊重和保护他人的知识产权		
31	隐私保护法规（B52）	熟悉个人信息保护法规，保障学生和个人信息的安全		
32	网络法规（B53）	了解网络法规，确保在网络空间中的行为合法		
33	文字处理软件（C11）	创建、编辑和格式化文档。使用字体、段落、页眉和页脚等排版功能。掌握插入表格、图表、图片等元素的技能		
34	电子表格软件（C12）	创建和编辑电子表格。使用基本的数学公式和函数。制作简单的图表和图形		
35	演示文稿软件（C13）	制作清晰、生动的幻灯片。添加动画、过渡效果，增强演示效果。掌握演示文稿的播放和分享方法		
36	搜索引擎使用（C21）	使用主流搜索引擎，如百度等。熟悉搜索关键词的技巧，提高检索准确性		
37	信息筛选（C22）	评估搜索结果的可信度和相关性。过滤垃圾信息，从海量信息中筛选出有用的内容		

续表

序号	指标名称	描述	5	4	3	2	1	修改意见
38	高级搜索（C23）	使用高级搜索功能，如语法搜索、时间范围搜索等。利用搜索引擎的高级工具优化搜索结果						
39	多媒体教具操作技能（C31）	使用智能板、投影仪等多媒体设备。制作和展示多媒体教学资源						
40	在线教育平台使用技能（C32）	登录和使用在线教育平台，如学银在线、智慧树等。上传、分享、下载教学资源						
41	电子化教材使用技能（C33）	使用电子教材进行教学。制订并实施基于电子教材的教学计划						
42	在线测验和反馈（C34）	利用在线工具创建测验和调查问卷。分析学生反馈，调整教学策略						
43	学科专用软件应用（C35）	掌握学科常见专用软件的基本操作						
44	数据处理（C41）	收集、整理、分析教学数据						
45	多媒体编辑（C42）	使用图像编辑工具进行图片处理。使用声音编辑工具进行声音处理。使用视频编辑工具制作和编辑教学视频						
46	任务管理和协同工作（C43）	使用任务管理工具进行协同工作，分享和分配任务						

续表

序号	指标名称	描述	5	4	3	2	1	修改意见
47	人机交互技能（C51）	用计算机容易理解的方式表达自己的信息						
48	用设备展示信息（C52）	选择适当的信息化设备（如投影、电子白板、展台等）展示信息						
49	用多媒体形式展示信息（C53）	选择适当的媒体形式呈现内容（如文字、图片、动画等）						
50	用多媒体工具表达信息（C54）	选择适当的软件工具（如社交媒体工具、课程平台、博客等）表达内容						
51	电子教材制作（D11）	制作电子化教材，增加多媒体元素。将教材与课程内容紧密结合						
52	教学视频制作（D12）	制作与教学相关的视频资源。利用视频解释复杂概念，拓宽学生视野						
53	虚拟实验和场景的创建（D13）	利用虚拟实验平台展示实验过程。使用场景模拟工具增强学生实践经验						
54	项目化学习（D21）	引入信息技术支持的项目制进行学习。利用在线协作工具推动学生团队合作						
55	游戏化教学（D22）	结合信息技术开展教学游戏设计。提高学生对学科知识的娱乐性学习绩效						

续表

序号	指标名称	描述	5 4 3 2 1	修改意见
56	个性化学习路径（D23）	利用信息技术，根据学生水平设定个性化学习路径。提供针对性的教学资源和反馈		
57	在线课程开设（D31）	设计和开发适应远程教育的在线课程。利用网络教学平台进行课程管理和互动		
58	远程授课技能（D32）	掌握远程授课的技巧和工具。提高在线教学的效果和互动性		
59	异地互动与合作（D33）	通过视频会议等方式，促进不同地区教师和学生的互动与合作。利用互联网资源打破地域限制，共享优质教育资源		
60	引用规范（E11）	教育学生正确引用他人作品的方式。强调知识产权保护，尊重他人劳动成果		
61	创新保护（E12）	引导学生尊重和保护自己的创新成果。鼓励创新，同时加强对知识产权的认知		
62	侵权行为（E13）	培养学生抵制网络侵权行为的能力。加强对学生进行版权保护和反盗版的教育		
63	信息真实性（E21）	强调传播真实、准确的信息。提倡对网络信息进行事实核查的良好习惯		

续表

序号	指标名称	描述	5	4	3	2	1	修改意见
64	网络欺凌（E22）	反对网络欺凌行为，维护网络空间的良好氛围。教育学生遵循网络道德，避免网络暴力						
65	规范信息获取（E23）	依法依规获取信息，反对采用非法手段获取信息						
66	社会参与（E31）	培养学生参与信息社会建设的责任感。引导学生关注社会问题，通过信息化手段参与社会活动						
67	传播正能量（E32）	积极参与社会正能量的传播						
68	信息技术持续性获取学科知识（F11）	利用信息技术持续性获取学科知识						
69	信息技术教学知识提升（F12）	不断提升信息技术教学方面的知识						
70	教育技术发展（F13）	关注教育技术的最新发展趋势。学习和掌握新的教育技术工具和应用，提高信息技术水平						
71	信息化教学设计（F21）	学习和应用先进的课程设计理念。不断改进教学设计，提高课堂教学的质量和吸引力						
72	信息技术支持的评估与反思（F22）	利用信息技术进行教学绩效评估与教学反思，以改进和提高自己的教学能力						

序号	指标名称	描述	5	4	3	2	1	修改意见
73	信息技术支持的教学研究（F23）	利用信息技术准确、全面获取教育教学数据，及时开展教育教学改革研究						

资料来源：作者自制。

附录8 农村小学教师信息素养的构成要素专家咨询问卷（二）

尊敬的专家：

您好！感谢您对本项研究工作的支持，笔者现已完成第一轮数据的收集与整理。在综合各位专家意见的基础上编制了第二轮问卷，再次期待您的宝贵意见和建议，您的意见和建议对我的研究很重要，再次感谢您对本研究的支持和帮助。此次专家咨询仅用于本次学术研究，对于问卷的信息和评估结果我们将严格保密。

本问卷主要由两部分组成：第一部分是关于您的个人自评；第二部分是关于农村小学教师信息素养二级和三级要素指标的评议和修改意见。

说明：农村小学教师信息素养6个一级指标在第一轮专家咨询中已全部通过，故本轮专家咨询不再对一级指标打分。

第一部分　专家自评表

下表涉及指标选择的4种判断依据，请您对各依据影响判断的程度进行评估，在对应处划"√"。

附表5　专家自评表

判断依据	影响程度		
	大	中	小
直观感觉			
理论分析			
实践（工作）经验			
对国内外的相关了解			

资料来源：作者自制。

第二部分　关于农村小学教师信息素养构成要素指标的评议

您的第一轮打分将作为附件随第二轮专家咨询问卷一并发送，在总问卷中用"/"表示。您的观点请按照"非常重要5分；比较重要4分；一般重要3分；不太重要2分；不重要1分"直接打分并在修改意见栏下填写您的意见。

附表6　二级构成要素指标评议（21个）

序号	二级指标名称	指标解释	第一轮您的打分	第一轮平均分	您的观点	修改建议
1	信息观念意识（A1）	强调教育是信息化社会的重要组成部分，有推动学校信息化发展的意愿和信念	/	4.81		
2	信息获取意识（A2）	具有积极获取信息的意识，知道如何通过各种途径（如互联网、图书馆、专业期刊等）获取所需的信息，并不断更新自己的信息库	/	4.71		
3	信息分析与评价意识（A3）	具备对信息进行分析和评价的能力，以确定信息的可信度、适用性和价值	/	4.48		

续表

序号	二级指标名称	指标解释	第一轮您的打分	第一轮平均分	您的观点	修改建议
4	信息传播与交流意识（A4）	在教学和专业实践中，认识到信息传播与交流的重要性，并具备有效传播和交流信息的技能和意愿	/	4.33		
5	信息安全意识（A5）	意识到保护信息安全的重要性，知道如何防止信息泄露、被篡改或滥用	/	4.48		
6	信息创新意识（A6）	具有创新意识，能够利用信息技术创新教学方式，提出新的教学思路和方法，推动教育教学的改革和发展	/	3.95		
7	信息法规与安全知识（B1）	在信息社会中了解和遵守一系列法规与安全知识，以确保在教学和信息处理过程中的合法性、安全性和道德性	/	/		
8	学科信息知识（B2）	在专业领域内所具备的信息和知识。这包括对学科知识体系的深刻理解、最新研究成果的了解，以及如何有效地将这些知识传授给学生	/	4.33		
9	网络通信协作知识（B3）	在网络通信和协作方面掌握一系列知识和技能，以有效地与学生、同事、家长等进行沟通和合作	/	3.76		
10	基本办公软件使用技能（C1）	在日常工作中熟练运用各种办公软件进行文件处理、信息管理等方面的技能	/	4.38		

续表

序号	二级指标名称	指标解释	第一轮您的打分	第一轮平均分	您的观点	修改建议
11	信息搜索技能（C2）	在寻找教学资源、学科知识和教学方法等方面，能够熟练有效地使用搜索引擎和其他在线信息检索工具	/	4.48		
12	信息化教学技能（C3）	能够熟练运用信息技术和数字工具，有效地整合这些工具到教学过程中，以提高教学效果、激发学生兴趣、个性化教学、促进学生参与等方面的技能	/	4.62		
13	信息化教学应用（D1）	在教学过程中充分利用信息技术和数字化工具，以提升教学效果、创造更具吸引力的学习环境，并培养学生的信息素养	/	/		
14	信息化教学评价（D2）	在信息化教学过程中采用信息技术和方法进行综合评估，以确保教学目标的达成和教育质量的提高	/	/		
15	知识产权保护（E1）	对教学和研究过程中所创造和产生的知识产权进行保护，包括但不限于教学材料、教案、研究成果、教育软件等	/	4.24		
16	网络行为道德（E2）	在网络上的行为应该符合专业道德和社会伦理，以维护自身声誉、保护学生利益，并展现教育者应有的榜样形象	/	4.48		

续表

序号	二级指标名称	指标解释	第一轮您的打分	第一轮平均分	您的观点	修改建议
17	信息社会责任（E3）	在信息社会中有着重要的社会责任，这包括对学生、家庭、社会以及自身的责任	/	4.29		
18	知识持续性获取（F1）	在职业生涯中不断学习、研究和参与专业发展活动，以保持和更新自己的专业知识和技能	/	4.62		
19	专业能力成长（F2）	在职业生涯中不断学习、更新和提升自己的专业知识和技能，以适应不断变化的教育环境和教学需求	/	4.33		
20	乡村信息发展现状适应性（F3）	在乡村信息发展中具备一定的适应性，以更好地融入乡村教育环境，应对信息化带来的变革	/	/		
21	乡村信息发展现状创新性（F4）	在乡村信息发展中发挥创新性，既能更好地应对教育挑战，又能激发学生学习兴趣，提高教学效果	/	/		

资料来源：作者自制。

附表7 三级构成要素指标评议（65个）

序号	三级指标名称	指标项解析	第一轮您的打分	第一轮平均分	您的观点	修改建议
1	信息社会认知（A11）	了解信息时代的发展趋势，感知信息技术对教育的深远影响	/	4.67		

续表

序号	三级指标名称	指标项解析	第一轮您的打分	第一轮平均分	您的观点	修改建议
2	信息时代教学理念（A12）	接受并积极应用信息技术的意愿，将其融入教学中，促进学生全面发展	/	4.81		
3	跨学科的信息意识（A13）	认识到信息技术在不同学科中的应用，以及信息技术的跨学科性质，促使教师能够将其融入多个学科中	/	4.48		
4	多元信息源意识（A21）	意识到信息可以从不同的渠道获取，包括图书馆、互联网、实地调研等	/	4.48		
5	获取信息的主动性（A22）	有意识地、积极地从各种渠道获取信息，包括传统和现代的媒介	/	4.81		
6	有意识地采用多种方法获取信息（A23）	有意识采用多种方法获取信息，如搜索、提问、观察等	/	4.57		
7	信息甄别意识（A31）	面对海量信息时，能够辨别信息的真实性、可信度、可靠性以及是否适用于特定情境的意识	/	/		
8	信息分析意识（A32）	对所获取的信息进行深入理解、评估和整合的能力，以便作出明智的决策和行动	/	/		
9	信息评价意识（A33）	面对各种信息时，能够理解、评估并判断其质量、可信度和可靠性的认识和能力	/	/		

续表

序号	三级指标名称	指标项解析	第一轮您的打分	第一轮平均分	您的观点	修改建议
10	信息综合意识（34）	能够有效整合和组织不同来源、不同形式的信息，形成有机的整体认识和理解的能力	/	/		
11	信息分享与传播意识（A41）	愿意分享和传播有价值的信息，促进信息的流通和知识的传播	/	4.33		
12	沟通交流意愿（A42）	具备良好的沟通技巧，愿意通过现代信息技术与学生、同事、家长等有效地交流和传递信息	/	4.57		
13	隐私保护意识（A51）	具有对个人信息等隐私的重视、保护和管理的认知和态度。包括注重学生信息的保密性、谨慎使用学生信息、妥善管理电子文件、妥善管理电子文件、教育学生隐私保护等	/	4.52		
14	网络安全意识（A52）	关注网络空间中的信息安全问题，加强对学生的网络安全教育	/	4.38		
15	信息诚信意识（A53）	在信息获取和使用中遵守诚实守信的原则，培养学生信息诚信意识	/	4.43		
16	对新技术的敏感性（A61）	对新兴的信息技术有敏感性，能够迅速了解并适应新的技术工具，及时了解其在教学中的应用可能性	/	4.29		

续表

序号	三级指标名称	指标项解析	第一轮您的打分	第一轮平均分	您的观点	修改建议
17	创新思维意识（A62）	有创新思维，能够独立思考，勇于尝试新的教学方法和工具，不拘泥于传统的教学方式，积极寻找更有效的教学手段	/	4.33		
18	创造性使用信息技术（A63）	能够有意识创造性地使用信息技术，将其应用于教学、科研等各个方面，推动乡村教育教学的创新和发展	/	4.52		
19	信息法规知识（B11）	关注数据隐私保护，了解个人信息保护法规和相关政策知识	/	4.33		
20	信息安全知识（B12）	了解信息安全基础知识；掌握数据保护的基本知识和技能，能够教授学生如何备份和保护个人数据免受丢失或被破坏。学会预防常见的网络攻击，如病毒、恶意软件等	/	4.24		
21	教学资源（B21）	了解学科相关的教学资源，包括国家、省、市教育资源平台，以及学科网站、学科期刊等	/	4.52		
22	学科前沿（B22）	关注学科前沿动态，提高对学科发展的敏感性	/	4.00		
23	远程协作（B31）	掌握使用远程协作工具对学生进行在线问题解答，在线会议、文件共享等	/	4.19		

续表

序号	三级指标名称	指标项解析	第一轮您的打分	第一轮平均分	您的观点	修改建议
24	网络教学平台（B32）	了解和掌握应用网络教学平台，确保教学活动顺利开展	/	4.48		
25	文字处理技能（C11）	创建、编辑和格式化文档。使用字体、段落、页眉和页脚等排版功能 掌握插入表格、图表、图片等元素的技能	/	4.38		
26	数据处理技能（C12）	创建和编辑电子表格 使用基本的数学公式和函数 制作简单的图表和图形	/	4.33		
27	多媒体课件制作技能（C13）	制作清晰、生动的幻灯片 添加动画、过渡效果，增强演示效果 掌握演示文稿的播放和分享方法	/	4.43		
28	办公软件协同操作技能（C14）	能协同多人在线共同编辑与处理表格、文字、幻灯片	/	/		
29	搜索引擎使用（C21）	使用主流搜索引擎，如百度、必应等 熟悉搜索关键词的技巧，提高检索准确性	/	4.48		
30	信息筛选（C22）	评估搜索结果的可信度和相关性 过滤垃圾信息，从海量信息中筛选出有用的内容	/	4.71		

续表

序号	三级指标名称	指标项解析	第一轮您的打分	第一轮平均分	您的观点	修改建议
31	高级搜索（C23）	使用高级搜索功能，如语法搜索、时间范围搜索等 利用搜索引擎的高级工具优化搜索结果	/	4.10		
32	生成式人工智能检索技能（C24）	具备使用生成式人工智能模型进行信息检索和处理的能力，如讯飞星火、文心一言等	/	/		
33	多媒体教具操作技能（C31）	能使用电子白板、投影仪等多媒体设备 利用多媒体教学设备展示多媒体教学资源	/	4.62		
34	在线教育平台使用技能（C32）	登录和使用在线教育平台，如国家智慧教育平台等 上传、分享、下载教学资源	/	4.38		
35	电子化教材使用技能（C33）	使用电子教材进行教学 制定并实施基于电子教材的教学计划	/	4.33		
36	在线测验和反馈（C34）	利用在线工具创建测验和问卷调查 分析学生反馈，调整教学策略	/	4.33		
37	学科专用软件使用技能（C35）	掌握学科常见专用软件的基本操作，如数学课程中的几何画板软件	/	4.33		

续表

序号	三级指标名称	指标项解析	第一轮您的打分	第一轮平均分	您的观点	修改建议
38	多媒体教学（D11）	利用计算机、投影仪、音响设备等多媒体教具，将教学内容以图像、声音、视频等形式呈现，为学生提供丰富多彩的视听学习资源，促进学生对知识的理解和记忆。这种教学方式可以极大地提高教学效率，帮助学生更快地了解、掌握教学内容	/	/		
39	网络教学（D12）	利用互联网资源，为学生提供在线课程、学习资源、互动交流、测试等全方位的学习支持服务。学生可以在任何地点、任何时间通过网络进行学习，不受地域和时间的限制。同时，网络教学还可以实现优秀教育资源的共享，让农村学生享受到同等的教育机会	/	/		
40	移动教学（D13）	利用智能手机、平板电脑等移动设备进行的教学辅助方式。通过移动教学平台，学生可以随时随地进行学习，获取各种学习资源和服务。移动教学具有便捷性、实时性和个性化等特点，能够满足学生的个性化学习需求	/	/		

续表

序号	三级指标名称	指标项解析	第一轮您的打分	第一轮平均分	您的观点	修改建议
41	教学内容设计评价（D21）	评估教师是否能够将信息化手段有效地融入教学内容中，使教学内容更加生动、形象、有趣，从而提高学生的学习兴趣和积极性	/	/		
42	教学过程评价（D22）	评估教师在信息化环境下的教学过程是否合理、流畅，是否能够有效地利用信息化手段引导学生主动学习、探究学习，以及是否能够有效解决学生在学习中遇到的问题	/	/		
43	学生学习效果评价（D23）	评估学生在信息化环境下的学习效果，包括学生的知识掌握程度、能力提高情况、情感态度变化等，从而判断信息化教学是否真正发挥了作用	/	/		
44	信息技术应用能力评价（D24）	评估教师在信息化环境下的信息技术应用能力，包括教师是否熟练掌握各种信息化工具、平台的使用方法，是否能够利用信息技术手段进行有效的课堂管理和教学评估等	/	/		
45	引用规范（E11）	教育学生正确引用他人作品的方式 强调知识产权保护，尊重他人劳动成果	/	4.38		

续表

序号	三级指标名称	指标项解析	第一轮您的打分	第一轮平均分	您的观点	修改建议
46	创新保护（E12）	引导学生尊重和保护自己的创新成果 鼓励创新的自主知识产权，同时加强对知识产权的认知	/	4.33		
47	侵权行为（E13）	培养学生抵制网络侵权行为的能力 加强对学生进行版权保护和反盗版的教育	/	4.33		
48	信息真实性（E21）	强调传播真实、准确的信息 提倡对网络信息进行事实核查的良好习惯	/	4.57		
49	网络欺凌（E22）	反对网络欺凌行为，维护网络空间的良好氛围 教育学生遵循网络道德，避免网络暴力	/	4.71		
50	规范信息获取（E23）	依法依规获取信息，反对采用非法手段获取信息	/	4.52		
51	社会参与（E31）	培养学生参与信息社会建设的责任感 引导学生关注社会问题，通过信息化手段参与社会活动	/	4.48		
52	传播正能量（E32）	利用网络积极参与社会正能量的传播	/	4.33		

续表

序号	三级指标名称	指标项解析	第一轮您的打分	第一轮平均分	您的观点	修改建议
53	学生在线行为监控与指导（E33）	针对农村地区留守儿童较多现状，特别增加了这条。关注学生可能存在的在线行为，引导学生合理使用网络，定期检查和评估留守儿童的在线活动，确保他们不沉迷于网络，保持合理的学习和休闲平衡	/	/		
54	更新和深化学科知识（F11）	随着教育改革的推进和学科知识的更新，需要不断学习和更新自己的学科知识，确保教授的内容与当前的教育标准和要求相符合	/	/		
55	跨学科学习（F12）	需要具备一定的跨学科知识和能力。通过参与跨学科的学习和培训，教师可以拓宽自己的知识视野，将不同学科的知识融合到教学中，增强教学效果	/	/		
56	自主学习和终身学习（F13）	利用互联网资源，进行自主学习和终身学习，不断追求新知识，提升自身的专业水平，适应不断变化的教育环境	/	/		
57	信息化教学设计（F21）	学习和应用先进的课程设计理念 不断改进教学设计，提高课堂教学的质量和吸引力。更新教学方法，提升教学效率和促进学生学习	/	4.62		

续表

序号	三级指标名称	指标项解析	第一轮您的打分	第一轮平均分	您的观点	修改建议
58	信息技术支持的评估与反思（F22）	利用信息技术进行教学绩效评估与教学反思以改进和提高自己的教学能力	/	4.57		
59	信息技术支持的教学研究（F23）	利用信息技术准确、全面获取教育教学数据，及时开展教育教学改革研究	/	4.43		
60	适应硬件条件（F31）	在乡村地区，信息技术硬件资源往往有限。因此，教师需要具备利用现有资源进行有效教学的能力，如灵活运用投影仪、电脑等设备，或创造性地使用传统教具与信息技术结合进行教学	/	/		
61	适应教学内容（F32）	能够将信息技术与教学内容相结合，充分利用互联网资源，找到适合乡村学生的教学内容和素材，以提高教学效果	/	/		
62	适应学生特点（F32）	农村学生可能在学习习惯、背景知识等方面与城市学生存在差异。因此，教师需要了解学生的特点，选择适合他们的教学方法和信息技术工具，以激发学生的学习兴趣和积极性	/	/		

续表

序号	三级指标名称	指标项解析	第一轮您的打分	第一轮平均分	您的观点	修改建议
63	创新性教学（F41）	在有限的资源条件下，教师需要不断尝试新的教学方法，如混合式教学、翻转课堂等，将信息技术与传统教学方法相结合，形成具有乡村特色的教学模式	/	/		
64	创新教学资源（F42）	利用互联网等渠道，教师可以寻找和创造适合乡村学生的教学资源。此外，教师还可以鼓励学生参与教学资源的制作，如制作自己的教学视频、课件等，以增强学生的参与感和创造力	/	/		
65	创新评价体系（F43）	针对乡村学生的实际情况，教师可以建立科学的评价体系，利用信息技术工具进行实时、动态的学生评价。例如，利用在线测试、作业提交等功能，及时了解学生的学习情况，并给予反馈和指导	/	/		

资料来源：作者自制。

附录9 农村小学教师信息素养自评问卷

尊敬的老师：

您好！本问卷采取匿名的形式进行填写，仅为调查研究所用，不会给您带来任何影响。在此占用您一点宝贵时间，请和我们共同完成这份调查问卷，您的填写对我们的研究具有非常重要的意义，完成本问卷大约占用您 5—8 分钟，麻烦您认真填写，感谢您的支持与配合！

2024 年 3 月

1. 您的性别是：[单选题]

A. 女

B. 男

2. 您所在的地区是：[单选题]

成都市

绵阳市

自贡市

攀枝花市

泸州市

德阳市

广元市

遂宁市

内江市

乐山市

资阳市

宜宾市

南充市

达州市

雅安市

阿坝藏族羌族自治州

甘孜藏族自治州

凉山彝族自治州

广安市

巴中市

眉山市

3. 您的年龄段是：[单选题]

A. 30 岁以下

B. 30—39 岁

C. 40—49 岁

D. 50 岁及以上

4. 您的学历是：[单选题]

A. 高中及以下

B. 大专

C. 本科

D. 硕士及以上

5. 您的教龄是：[单选题]

A. 5 年以下

B. 6—15 年

C. 16—25 年

D. 26 年及以上

6. 您所在学校的性质是：[单选题]

A. 公立小学

B. 私立小学

7. 您所在学校的类型是：[单选题]

A. 市属小学

B. 区/县属小学

C. 乡/镇小学

D. 村小

E. 教学点

8. 目前您所主要教授的学科是：[单选题]

A. 语文

B. 数学

C. 英语

D. 体育

E. 音乐

F. 美术

G. 信息技术

H. 科学

I. 其他（请注明_____）

9. 我有了解信息时代的发展趋势、感知信息技术对教育的深远影响的意识。（　　）[单选题]

A. 非常不同意

B. 不同意

C. 不确定

D. 同意

E. 非常同意

10. 我有接受并积极应用信息技术的意愿，能将其融入教学，促进学生全面发展。（　　）[单选题]

A. 非常不同意

B. 不同意

C. 不确定

D. 同意

E. 非常同意

11. 我能认识到信息技术在不同学科中的应用，以及信息技术的跨学科性质，能够将其融入多个学科中。（　　）[单选题]

A. 非常不同意

B. 不同意

C. 不确定

D. 同意

E. 非常同意

12. 我能意识到信息可以从不同的渠道获取，包括图书馆、互联

网、实地调研等。(　　)［单选题］

 A. 非常不同意

 B. 不同意

 C. 不确定

 D. 同意

 E. 非常同意

13. 我能有意识地、积极地从各种渠道获取信息，包括传统和现代的媒介。(　　)［单选题］

 A. 非常不同意

 B. 不同意

 C. 不确定

 D. 同意

 E. 非常同意

14. 我能有意识地采用多种方法获取信息，如搜索、提问、观察等。(　　)［单选题］

 A. 非常不同意

 B. 不同意

 C. 不确定

 D. 同意

 E. 非常同意

15. 我能对所获取的信息进行深入理解、评估和整合，以便作出明智的决策和行动。(　　)［单选题］

 A. 非常不同意

 B. 不同意

 C. 不确定

 D. 同意

 E. 非常同意

16. 面对各种信息时，我具备甄别、理解、评估并判断其质量、可

信度和可靠性的认识和能力。（   ）［单选题］

　　A. 非常不同意

　　B. 不同意

　　C. 不确定

　　D. 同意

　　E. 非常同意

17. 我能够有效整合和组织来自不同来源、不同形式的信息，形成有机的整体认识和理解。（   ）［单选题］

　　A. 非常不同意

　　B. 不同意

　　C. 不确定

　　D. 同意

　　E. 非常同意

18. 我愿意分享和传播有价值的信息，促进信息的流通和知识的传播。（   ）［单选题］

　　A. 非常不同意

　　B. 不同意

　　C. 不确定

　　D. 同意

　　E. 非常同意

19. 我具备良好的沟通技巧，愿意通过现代信息技术与学生、同事、家长等有效地交流和传递信息。（   ）［单选题］

　　A. 非常不同意

　　B. 不同意

　　C. 不确定

　　D. 同意

　　E. 非常同意

20. 我具有对个人信息等隐私的重视、保护和管理的认知和态度。

包括注重学生信息的保密性、谨慎使用学生信息、妥善管理电子文件、教育学生注重隐私保护等。（　　　）[单选题]

A. 非常不同意

B. 不同意

C. 不确定

D. 同意

E. 非常同意

21. 我能关注网络空间中的信息安全问题，加强学生的网络安全教育。（　　　）[单选题]

A. 非常不同意

B. 不同意

C. 不确定

D. 同意

E. 非常同意

22. 我在信息获取和使用中遵守诚实守信的原则，培养学生的信息诚信意识。（　　　）[单选题]

A. 非常不同意

B. 不同意

C. 不确定

D. 同意

E. 非常同意

23. 我对新兴的信息技术有敏感性，能够迅速了解并适应新的技术工具，及时了解其在教学中的应用可能性。（　　　）[单选题]

A. 非常不同意

B. 不同意

C. 不确定

D. 同意

E. 非常同意

24. 我有创新思维，能够独立思考，勇于尝试新的教学方法和工具，不拘泥于传统的教学方式，积极寻找更有效的教学手段。（　　）[单选题]

    A. 非常不同意

    B. 不同意

    C. 不确定

    D. 同意

    E. 非常同意

25. 我能够有意识、创造性地使用信息技术，将其应用于教学、科研等各个方面，推动乡村教育教学的创新和发展。（　　）[单选题]

    A. 非常不同意

    B. 不同意

    C. 不确定

    D. 同意

    E. 非常同意

26. 我能了解学科相关的教学资源，包括国家、省、市教育资源平台，以及学科网站、学科期刊等。（　　）[单选题]

    A. 非常不同意

    B. 不同意

    C. 不确定

    D. 同意

    E. 非常同意

27. 我能关注学科前沿动态，提高对学科发展的敏感性。（　　）[单选题]

    A. 非常不同意

    B. 不同意

    C. 不确定

    D. 同意

E. 非常同意

28. 我能掌握使用远程协作工具进行在线问题解答，在线会议、文件共享等。（　　）[单选题]

A. 非常不同意

B. 不同意

C. 不确定

D. 同意

E. 非常同意

29. 我了解和掌握应用网络教学平台，确保教学活动顺利开展。（　　）[单选题]

A. 非常不同意

B. 不同意

C. 不确定

D. 同意

E. 非常同意

30. 我能创建、编辑和格式化文档，使用字体、段落、页眉和页脚等排版功能，掌握插入表格、图表、图片等元素的技能。（　　）[单选题]

A. 非常不同意

B. 不同意

C. 不确定

D. 同意

E. 非常同意

31. 我能创建和编辑电子表格：使用基本的数学公式和函数；制作简单的图表和图形。（　　）[单选题]

A. 非常不同意

B. 不同意

C. 不确定

D. 同意

E. 非常同意

32. 我能制作清晰、生动的幻灯片；添加动画、过渡效果，增强演示效果；掌握演示文稿的播放和分享方法。（　　）[单选题]

A. 非常不同意

B. 不同意

C. 不确定

D. 同意

E. 非常同意

33. 我能协同多人在线共同编辑与处理表格、文字、幻灯片。（　　）[单选题]

A. 非常不同意

B. 不同意

C. 不确定

D. 同意

E. 非常同意

34. 我能使用主流搜索引擎，如百度、必应等；熟悉搜索关键词的技巧，提高检索准确性。（　　）[单选题]

A. 非常不同意

B. 不同意

C. 不确定

D. 同意

E. 非常同意

35. 我能评估搜索结果的可信度和相关性；过滤垃圾信息，从海量信息中筛选出有用的内容。（　　）[单选题]

A. 非常不同意

B. 不同意

C. 不确定

D. 同意

E. 非常同意

36. 我能使用高级搜索功能，如语法搜索、时间范围搜索等；利用搜索引擎的高级工具优化搜索结果。（　　）[单选题]

A. 非常不同意

B. 不同意

C. 不确定

D. 同意

E. 非常同意

37. 我具备使用生成式人工智能模型进行信息检索和处理的能力，如讯飞星火、文心一言等。（　　）[单选题]

A. 非常不同意

B. 不同意

C. 不确定

D. 同意

E. 非常同意

38. 我能使用电子白板、投影仪等多媒体设备展示教学资源。（　　）[单选题]

A. 非常不同意

B. 不同意

C. 不确定

D. 同意

E. 非常同意

39. 我能登录和使用在线教育平台（如国家智慧教育平台等）上传、分享、下载教学资源。（　　）[单选题]

A. 非常不同意

B. 不同意

C. 不确定

D. 同意

E. 非常同意

40. 我能使用电子教材进行教学；制定并实施基于电子教材的教学计划。（ ）［单选题］

A. 非常不同意

B. 不同意

C. 不确定

D. 同意

E. 非常同意

41. 我能利用在线工具创建测验和调查问卷，分析学生反馈，调整教学策略。（ ）［单选题］

A. 非常不同意

B. 不同意

C. 不确定

D. 同意

E. 非常同意

42. 我掌握了学科常见专用软件的基本操作，如数学课程中的几何画板软件。（ ）［单选题］

A. 非常不同意

B. 不同意

C. 不确定

D. 同意

E. 非常同意

43. 我能应用计算机、投影仪、音响设备等多媒体教具进行教学。（ ）［单选题］

A. 非常不同意

B. 不同意

C. 不确定

D. 同意

E. 非常同意

44. 我能应用互联网资源,为学生提供在线课程、移动教学、学习资源、互动交流、测试等全方位的学习支持服务。(　　)［单选题］

A. 非常不同意

B. 不同意

C. 不确定

D. 同意

E. 非常同意

45. 我能评估其他教师是否将信息化手段有效地融入教学内容中,使教学内容更加生动、形象、有趣,从而提高学生的学习兴趣和积极性。(　　)［单选题］

A. 非常不同意

B. 不同意

C. 不确定

D. 同意

E. 非常同意

46. 我能评估其他教师在信息化环境下的教学过程是否合理、流畅,是否能够有效地利用信息化手段引导学生主动学习、探究学习,以及是否能够有效解决学生在学习中遇到的问题。(　　)［单选题］

A. 非常不同意

B. 不同意

C. 不确定

D. 同意

E. 非常同意

47. 我能评估学生在信息化环境下的学习效果,包括学生的知识掌握程度、能力提高情况、情感态度变化等,从而判断信息化教学是否真正发挥了作用。(　　)［单选题］

A. 非常不同意

B. 不同意

C. 不确定

D. 同意

E. 非常同意

48. 我能评估其他教师是否熟练掌握各种信息化工具、平台的使用方法，是否能够利用信息技术手段进行有效的课堂管理和教学评估等。（　　）［单选题］

A. 非常不同意

B. 不同意

C. 不确定

D. 同意

E. 非常同意

49. 我能教育学生正确引用他人作品的方式；强调知识产权保护，尊重他人劳动成果。（　　）［单选题］

A. 非常不同意

B. 不同意

C. 不确定

D. 同意

E. 非常同意

50. 我能引导学生尊重和保护自己的创新成果；鼓励创新的自主知识产权，同时加强对知识产权法律法规的认知。（　　）［单选题］

A. 非常不同意

B. 不同意

C. 不确定

D. 同意

E. 非常同意

51. 我能培养学生抵制网络侵权行为的能力；加强对学生进行版权

保护和反盗版的教育。（　　）［单选题］

  A. 非常不同意

  B. 不同意

  C. 不确定

  D. 同意

  E. 非常同意

52. 我会强调传播真实、准确的信息；提倡对网络信息进行事实核查的良好习惯。（　　）［单选题］

  A. 非常不同意

  B. 不同意

  C. 不确定

  D. 同意

  E. 非常同意

53. 我会反对网络欺凌行为，维护网络空间的良好氛围；教育学生遵循网络道德，避免网络暴力。（　　）［单选题］

  A. 非常不同意

  B. 不同意

  C. 不确定

  D. 同意

  E. 非常同意

54. 我能依法依规获取信息，反对采用非法手段获取信息。（　　）［单选题］

  A. 非常不同意

  B. 不同意

  C. 不确定

  D. 同意

  E. 非常同意

55. 我会培养学生参与信息社会建设的责任感；引导学生关注社会

问题，通过信息化手段参与社会活动。（　　）［单选题］

A. 非常不同意

B. 不同意

C. 不确定

D. 同意

E. 非常同意

56. 我能利用网络，积极参与社会正能量的传播。（　　）［单选题］

A. 非常不同意

B. 不同意

C. 不确定

D. 同意

E. 非常同意

57. 我能关注学生可能存在的在线行为，引导学生合理使用网络，定期检查和评估留守儿童的在线活动，确保他们不沉迷于网络，保持学习和休闲平衡。（　　）［单选题］

A. 非常不同意

B. 不同意

C. 不确定

D. 同意

E. 非常同意

58. 我会关注数据隐私保护，了解个人信息保护法规和相关政策知识。（　　）［单选题］

A. 非常不同意

B. 不同意

C. 不确定

D. 同意

E. 非常同意

59. 我了解信息安全基础知识；掌握数据保护的基本知识和技能，

能够教授学生如何备份和保护个人数据免受丢失或被破坏；能教会学生预防常见的网络攻击，如病毒、恶意软件等。（　　）［单选题］

A. 非常不同意

B. 不同意

C. 不确定

D. 同意

E. 非常同意

60. 我能不断学习和更新自己的学科知识，确保所教授的内容与当前的教育标准和要求相符合。（　　）［单选题］

A. 非常不同意

B. 不同意

C. 不确定

D. 同意

E. 非常同意

61. 我注重跨学科的教学，具备一定的跨学科知识和能力，能将不同学科的知识融合到教学中，提高教学效果。（　　）［单选题］

A. 非常不同意

B. 不同意

C. 不确定

D. 同意

E. 非常同意

62. 我能学习和应用先进的课程设计理念；不断改进教学设计，提高课堂教学的质量和吸引力；更新教学方法，提升教学效率和促进学生的学习效果。（　　）［单选题］

A. 非常不同意

B. 不同意

C. 不确定

D. 同意

E. 非常同意

63. 我能利用信息技术进行教学绩效评估与教学反思以改进和提升自己的教学能力。（   ）［单选题］

　　A. 非常不同意

　　B. 不同意

　　C. 不确定

　　D. 同意

　　E. 非常同意

64. 我能利用信息技术准确、全面地获取教育教学数据，及时开展教育教学改革研究。（   ）［单选题］

　　A. 非常不同意

　　B. 不同意

　　C. 不确定

　　D. 同意

　　E. 非常同意

65. 我能利用现有资源进行有效的教学，如灵活运用投影仪、电脑等设备，或创造性地结合使用传统教具与信息技术进行教学。（   ）［单选题］

　　A. 非常不同意

　　B. 不同意

　　C. 不确定

　　D. 同意

　　E. 非常同意

66. 我能将信息技术与教学内容相结合，充分利用互联网资源，找到适合乡村学生的教学内容和素材，以提高教学效果。（   ）［单选题］

　　A. 非常不同意

　　B. 不同意

C. 不确定

D. 同意

E. 非常同意

67. 我能了解学生的特点，选择适合他们的教学方法和信息技术工具，以激发学生的学习兴趣和积极性。（　　）［单选题］

A. 非常不同意

B. 不同意

C. 不确定

D. 同意

E. 非常同意

68. 我能在有限的资源条件下，不断尝试新的教学方法，如混合式教学、翻转课堂等，将信息技术与传统教学方法相结合，形成具有乡村特色的教学模式。（　　）［单选题］

A. 非常不同意

B. 不同意

C. 不确定

D. 同意

E. 非常同意

69. 我能利用互联网等渠道，寻找和创造出适合乡村学生的教学资源；同时鼓励学生参与教学资源的制作。（　　）［单选题］

A. 非常不同意

B. 不同意

C. 不确定

D. 同意

E. 非常同意

70. 我能借助科学的评价体系，利用信息技术工具进行实时、动态的学生评价。例如，利用在线测试、作业提交等功能，及时了解学生的学习情况，并给予反馈和指导。（　　）［单选题］

A. 非常不同意

B. 不同意

C. 不确定

D. 同意

E. 非常同意

附录 10　客观一致性指数内容匹配检查表

在 5 名专家的协助下，对调查农村小学教师信息素养构成要素的客观一致性指数进行了检验。所有数据仅用于本研究全面统计分析。

说明：需要被咨询人员考虑问题的一致性、全面性和完整性，并根据实际情况在评分框中打分，得分如下。

1 表示问题与所需测量的定义一致。

0 表示不确定问题是否符合被测量的定义。

-1 表示问题与测量定义不一致。

附表 8　农村小学教师信息素养构成专家咨询表

序号	问题	专家1	专家2	专家3	专家4	专家5	平均分
		一级指标					
1	信息意识（A）：对于信息的价值、作用和影响的认知和理解程度	1	1	1	1	1	1
2	信息知识（B）：在信息技术和信息资源领域的知识体系	1	1	1	1	1	1
3	信息技能（C）：在信息获取、评估、处理、应用以及沟通方面的能力	1	1	1	1	1	1

续表

序号	问题	专家1	专家2	专家3	专家4	专家5	平均分
4	信息应用（D）：将获取到的信息技术和信息资源应用于实际教学和学习活动中，以提升教学效果和学生学习成果的能力	1	1	1	1	1	1
5	信息伦理与道德（E）：在使用、传播和处理信息时遵循的道德和社会价值准则	1	1	1	1	1	1
6	专业发展（F）：在教学中不断提高自己的知识、技能、态度和教育素养的过程	1	1	1	1	1	1
二级指标							
1	信息观念意识（A1）：对信息的态度和认知，包括他们对信息的价值、重要性和作用的理解	1	1	1	1	1	1
2	信息获取意识（A2）：获取所需信息的能力，包括有效地使用各种信息资源和工具	1	1	1	1	1	1
3	信息分析与评价意识（A3）：对所获得的信息进行批判性思考和评估的能力，以确定信息的质量和可信度	1	1	1	1	1	1
4	信息传播与交流意识（A4）：与同事、学生家长和社区分享信息的能力，以促进合作和教育目标的实现	1	1	1	1	1	1

续表

序号	问题	专家1	专家2	专家3	专家4	专家5	平均分
5	信息安全意识（A5）：对于信息安全的认知、理解以及在日常活动中对信息安全问题的关注和行为表现	1	1	1	1	1	1
6	信息创新意识（A6）：在信息社会中对于创新和技术发展的敏感性、主动性以及对信息科技变革的积极态度	1	1	1	1	1	1
7	信息技术常识（B1）：对于基本的信息技术概念、原理和应用的一般了解和认知	1	1	1	1	1	1
8	信息安全知识（B2）：在处理、传递和管理信息时，了解和应用有关信息安全的基本原则和措施的专业知识	1	1	1	1	1	1
9	学科信息知识（B3）：在特定学科领域内获取、理解和应用信息的能力和知识	1	1	1	1	1	1
10	网络通信知识（B4）：对网络通信领域知识的了解和应用能力	1	1	1	1	1	1
11	信息法律政策知识（B5）：在教学和与学生、家长、同事互动的过程中，理解并遵守与信息和技术使用相关的法律法规、政策和规定的专业知识	1	1	1	1	1	1
12	基本办公软件使用技能（C1）：在教学和管理工作中，熟练运用各类基本办公软件进行文件处理、信息管理、沟通和教学设计等任务的技能	1	1	1	1	1	1

续表

序号	问题	审核结果 专家1 专家2 专家3 专家4 专家5	平均分
13	网络搜索技能（C2）：能够有效、精准地使用网络搜索引擎进行信息检索和获取所需信息的能力	1　1　1　1　1	1
14	信息化教学技能（C3）：在教育教学过程中，合理运用信息技术工具和数字化资源，借助互联网等技术手段，促进教学创新、提高教学效果的能力	1　1　1　1　1	1
15	信息处理技能（C4）：在处理和管理教育教学信息时，能够有效地获取、分析、组织、存储和传递信息的能力	1　1　1　1　1	1
16	信息表达技能（C5）：有效地传达、呈现和表达教育教学信息的能力	1　1　1　1　1	1
17	课程资源开发与利用技能(D1)：在教学过程中，通过各种方式和工具积极地创建、收集、整理和应用教学资源，以支持课程的设计和实施	1　1　1　1　1	1
18	信息技术与课程整合技能（D2）：在教学中充分利用信息技术，将其有机地融入课程设计、实施和评估过程中，以提升教学效果、促进学生主动学习和培养21世纪技能的做法	1　1　1　1　1	1

续表

序号	问题	专家1	专家2	专家3	专家4	专家5	平均分
19	远程教育应用技能（D3）：通过信息技术，利用互联网等远程通信工具，进行远程教学、教育管理和学科支持的活动	1	1	1	1	1	1
20	知识产权保护（E1）：保护教师在教育领域中所创造、拥有的知识产权，确保其合法权益和对创造性成果的享有	1	1	1	1	1	1
21	网络道德（E2）：在使用互联网和相关技术时应遵循的一套伦理和道德准则	1	1	1	1	1	1
22	信息社会责任（E3）：在信息社会中应承担的一系列道德和社会责任，以确保他们在教育过程中正确、负责任地使用和传播信息技术	1	1	1	1	1	1
23	知识持续性获取（F1）：在职业生涯中通过不断学习、研究和参与专业发展活动，以保持和更新自己的专业知识和技能	1	1	1	1	1	1
24	专业能力成长（F2）：在职业生涯中，通过不断学习、反思和实践，逐步提升和完善自己的专业素养、知识、技能和教育经验的过程	1	1	1	1	1	1
三级指标							
1	信息社会认知（A11）：了解并接受信息时代的发展趋势，认识到信息对教育的深远影响	1	1	1	1	1	1

续表

序号	问题	审核结果 专家1	专家2	专家3	专家4	专家5	平均分
2	信息学科重要性（A12）：意识到信息学科对学生综合素养的培养和发展的重要性	1	1	1	1	1	1
3	信息时代教学理念（A13）：接受并积极应用信息技术，将其融入教学中，促进学生全面发展	1	1	1	1	1	1
4	多元信息源意识（A21）：意识到信息可以从不同的渠道获取，包括图书馆、互联网、实地调研等	1	1	1	1	1	1
5	获取信息的主动性（A22）：有意识地、积极地从各种渠道获取信息，包括传统和现代的媒介	1	1	1	1	1	1
6	有意识地采用多种方法获取信息（A23）：如搜索、提问、观察等方法	1	1	1	1	1	1
7	信息筛选能力（A31）：具备辨别信息真实性、准确性、可信度的能力，筛选出对教学有价值的信息	1	1	1	1	1	1
8	批判性思维（A32）：发展对信息进行分析和评价的批判性思维，不盲目接受信息，提高信息的利用效果	1	1	1	1	1	1

续表

序号	问题	审核结果 专家1	专家2	专家3	专家4	专家5	平均分
9	学科适应性（A33）：意识到信息对各个学科的适用性，能够将不同学科的信息进行结合运用	1	1	1	1	1	1
10	信息分享与传播（A41）：愿意分享和传播有价值的信息，促进信息的流通和知识的传播	1	1	1	1	1	1
11	有效沟通与交流（A42）：具备良好的沟通技巧，能够与学生、同事、家长等有效地交流和传递信息	1	1	1	1	1	1
12	隐私保护（A51）：了解并且重视学生和家庭的隐私，确保在信息使用中不泄露个人隐私	1	1	1	1	1	1
13	网络安全（A52）：关注网络空间中的信息安全问题，加强对学生的网络安全教育	1	1	1	1	1	1
14	信息诚信（A53）：在信息获取和使用中遵守诚实守信的原则，培养学生信息诚信意识	1	1	1	1	1	1
15	创造性使用信息（A61）：能够有意识创造性地使用信息，将其应用于教学、科研等各个方面，推动创新和发展	1	1	1	1	1	1
16	对新技术的敏感性（A62）：对新兴的信息技术有敏感性，能够迅速了解并适应新的技术工具，及时掌握最新的信息技术发展趋势	1	1	1	1	1	1

续表

序号	问题	专家1	专家2	专家3	专家4	专家5	平均分
17	创新思维（A63）：有创新思维，能够独立思考，勇于尝试新的教学方法和工具，不拘泥于传统的教学方式，积极寻找更有效的教学手段	1	1	1	1	1	1
18	信息技术的概念与原理（B11）：了解信息与信息技术的基本概念与原理	1	1	1	1	1	1
19	信息安全知识（B12）：了解信息安全基础知识	1	1	1	1	1	1
20	信息产权知识（B13）：了解信息产权基础知识	1	1	1	1	1	1
21	信息应用现状（B14）：了解信息应用现状	1	1	1	1	1	1
22	网络安全（B21）：理解网络安全的基本原理，包括防火墙、加密技术等	1	1	1	1	1	1
23	数据保护（B22）：关注数据隐私保护，了解个人信息保护法规和相关政策	1	1	1	1	1	1
24	网络攻击防范（B23）：学会预防常见的网络攻击，如病毒、恶意软件等	1	1	1	1	1	1
25	教学资源（B31）：了解学科相关的教学资源，包括学科网站、学科期刊等	1	1	1	1	1	1
26	学科前沿（B32）：关注学科前沿动态，提高对学科发展的敏感性	1	1	1	1	1	1

续表

序号	问题	专家1	专家2	专家3	专家4	专家5	平均分
27	网络基础概念（B41）：了解网络通信的基础概念，如互联网协议等	1	1	1	1	1	1
28	远程协作工具（B42）：掌握使用远程协作工具进行在线会议、文件共享等	1	1	1	1	1	1
29	网络教学平台（B43）：了解和掌握应用网络教学平台，确保教学活动顺利开展	1	1	1	1	1	1
30	知识产权法（B51）：了解知识产权相关法律，尊重和保护他人的知识产权	1	1	1	1	1	1
31	隐私保护法规（B52）：熟悉个人隐私保护法规，保障学生个人信息的安全	1	1	1	1	1	1
32	网络法规（B53）：了解网络法规，确保在网络空间中的行为合法	1	1	1	1	1	1
33	文字处理软件（C11）：创建、编辑和格式化文档。使用字体、段落、页眉和页脚等排版功能。掌握插入表格、图表、图片等元素的技能	1	1	1	1	1	1
34	电子表格软件（C12）：创建和编辑电子表格。使用基本的数学公式和函数。制作简单的图表和图形	1	1	1	1	1	1

续表

序号	问题	审核结果					平均分
		专家1	专家2	专家3	专家4	专家5	
35	演示文稿软件（C13）：制作清晰、生动的幻灯片。添加动画、过渡效果，增强演示效果。掌握演示文稿的播放和分享方法	1	1	1	1	1	1
36	搜索引擎使用（C21）：使用主流搜索引擎，如百度、必应等。熟悉搜索关键词的技巧，提高检索准确性	1	1	1	1	1	1
37	信息筛选（C22）：评估搜索结果的可信度和相关性。过滤垃圾信息，从海量信息中筛选出有用的内容	1	1	1	1	1	1
38	高级搜索（C23）：使用高级搜索功能，如语法搜索、时间范围搜索等。利用搜索引擎的高级工具优化搜索结果	1	1	1	1	1	1
39	多媒体教具操作技能（C31）：使用智能板、投影仪等多媒体设备。制作和展示多媒体教学资源	1	1	1	1	1	1
40	在线教育平台使用技能（C32）：登录和使用在线教育平台，如学银在线、智慧树等。上传、分享、下载教学资源	1	1	1	1	1	1
41	电子化教材使用技能（C33）：使用电子教材进行教学。制定并实施基于电子教材的教学计划	1	1	1	1	1	1

续表

序号	问题	审核结果 专家1 专家2 专家3 专家4 专家5	平均分
42	在线测验和反馈（C34）：利用在线工具创建测验和问卷调查。分析学生反馈，调整教学策略	1　1　1　1　1	1
43	学科专用软件应用（C35）：掌握学科常见专用软件的基本操作	1　1　1　1　1	1
44	数据处理（C41）：收集、整理、分析教学数据	1　1　1　1　1	1
45	多媒体编辑（C42）：使用图像编辑工具进行图片处理。使用声音编辑工具进行声音处理。使用视频编辑工具制作和编辑教学视频	1　1　1　1　1	1
46	任务管理和协同工作（C43）：使用任务管理工具进行协同工作，分享和分配任务	1　1　1　1　1	1
47	人机交互技能（C51）：用计算机容易理解的方式表达自己的信息	1　1　1　1　1	1
48	用设备展示信息（C52）：选择适当的信息化设备（如投影、电子白板、展台等）展示信息	1　1　1　1　1	1
49	用多媒体形式展示信息（C53）：选择适当的媒体形式呈现内容（如文字、图片、动画等）	1　1　1　1　1	1
50	用多媒体工具表达信息（C54）：选择适当的软件工具（如社交媒体工具、课程平台、博客等）表达内容	1　1　1　1　1	1

续表

序号	问题	专家1	专家2	专家3	专家4	专家5	平均分
51	电子教材制作（D11）：制作电子化教材，增加多媒体元素。将教材与课程内容紧密结合	1	1	1	1	1	1
52	教学视频制作（D12）：制作与教学相关的视频资源。利用视频解释复杂概念，拓宽学生视野	1	1	1	1	1	1
53	虚拟实验和场景的创建（D13）：利用虚拟实验平台展示实验过程。使用场景模拟工具增强学生实践经验	1	1	1	1	1	1
54	项目化学习（D21）：引入信息技术支持的项目制学习。利用在线协作工具推动学生团队合作	1	1	1	1	1	1
55	游戏化教学（D22）：结合信息技术开展教学游戏设计。提高学生对学科知识的娱乐性学习绩效	1	1	1	1	1	1
56	个性化学习路径（D23）：利用信息技术根据学生水平设定个性化学习路径。提供针对性的教学资源和反馈	1	1	1	1	1	1
57	在线课程开设（D31）：设计和开设适应远程教育的在线课程。利用网络教学平台进行课程管理和互动	1	1	1	1	1	1

续表

序号	问题	专家1	专家2	专家3	专家4	专家5	平均分
58	远程授课技能（D32）：掌握远程授课的技巧和工具。提高在线教学的效果和互动性	1	1	1	1	1	1
59	异地互动与合作（D33）：通过视频会议等方式，促进不同地区教师和学生的互动与合作。利用互联网资源打破地域限制，共享优质教育资源	1	1	1	1	1	1
60	引用规范（E11）：教育学生正确引用他人作品的方式。强调知识产权保护，尊重他人劳动成果	1	1	1	1	1	1
61	创新保护（E12）：引导学生尊重和保护自己的创新成果。鼓励创新，同时加强对知识产权的认知	1	1	1	1	1	1
62	侵权行为（E13）：培养学生抵制网络侵权行为的能力。加强对学生进行版权保护和反盗版的教育	1	1	1	1	1	1
63	信息真实性（E21）：强调传播真实、准确的信息。提倡对网络信息进行事实核查的良好习惯	1	1	1	1	1	1
64	网络欺凌（E22）：反对网络欺凌行为，维护网络空间的良好氛围。教育学生遵循网络道德，避免网络暴力	1	1	1	1	1	1

续表

序号	问题	审核结果 专家1	专家2	专家3	专家4	专家5	平均分
65	规范信息获取（E23）：依法依规获取信息，反对采用非法手段获取信息	1	1	1	1	1	1
66	社会参与（E31）：培养学生参与信息社会建设的责任感。引导学生关注社会问题，通过信息化手段参与社会活动	1	1	1	1	1	1
67	传播正能量（E32）：积极参与社会正能量的传播	1	1	1	1	1	1
68	信息技术持续性获取学科知识（F11）：利用信息技术持续性获取学科知识	1	1	1	1	1	1
69	信息技术教学知识提升（F12）：不断提升信息技术教学方面的知识	1	1	1	1	1	1
70	教育技术发展（F13）：关注教育技术的最新发展趋势。学习和掌握新的教育技术工具和应用，提高信息技术水平	1	1	1	1	1	1
71	信息化教学设计（F21）：学习和应用先进的课程设计理念。不断改进教学设计，提高课堂教学的质量和吸引力	1	1	1	1	1	1
72	信息技术支持的评估与反思（F22）：利用信息技术进行教学绩效评估与教学反思以改进和提高自己的教学能力	1	1	1	1	1	1

续表

序号	问题	审核结果 专家1 专家2 专家3 专家4 专家5	平均分
73	信息技术支持的教学研究（F23）：利用信息技术准确、全面获取教育教学数据，及时开展教育教学改革研究	1　1　1　1　1	1

资料来源：作者自制。

参考文献

一、中文著作

[1]托尔斯顿·胡森.平等:学校和社会政策的目标[M]//张人杰.国外教育社会学基本文选.上海:华东师范大学出版社,1989:193-197.

[2]王小芳.四川省农村小学教师信息素养现状研究[M].成都:四川大学出版社,2019:62.

[3]吴明隆.问卷统计分析实务:SPSS操作与应用[M].重庆:重庆大学出版社,2010:238.

[4]杨东平.中国教育信息化发展报告[M].北京:社会科学文献出版社,2020:147-170.

[5]叶澜,白益民,王枬,等.教师角色与教师发展新探[M].北京:教育科学出版社,2001:226,228.

[6]张明.四川省农村小学信息技术应用现状及对策[M].成都:西南财经大学出版社,2020:45.

[7]中华人民共和国教育部.教育信息化2.0行动计划[R].北京:教育科学出版社,2018.

[8]中华人民共和国教育部师范教育司.教师专业化的理论与实践[M].北京:人民教育出版社,2003:1,27,46.

二、外文著作

[1] COHEN L, MANION L, Morrison K. Research methods in education[M]. 6th ed. London: Routledge,2007:414-415,427,101.

[2] COLEMAN J S, CAMPBELL E Q, HOBSON C J, eds. Equality of educational opportunity[M]. Washington D. C.: U. S. Government Printing Office,1966:210.

[3] CRESWELL J W, CRESWELL J D. Research design: qualitative, quantitative, and mixed methods approaches[M]. 5th ed. Beijing: SAGE Publications,2017.

[4] DEWEY J. Experience and education[M]. New York: Macmillan, 1938:42.

[5] GROSSMAN R G. Toward a theory of teacher career development[M]//SIKULA J,ed. Handbook of research on teacher education. New York: Macmillan, 1972:22-33.

[6] LLOYD A. Information literacy landscapes: information literacy in education[M]. Oxford: Chandos Publishing,2010:151-180.

[7] MACKEY T P,JACOBSON T E. Metaliteracy: reinventing information literacy to empower learners[M]. Chicago: ALA Neal-Schuman,2014:43-45.

[8] MARCHIONINI G. Information seeking in electronic environments[M]. Cambridge: Cambridge University Press,1995:79.

[9] MAYBEE C. Action research and information literacy: a journey toward critical praxis[M]. Oxford: Chandos Publishing,2017:60-63.

[10] MISHRA P, KOEHLER M J. Introducing technological pedagogical content knowledge[M]//MISHRA P,KOEHLER M J. Handbook of Technological Pedagogical Content Knowledge (TPCK) for Educators. New York: Routledge, 2008:3-29.

[11] PIAGET J. The origins of intelligence in children[M]. New York:

International Universities Press,1952:131.

[12]VYGOTSKY L S,COLE M,JOLM-STEINER V,et al. Mind in society：the development of higher psychological processes[M]. Cambridge：Harvard University Press,1978:126.

三、学位论文

[1]蔡吉雨.怒江州农村小学教师信息素养现状、问题与对策研究[D].大连：大理大学,2021:35-51.

[2]崔颖.农村小学教师信息素养的现状问题与对策研究[D].济南：山东师范大学,2011:35-45.

[3]窦君霞.中小学教师信息素养研究[D].上海：上海师范大学,2022:13-15.

[4]何珊.蜀东农村小学教师信息技术应用能力提升研究[D].天津：天津师范大学,2020:30-48.

[5]李淼浩.农村中小学教师信息素养研究[D].重庆：西南大学,2008:8-13.

[6]马欣研.中小学教师信息素养研究[D].上海：华东师范大学,2019:112-117.

[7]宁苗苗.农村中小学数学教师信息技术素养存在的问题及对策研究[D].济南：山东师范大学,2009:21-37.

[8]沈伟艺.农村小学教师信息能力的现状调查[D].曲阜：曲阜师范大学,2020:11.

[9]吴子敏.教育信息化2.0时代乡村小学英语教师信息素养评价指标体系的构建与应用[D].广州：广东技术师范大学,2022:17-19.

[10]张婵.农村中小学教师信息素养现状分析及对策研究[D].大连：辽宁师范大学,2019:17-25.

[11]赵凤.大数据时代信息伦理问题研究[D].成都：成都理工大学,2019:34-41.

[12]赵欢欢.中小学教师数据素养能力结构模型及评价指标体系研究[D].北京:北京邮电大学,2018:3-5.

[13]郑旭东.面向我国中小学教师的数字胜任力模型构建及应用研究[D].上海:华东师范大学,2019:237-239.

四、中文期刊

[1]陈敏,周驰,吴砥.中小学教师信息素养评估指标体系研究[J].中国电化教育,2020(8):78-85.

[2]陈敏,周驰,吴砥.中小学教师信息素养评估指标体系研究[J].中国电化教育,2020(8):78-85.

[3]陈明亮.农村小学教师信息素养提升路径研究[J].信息化教育,2021,9(4):12-17.

[4]顾明远.我国教师教育改革的反思[J].教师教育研究,2006(6):3-6.

[5]黄佳,陈晓红.少数民族地区教师信息素养现状及对策[J].教育信息化研究,2019,12(4):45-50.

[6]姜凤春,司炳月.信息技术驱动下大学英语教师自主教学能力多维度研究[J].外语研究,2017,34(6):53-59.

[7]解敏,衷克定.信息意识概念的新构想与实证[J].现代远程教育研究,2012(5):51-56.

[8]解月光,姜玉莲.农村中小学教师信息素养教育的分析与思考[J].电化教育研究,2004(9):61-63.

[9]解月光,杨鑫.高中信息技术学科信息意识素养解读及教学建议[J].课程·教材·教法,2017(12):85-90.

[10]孔巧丽.终身学习背景下高职教师信息素养提升研究:基于UTAUT模型的视角[J].山东广播电视大学学报,2021(1):13-20.

[11]李娟,李卓.智能时代信息伦理的困境与治理研究[J].情报科学,2019,37(12):118-122.

[12]李梦晨,刘文娟."互联网+"环境下教师信息素养长效提升模式研究[J].职业,2020(33):63-64.

[13]李森,崔友兴.新型城镇化进程中乡村教师专业发展现状调查研究:基于对川、滇、黔、渝四省市的实证分析[J].教育研究,2015(7):98-107.

[14]李小红,郭琪琪,杨苏梦.乡村教师专业发展的困境与纾解[J].当代教育科学,2022(1):77-85.

[15]李晓静.信息社会与教师信息素养[J].教育现代化,2020,7(3):45-50.

[16]林栋.新就业形态下高职学生以职业胜任力为核心的就业能力培养[J].教育与职业,2020(15):75-80.

[17]林寿星.浅谈信息技术学科核心素养"信息意识"及其培养[J].福建电脑,2018(9):165-171.

[18]卢乃桂,钟亚妮.国际视野中的教师专业发展[J].比较教育研究,2006(2):71-76.

[19]马安琪,姜强,赵蔚.教师ICT应用能力的影响因素及预测研究:基于人·技术·知识的统合视角[J].现代远距离教育,2018(6):21-33.

[20]美国纺织工业若干问题的预测[J].上海纺织科技,1978(6):23.

[21]明桦,林众,罗蕾,等.信息素养内涵与结构的国际比较[J].北京师范大学学报(社会科学版),2019(2):59-65.

[22]彭瑞霞,赵庆刚.以回归分析法构建教师信息素养评价体系[J].清华大学教育研究,2006(3):114-118.

[23]彭燕凌.乡村小学教师专业发展的困境及其突破[J].教学与管理,2020(9):46-48.

[24]勤俭,宗乾进,沈洪洲.德尔菲法在我国的发展及应用研究[J].现代情报,2011,31(5):3.

[25]任友群.美国《学生学习的信息素养标准》述评[J].全球教育展望,2001(5):42-47.

[26]石木荣.互联网+背景下农村教师信息素养的现状和提升研究[J].汉字文化,2019(22):195-196.

[27]吴砥,周驰,陈敏."互联网+"时代教师信息素养评价研究[J].中国电化教育,2020(1):56-63,108.

[28]吴建新,欧阳河,黄韬,等.专家视野中的职业教育校企合作长效机制设计:运用德尔菲专家咨询法进行调查分析[J].现代大学教育,2014(5):74-84.

[29]夏莉,高飞雁.基于胜任力的广西农村小学英语教师信息素养调查[J].教育教学论坛,2022(27):137-140.

[30]熊扬华.浅议企业经营者市场信息素养[J].江西社会科学,1989(1):53-54.

[31]杨金亮.提高赣南农村小学教师信息素养水平的策略研究:《赣南农村小学教师信息素养调查研究》课题之子课题四[J].电子制作,2012(10):114.

[32]于开莲,曹磊.教育信息化2.0时代幼儿园教师信息技术素养评价指标体系构建研究[J].电化教育研究,2021,42(8):51-58.

[33]张菲菲.基于智慧教室的高校教师教学技能提高及有效性研究[J].现代教育技术,2015,25(5):110-114.

[34]赵呈领,贾永娜,程明凤.中小学教师(教育硕士)信息技能现状调查与培养模式研究[J].中国教育信息化,2011(4):4-8.

[35]赵颖.数民族教师专业发展现状与提升路径[J].教育技术导刊,2022,19(6):25-30.

[36]钟志贤.面向终身学习:信息素养的内涵、演进与标准[J].中国远程教育,2013(8):21-29.

[37]周庆莲.新疆中小学双语教师信息意识的内涵与培养研究[J].新疆职业大学学报,2010(2):67-70.

[38]朱书慧,汪基德.幼儿园教师信息技术素养及其模型构建研究[J].电化教育研究,2019,40(6):121-128.

五、外文期刊

[1] AVALOS B. Teacher professional development in teaching and teacher education over ten years[J]. Teaching and teacher education, 2011, 27(1): 10-20.

[2] BATES M J. Information and knowledge: an evolutionary framework for information science[J]. Information research, 2005, 10(4): 239.

[3] CAPURRO R. Ethical challenges of the information society in the 21st century[J]. International information & library review, 2003, 35(2-4): 129-136.

[4] CHAI C S, KOH J H L. Teachers' integration of technology in education: exploring factors affecting the use of instructional software[J]. Journal of educational computing research, 2023, 60(4): 836-859.

[5] DENNY H M. The professional development of teachers: a model for the study of teacher career development[J]. Journal of education for teaching, 1980, 6(1): 25-35.

[6] DERVIN B. An overview of sense-making research: concepts, methods, and results to Date[J]. International communication association annual meeting, 1983: 65.

[7] DESIMONE L M. Improving impact studies of teachers' professional development: toward better conceptualizations and measures[J]. Educational researcher, 2009, 38(3): 181-199.

[8] DOGAN S, DOGAN N A, CELIK I. Teachers' skills to integrate technology in education: two path models explaining instructional and application software use[J]. Education and information technologies, 2021, 26: 1311-1332.

[9] DOYLE C S. Outcome measures for information literacy within the national education goals of 1990: final report to national forum on information literacy, summary of findings[J]. Access to information, 1992: 18.

[10]ERTMER P A,OTTENBREIT-LEFTWICH A T,TONDEUR J. Teacher beliefs and technology integration practices: a critical reflection on the path ahead [J]. Educational technology research and development,2023,71(2):287-308.

[11]HATLEVIK O E,OTTESTAD G,THRONDSEN I. Predictors of digital competence in 7th grade: a multilevel analysis[J]. Journal of computer assisted learning,2015,31(3):220-231.

[12]KUHLTHAU C C. A principle of uncertainty for information seeking [J]. Journal of documentation,1993,49(4):339-355.

[13] SHANNON C E, WEAVER W. The mathematical theory of communication [J]. The American political science review, 1988, 82(3): 719-736.

[14] SHENTON A K, DIXON P. Conceptualising information literacy as social practice: a study of UK higher education[J]. Journal of documentation, 2015,71(1):78-103.

[15] WILSON T D. Human information behavior [J]. Informing science press,2000,3(2):49-55.

[16]WILSON T D. Models in information behaviour research[J]. Journal of documentation,1999,55(3):249-270.

[17]木原俊行.ICT活用による学力向上[J].教育展望,2011,57(9):29-34.

六、其他

[1]高建山.基于ISM模型的中小学教师信息素养影响因素分析[C]//2011年国际应用社会科学会议论文集.长沙:工程信息研究院,2011:4.

[2]中华人民共和国教育部.教育信息化2.0行动计划[EB/OL].(2012-04). www. moe. gov. cn/srcsite/A16/s3342/201804/t20180425_334188.html.

[3]中华人民共和国教育部.教育信息化十年发展规划(2011—2020

年)[EB/OL].(2018-04-18). https://jxsbc. xzit. edu. cn/_upload/article/files/ee/9a/fef097c44ef1a9f6af36532711b5/0cce7c14-462c-45aa-a9ed-a8e7f94d0f1c. pdf.

[4]中华人民共和国教育部.教育部关于发布《教师数字素养》教育行业标准的通知[EB/OL].(2022-12). http://www. moe. gov. cn/srcsite/A16/s3342/202302/t20230214_1044634. html.

[5] American Library Association. Framework for information literacy for higher education[EB/OL].(2016-01-11). https://www. ala. org/acrl/standards/ilframework.

[6]European Commission. European framework for the digital competence of educators(DigCompEdu)[EB/OL]. https://publications. jrc. ec. europa. eu/repository/handle/JRC107466.

[7]ISTE. ISTE standards for educators[EB/OL]. https://www. iste. org/standards/for-educators.

[8]UNESCO. Towards Information Literacy Indicators[EB/OL].(2016-08-27). https://unesdoc. unesco. org/ark:/48223/pf0000158723.

[9]UNESCO. UNESCO ICT Competency framework for teachers[EB/OL]. http://unesdoc. unesco. org/images/0021/002134/213475e. pdf.

[10]ZURKOWSKI P G. The information service environment relationships and priorities[R]. Washington D. C.：National Commission on Libraries and Information Science,1974：1011-1033.

后　记

回望博士学习和本书撰写的这段时光，心中充满了感激与感恩！感谢很多人一路以来的支持与鼓励，感谢导师、同人、家人，以及所有曾给予我帮助的人。每一步的成长，都凝聚着无数人的心血与付出。这段经历将永远铭刻在我的心中！

首先，我要感谢我的指导教师蓬·鸿刺丹（Pong Horadal）教授。没有您的指导与支持，本书不可能顺利完成。您的智慧、洞察力，以及对学术研究的严谨态度深深感染着我。从选题、研究设计到最终的撰写，您始终耐心地给予我指引，鼓励我克服种种困难，激励我不断追求卓越。您的学术追求与道德风范不仅让我获益良多，也成为我未来学术道路上的精神指引。同时感谢我的副导师卡纳功·萨惘差仁（Kanakorn Sawangcharoen）教授和颂岜·提喀萨（Sombat Teekasap）教授，正是二位的悉心指导、无私奉献和严格要求，让我在学术道路上不断前行，不断超越自我。您的教诲不仅让我在专业知识上有了深厚的积累，更让我在人生道路上受益匪浅。

其次，我要感谢我的爸爸、妈妈、爱人和孩子。特别是我的爱人唐前军，他给予了我无条件的支持与关爱，让我能够在追求学术梦想的道路上无后顾之忧。是他们的默默支持和无私奉献，让我能够心无旁骛地投入学术研究中。在我面临困难和挫折时，是他们给予我最大

后　记

的鼓励和帮助，让我能够重新振作，继续前行。

再次，我要感谢在学术研究中给予我帮助和支持的专家教授魏非、余亮、周雄俊、张养力、杨海茹、师亚飞、唐前军、门涛、王建军、郑刚、李琼、田密娟、付蓉、袁立方、杨茂芃、师勇超和董华发，是他们的研究成果和学术思想，激发了我对学术的热爱和追求。

此外，我还要感谢我的母校和学院，提供了良好的学术环境和丰富的资源，让我能够顺利完成博士学业。在这里，我不仅学到了专业知识，更学会了如何成为一个有担当、有责任感的人。

最后，我还要感谢我的同事和朋友们。是他们的陪伴和帮助，让我在学术和生活中都感受到了温暖和力量。我们一起分享着学术的喜悦和挑战，度过了许多难忘的时光。

在此，我衷心祝愿所有给予我帮助和支持的人健康、幸福、事业有成！我将永远铭记大家的恩情，继续努力前行，为学术事业贡献自己的力量。

由于本人学术水平有限，本书难免存在不足之处，恳请各位专家和同人给予宝贵的意见和建议，以便进一步完善与提升。

张艳
2024 年 10 月